JN439633

이학용 수필선

바위처럼 강물처럼

소소리

바위처럼 강물처럼

이학용 수필선

1판 1쇄 인쇄/ 2017년 3월 15일
1판 1쇄 발행/ 2017년 3월 20일

지은이 / 이 학 용
펴낸이 / 우 희 정
펴낸곳 / 도서출판 소소리

등록 / 제300-2007-21호
주소 03073 서울 종로구 성균관5길 39-16
전화 ‖ (02) 765-5663, 010-4265-5663
e-mail: sosori39@hanmail.net
www.sosori.net

값 13,000 원

*잘못된 책은 바꿔드립니다.

ISBN 979-11-5891-068-6 03810

바위처럼 강물처럼

이학용 수필선

책을 내면서

그간 약 20년간 생각을 정리하여 다섯 권의 수필집을 냈는데, 그 중 일부를 골라 『이학용 수필선- 바위처럼, 강물처럼』으로 정리했다. 이는 중간정리라 생각한다. 글의 구성과 문학적 표현, 글에 포함된 정신이 부족할지라도 전체적인 흐름은 이해가 되리라.

글은 전하려는 메시지가 있어야 하고, 시대 상황과 맞는지가 중요하다고 본다. 그래서 메시지(교훈)가 없는 글은 죽은 글이고, 그런 글은 읽을 가치도 떨어진다. 이런 생각으로 글을 써왔고 수필집을 냈는데 판단은 독자의 몫이다.

이 책은 평범한 인간이 살아오면서 삶의 주요 고비마다 보고 듣고 느낀 점을 기록한 교훈이라 할 수 있다. 같은 시대를 살아온 독자들과 가족, 성장하는 어린 손자손녀들이 이 중에서 몇 편이라도 삶의 교훈으로 활용이 된다면 더 이상 바람이 없으리라.

2017년 3월

대모산 기슭 우거에서

三谷(東巖) 李學容

▷ 차 례

▷ 책을 내면서

1. 봄이 오는 아침

봄이 오는 아침 —・12
꽃잎 하나 찻잔에 띄워 —・16
진달래가 피는 봄 —・20
민들레꽃 형제 —・25
송화(松花)가 피면 —・30
숲 속을 엿보니 —・33
등산예찬(登山禮讚) —・37
성취의 봄이 되었으면 —・43
만물봉상춘(萬物逢霜春) —・46
단풍(丹楓)이고 싶다 —・50
솔아, 솔아 —・55

2. 바위처럼 강물처럼

무소식이 희소식 유감 —· 60

아름다운 미소 —· 64

먼저 인간을… —· 68

당신은 나의 동반자 —· 72

대추에 얽힌 얘기 —· 77

행복을 준 연시 —· 82

고장 난 저울 —· 85

지우개 —· 88

내가 겪은 첫 키스 —· 93

바위처럼 강물처럼 —· 97

3. 정도 품앗이

백두영봉(白頭靈峰)에 올라 —· 104

아우슈비츠 수용소 —· 111

분재(盆栽)를 가꾸며 —· 115

난(蘭)을 손보며 —· 120
행운목(幸運木)에 꽃까지 —· 125
말 한마디 —· 129
나의 글쓰기 —· 133
죄 짓고는 못살아 —· 137
정도 품앗이 —· 140

4. 동전 두 닢의 행복

축복받은 생명 —· 144
가장 두려운 사람은 —· 148
천원의 위력(威力) —· 152
달빛처럼 별빛처럼 —· 156
삼(三)부리 —· 160
취(醉)하고 싶다 —· 164
눈꽃처럼 복(福)이 쌓였으면 —· 169
악수(握手)에 대하여 —· 174
사랑하는 손녀 손자에게 · Ⅲ —· 178
그런 것 같아요 —· 185
동전 두 닢의 행복 —· 189

5. 아름다운 동행

가을이 가기 전에 — · 194
가을이 지나가는 소리 — · 198
단풍낙엽 길을 걸으며 — · 203
만약에… — · 208
포도(葡萄) 한 알에도 — · 211
성급한 할아비 — · 214
조금만 더… — · 218
군바리 — · 222
불청객과 하나 되어 — · 228
아름다운 동행 — · 232

6. 헝그리 정신

사랑과 이별 그리고… — · 236
내 맘속의 내비게이션 — · 240
추석차례는 어느 신에게 — · 245
녹차 한 잔 앞에 놓고 — · 250
커피향의 유혹 — · 257

아내의 손 —・261
어머님 탄신 100주년 추모 —・265
달걀 하나 —・269
한마디라도 바르게 —・274
헝그리(Hungry) 정신 —・278

7. 이승설거지

궂은일은 아랫것들, 영화는 내게 —・284
같은 물을 마시고도… —・290
열대야를 냉각시킨 효심 —・294
수신제가도 못하며 치국… —・298
자물쇠와 열쇠 —・302
네 탓과 내 탓 —・307
칠푼이가 본 팔푼이세상 —・311
이승설거지 —・317

1.

봄이 오는 아침

봄이 오는 아침
꽃잎 하나 찻잔에 띄워
진달래가 피는 봄
민들레꽃 형제
송화가 피면
숲속을 엿보니
등산예찬
성취의 봄이 되었으면
만물봉상춘
단풍이고 싶다
솔아 솔아

봄이 오는 아침

여느 아침처럼 바람막이 운동복에 모자를 쓰고 집을 나서서 개포동(東)공원을 지나 양재천 둑으로 나갔다. 경칩(驚蟄)이 지나니 훈훈한 바람이 부드럽게 품속으로 스며든다. 개천을 따라 마을에 짙게 깔렸던 물안개는 아침 햇살을 받아 위에서부터 연기처럼 뿌옇게 흩어져 사라진다.

겨울동안 얼어붙었던 냇물도 졸졸 싱그러운 소리를 내며 흐른다. 냇가의 버들개지는 어느새 봉곳이 새순을 올리고 있다. 조심스럽게 만져보니 햇병아리 몸같이 보드랍고 탄력을 느낀다. 발밑에는 겨우내 누렇게 말랐던 잔디가 속잎부터 파르스름하게 되살아나고, 그 옆에는 쑥과 냉이가 제법 실하게 자라고 있다. 봄 미각을 돋우는 향긋한 냉이국과 무침을 생각하니 입에서 절로 군침이 돈다. 오늘 저녁에는 별미인 '냉잇국을 끓여 달라고 할까?' 하고 마음먹는다.

'여기 풀밭에는 무엇이 자라고 있을까?' 하는 호기심에 쪼그려 앉아 살펴보니, 파릇한 새싹들이 수줍은 듯 조심스레 머리를 내밀고 있다. 자연의 끈질기고 위대한 생명력에 항상 감탄하고 경외심(敬畏

心)을 갖는다. 이에 비하면 우리 인간은 얼마나 왜소(矮小)하고 무력한 속물인가.

어릴 적, 학교에서 돌아오는 길에 냇가에서 놀았던 생각이 떠올랐다. 동무들과 물이 오른 버드나무 가지를 꺾어 한 손으로 잡고 다른 손으로 조금씩 비틀면 껍질이 분리된다. 이 가지를 잡고 껍질을 칼로 잘라 한쪽을 얇게 훑쳐 피리를 만들어 불곤 하였다. 피리가 짧으면 고음이, 길면 저음이 났다. 누가 길게 부나 내기도 하고, 한 아이가 그치면 딴 아이가 연이어 불기도 하였다. 또 피리 불기가 시들해지면 가재 잡이를 했다. 냇가의 돌을 옆으로 제치고 흙물이 맑아지기를 기다리면, 가재는 나뭇잎 밑에 죽은 듯이 숨어 있었다. 가재에게 물리지 않으려고 몸통을 꽉 잡고 올리다가 버둥대는 가재에게 물려 물속으로 넘어져 옷을 적신 적도 있다. 그럴 땐 따뜻하게 달궈진 양지쪽 바위에서 젖은 옷을 말려 입고 집에 간 일이 생각난다. 지나고 보니 재미있고 아름다운 추억이다.

지난 생각을 하며 가재를 잡으려고 물가로 내려갔다. 돌에 이끼가 너울거리는 물은 둑에서 볼 때보다 흐리고 앙금으로 지저분했다. 이렇게 오염된 냇물에서도 일급수에서만 서식한다는 가재가 살 수 있을지 의심스러웠다. 물속에 손을 넣으니 아직 섬뜩하게 차갑다. 돌을 뒤집고 물속을 들여다보며 가재를 찾았으나 역시 허사였다. 가재도 송사리도 보이지 않고 부유물만 떠올랐다. 1980년대부터 개포지구에 아파트를 건설하느라 그 많던 숲과 배밭이 없어지고, 거대한

콘크리트 괴물만 쌓여간다. 정화시설미비에 시민의식까지 없어 오염을 부추기게 된 게 아닌가? 구청에서 하는 친환경적인 양재천 살리기 복원사업은 외관상으론 많은 성과가 있는 듯하지만 아직 멀었다는 느낌이 든다. 팔뚝보다 큰 잉어떼가 개천에 몰려다니고 왜가리와 백로가 날아다닌다고 생태계가 복원된 게 아니다. 잉어는 오염이 심각한 물에서도 사는 어종이기 때문이다.

가재잡기를 포기하고 둑으로 올라와 걸었지만, 발걸음이 무거웠다. 아직도 오염이 심각함을 목격하니 상쾌했던 기분이 우울해졌다. 우리는 입으로 쾌적한 환경을 외치지만 오염을 줄이기 위해 얼마나 노력했는지 반성해야 한다. 작은 이익을 위해 양심도 속이면서 어둠속에 오폐수를 방류하는 자들도 있다고 한다. 오염물질의 정화한계(淨化限界)를 넘어 자연과 인간의 공생사슬이 깨지면 인간의 생존도 위협받는다는 사실을 모두가 알아야겠다. 자연생태계복원은 지자체뿐 만아니라 우리 각자 모두의 책임이다.

고개를 드니 어제 내린 비가 오염물질을 깨끗이 씻었는지 하늘은 푸르고 구름 한 점 없이 맑다. 햇살은 따습고 멀리 있는 앞산도 가깝게 보인다. 물안개는 걷히고 아지랑이가 모락모락 피어오른다. 버드나무가지 끝은 물이 올라 푸른빛이 돈다. 까치는 물고 온 짚북데기를 버드나무 위에 있는 둥지에 깔고 밖으로 나와 "깍깍 깍~" 하고 운다. 까치가 울면 반가운 손님이 온다는데 '오늘은 어떤 손님이 오시려나?' 하고 기다려진다. 양재천 둑과 도로변, 아파트 양지쪽 울타리에 개나리가 노란 꽃망울을 터트리며 방긋이 웃는다. 활기찬 자연에 휩싸이니 무거웠던 마음이 한결 가벼워진다. 머지않아 봄의 전령사인 개나리 진달래가 온 산과 계곡을 곱게 물들이고, 양재천 제방에서 냉이와 쑥을 뜯는 아낙들의 떠들썩한 수다가 들에 메아리치리라.

따스한 햇살, 신선한 공기, 훈훈한 바람, 귓전을 간질이는 시냇물 소리, 모든 것을 포용할 듯 넉넉한 물안개, 아름다운 산과 맑은 물, 그 속에서 조화롭게 살아가는 동식물과 다정한 이웃, 그리고 사랑하는 가족…, 나는 지금 오욕(五欲)과 칠정(七情)이 없는 낙원으로 빨려드는 것 같다.

이렇게 메말랐던 대지에서 약동하는 봄을 접하니 새로운 희망과 의욕이 솟는다. 내 마음에도 꽃피는 희망의 봄이 빨리 찾아오기를 기다린다. 노목에 피어나는 생기 왕성한 청매화처럼….

(2003. 3)

꽃잎 하나 찻잔에 띄워

4월 중순이 지났는데도 서울의 벚꽃은 평년에 비해 며칠 늦게 피었다. TV방송에서는 전국의 벚꽃을 중계하며 꽃구경을 부추겼다. 여의도 윤중로(輪中路)의 활짝 핀 벚꽃이 나를 손짓하며 부르는 듯하여 아내와 벚꽃구경을 가기로 했다.

아침 일찍 버스를 탔다. 푸른 하늘은 구름 한 점 없이 맑고 훈훈하다. 차창 밖 사람들의 밝은 표정과 활기찬 발걸음이 보는 이의 기분을 즐겁게 한다. 아파트단지의 양지바른 곳에서 사랑받던 개나리와 벚꽃은 이미 지고, 어느 새 파란 잎이 길게 나왔다. 노량진에서 여의도를 바라본 윤중로는 연분홍 띠를 두른 동화 속 별천지 같다. 마음은 빨리 보고 싶어 날아가는데, 달리는 직행버스는 답답할 정도로 느림보다.

여의도 순복음교회 앞에서 내렸다. 보도(步道) 양쪽의 벚나무 가지가 뒤엉켜 벚꽃 터널을 이루었고, 벌써 많은 상춘객들이 행렬을 이루어 환하게 웃으며 감탄하는 눈길을 보내며 걷고 있다. 도심 속에 이렇게 아름다운 꽃길은 시민의 큰 축복이다. 아옹다옹 다투는 떠들썩한 세속에서 평화로운 별천지에 들어와 찌든 때를 벗고 새 사람, 새 식구가 된 느낌이다. 나이를 잊고 마음만이라도 잠시 동화 속 주인공이 되어 본다. 신선이 산다는 별천지가 이보다 더 좋을까…?

아내의 만류를 뿌리치고, 길가 매점에서 뻥튀기와 왕사탕 한 봉지를 샀다. 눈으로는 꽃을 감상하고 손으로는 뻥튀기를 떼어 먹으며 걸었다. 거추장스런 체면을 벗어버린 채 동심으로 돌아가 자유롭게 행동하기를 좋아한다. 오가는 사람들의 표정도 밝아 서로 눈웃음으로 인사한다. 노란 옷을 입은 유치원생들이 병아리처럼 선생님을 따라다니며 종알거리고 사진기 앞에서 재롱도 부린다. 그 모습이 전에 비해 더 귀엽다고 느껴지는 것은 나이가 드는 탓일까.

아직, 잎이 돋지 않은 벚꽃가지는 꽃송이가 촘촘히 달린 꽃방망이이다. 하나쯤 꺾어 갖고 싶은 충동이 인다. 어떤 꽃은 희고 깨끗하면서도 차갑고, 어떤 것은 조금 발그레하여 따스한 정감을 준다. 꽃을 들여다보면, 다섯 개의 꽃잎 안에 꽃술이 촘촘히 박혔는데 그 중심의 색깔이 꽃잎 끝자락보다 더 진하다. 여러 종류의 벚꽃이 어우러져 더욱 아름답다. 한강에서 봄 냄새를 싣고 불어오는 실바람은 신선하고 훈훈하다. 뺨을 간질이며 품속으로 스민다. 일찍 핀 꽃은 바람을 타고 눈처럼 흩날리며 춤을 춘다. 무르익은 봄을 만끽하며 꽃구경 나오기를 잘 했다는 생각이 들었다. 벚꽃은 제주도 왕벚꽃이 원조(元祖)다. 일본에서 가져가 국화(國花)로 삼고 개량하여 세계 각국에 전파했다고 한다.

윤중로 한쪽 보도에는 독도 사진전이 열리고 있다. 일본의 독도영

유권 주장과 일본 강점기의 역사왜곡으로 한·일(韓日)간에 심각한 갈등을 빚고 있다. 역사를 분명하게 조명하고, 국민의 각오를 새롭게 하기 위함이리라. 벚꽃도, 독도도, 역사왜곡도 우리 국력(國力)이 약하여 사실대로 바로잡지 못했기 때문이라 생각하니 아름다운 꽃에 취해 기분 좋던 꽃구경이 씁쓸해진다.

꽃이 아름답거나 미워 보이는 것은 꽃을 대하는 사람들의 심기에 달렸다. 그러니 '계절에 따라 피고 지는 벚꽃이야 무슨 죄가 있겠나?' 하는 생각이 들었다. 입맛을 바꾸려고 왕사탕 하나를 입에 물고 꽃을 감상하며 국회의사당 뒤까지 천천히 걸었다. 다시 꽃길 속으로 빨려 들어가면서 지난 일들을 반추해 본다. 힘들고 고생스럽던 일도 즐겁게 회상됨은 세월의 묘약에 푹 잠겨 정화되었기 때문인가.

아내와 만난 지 사십여 년이 흘렀다. 젊어서는 여유롭게 꽃놀이나 여행을 다닌 적이 거의 없다. 아내는 오늘 나들이가 매우 즐거운지 주름진 얼굴에 소녀처럼 밝은 표정을 짓는다. 그런 아내의 표정이 곱다고 느껴지는 것은 팔불출이어서만은 아니리라. 그간 아이들을 키우며 바쁜 가사에 얽매였던 아내에게 마음속으로부터 깊은 감사와 위로를 표하고 싶다.

젊어서는 남자의 체면 때문에 힘들어하는 아내에게 쌀쌀하고 무심했다. 지금 생각해도 미안하고 후회스럽다. '앞으로는 잘해주고 정다운 시간을 보내야지…' 하고 다짐한다. 이런 벚꽃구경 나들이는 주변현상을 내 삶과 비교하면서 지난 일을 객관화할 수도 있으니 좋다. 올해는 이상기온으로 봄은 다소 늦어 살짝 스쳐가고 여름이 성큼 다가오는지 개나리·진달래·목련·벚꽃·라일락·모란 등 온갖 꽃들이 한꺼번에 몰려 피어 화려하다.

예년 같으면 산수유·개나리·진달래가 피고 난 다음에 목련과 벚꽃이 피고, 배꽃·라일락에 이어 철쭉과 모란꽃이 피었는데…. 자연도 인간의 무분별한 환경파괴에 위기를 느껴 스트레스를 받아서인지 여러 종류의 꽃이 한꺼번에 열매를 맺어 자손을 퍼트리려는지 어우러져 온통 꽃동산이다. 식물은 생의 위협을 받으면 많은 씨를 만들어 종족을 번식시킨다는데, 그래서 각종 꽃이 몰려 피고 꽃도 많은가 보다. 공원에 서있는 소나무에 솔방울이 많이 달리는 것도 환경파괴로 소나무가 스트레스를 많이 받기 때문이란다. 4월 하순에나 피는 보라색 라일락이 바람결에 진한 향을 뿌리며 맵시를 자랑하고 있다. 아름다운 꽃과 향기는 뭇사람들의 사랑을 받고, 벌 나비를 살찌우는 먹이가 된다.

희망과 활력의 계절에 서로 정을 나누고 아끼며 세상 끝날 까지 시들지 않는 마음속의 꽃을 피우며 살리라 다짐하면서 정류장으로 향한다. 버스에 올라 앞좌석에 앉은 아내의 모자를 보니, 벚꽃잎 두 개가 꽃구경의 증거인 양 웃으며 춤을 추고 있다. 집에 돌아가 아내와 함께 고운 꽃잎 하나를 찻잔에 띄워 마시며 즐거웠던 벚꽃나들이를 반추하며 행복을 다져야지….

(창수문인회 동인지 10집 제목으로 선정. 동인지 83쪽 2005. 10)

진달래가 피는 봄

나는 봄을 좋아한다. 봄은 갖가지 꽃이 피고 새 움이 돋아 희망과 활력이 넘치는 역동적인 계절이기 때문이다. 꽁꽁 얼어붙었던 삭막한 대지에 훈풍이 불어와 꽃 소식이 피어나면, 소년 같은 동심으로 돌아가 진달래꽃에 대한 기대감으로 가슴이 설렌다. 개나리와 진달래가 봄의 전령사라지만, 나는 노란 개나리꽃 보다는 발그레한 진달래꽃을 더 좋아한다.

진달래꽃의 매력에 이끌려 다가가 보면, 나무는 그리 크지 않고 내 키만 하거나 내려다 볼 수 있어 조금은 만만하여 좋다. 또 물이 오른 버드나무나 개나리가지는 압력을 가하면 부러지지 않고 이쪽저쪽으로 휘지만, 진달래는 휘지 않고 "딱~" 소리를 내며 부러진다. 이는 곁눈질로 눈치를 보고, 비위를 맞추며, 소신 없이 행동하는 출세지향적 인간을 비웃고 어떤 유혹에도 지조를 지켜내는 진달래 특유의 일편단심을 표현하는 방법은 아닐까. 그래서 진달래가지가 부러지며 내는 "딱~" 하는 소리는 "지조를 지키며 사시오." 하는 충고처럼 들려 품새를 매만지며 삶을 되돌아보게 한다.

봄을 찬미하는 갖가지 꽃 중에 개나리는 습기가 많은 산록이나 들을 좋아하여 자라는 곳이 제한되고, 벚꽃은 제주왕벚꽃의 후손이고 꽃이 아름답기는 하나 일본에 귀화해 민족감정이 좋지 않으며, 목련화는 고상하나 꽃이 곧 검게 변색되면서 추하게 스러지는 흠이 있다. 진달래는 야산의 산모퉁이나 산허리, 산 능선이나 뜰의 좁은 모퉁이에서도 잘 자란다. 까다롭지 않아서 척박한 땅이거나 기름진 산과 들을 가리지 않는다. 이렇게 진달래는 널리 분포되어 어릴 때부터 함께 생활한 다정한 이웃 친구처럼 친근감을 갖게 하여 좋다.

진달래는 따스한 햇살과 삼월 훈풍에 놀라 겨우내 잠자던 꽃봉오리가 봉곳이 부풀어 화사한 꽃잎이 터져 나온다. 쌀쌀한 날씨도 아랑곳 하지 않고 잎이 피기 전에 꽃부터 피는 것을 보면 봄을 맞으려는 성질이 매우 조급한가 보다. 산에 진달래꽃이 피면 군데군데 분홍색 물감을 뿌린 듯 곱게 꽃수를 놓아 장식한다.

꽃은 너무 붉지 않아 천박하지 않고, 아주 희미하여 생기가 없지도 않으며, 수줍은 듯 살포시 웃는 모습은 연지를 찍은 새색시의 볼같이 싱싱하고 청순함이 있어 좋다. 꽃은 가지 끝마다 꽃망울을 촘촘히 달아 놓은 꽃방망이 같다. 찾아오는 벌 나비가 없어도 투정부리지 않고, 스쳐가는 부드러운 바람의 유혹에 함부로 몸을 맡기지도 않는다. 그렇다고 도도하게 아름다움을 뽐내지도 않고 수더분하다. 다섯 장 꽃잎이 꽃술을 감싸고 바람결에 하느작거리는 모습은 마치 곱게 단장한 선녀들이 산에 내려와 손을 맞잡고 훨훨 춤을 추며 봄을 노래하는 듯하다. 산에 올라 진달래꽃 속에 묻히면 찌들었던 속세의 모든 근심걱정에서 벗어난 듯 상쾌해지고 아련한 옛 추억에 잠긴다.

어릴 적, 동무들과 산에 올라 꽃잎을 따 먹고 진달래를 꺾어 만든 꽃방망이를 흔들며 신이 나서 '고향의 봄', '반달' 등의 동요를 목청껏 불렀다. 또 시들해지면 잔디밭을 달리면서 몸을 풀며 꽃방망이 따먹기를 하던 기억도 생생하다. 몸이 지치면 잔디밭 양지쪽에 앉아 길고 굵은 꽃술을 따서 손바닥에 가볍게 비벼 서로 엇갈리게 걸고 당겼다. 끊어지지 않는 쪽이 이기는 놀이다. 옆에서는 좋아하는 동무를 응원하고, 이기면 큰소리로 외치며 즐거워했다. 이렇게 추억은 누구에게나 아름답게 다듬어져 간직되는가 보다. 지금도 진달래꽃을 보면 "나보기가 역겨워…" 하는 소월의 시를 흥얼거리며 어릴 적을 회상한다.

꽃송이에 다가가 꽃잎 하나를 따서 씹어 본다. 약간 시큼한 맛은 잃었던 옛 것을 찾은 듯 친근하다. 며칠이 지나면 산을 곱게 물들였던 진달래가 신록에 밀려 슬그머니 작별을 고할 테니 아쉽다. 진달래와 이별잔치를 할 요량으로 약수터에서 내려오는 길에 핀 지 며칠이 지난 꽃잎을 따서 화전을 부쳐 달라고 부탁했다. 이때가 지나면, 갖가지 채소가 계절을 가리지 않고 풍성하게 쌓이는 재래시장에도 진달래꽃은 찾아 볼 수가 없기 때문이다. 찹쌀가루 반죽에 진달래꽃을 붙여지진 화전은 눈뿐 아니라 코와 입까지 즐겁게 한다. 식탁에 찾아온 화사한 봄은 눈과 입 마음으로도 음미할 수 있어 좋다. 선조들은 삼짇날(음 삼월초하루)에 진달래화전을 부쳐 먹으며 겨우내 움츠렸던 몸을 풀고 새로운 활동을 시작했다고 한다. 진달래꽃은 먹을거리가 부족했던 시절에 쌀가루나 밀가루에 버무려 먹었던 구황식물(救荒植物)이기도 했다.

진달래 새순이 나올 때, 순을 따서 짓이겨 풋내를 빼고 솥에 볶는 식으로 덖어 말리면 훌륭한 차(茶) 재료가 된다. 이것을 냉동실에 보관해 두고 필요할 때 조금씩 사용한다. 진달래 찻잎을 조금 넣고 끓인 물을 부으면 향이 짙고 빛깔이 고운 연두색 진달래잎차가 된다. 거기에 진달래 꽃잎 하나를 띄우면 금상첨화인데 봄이 지나면 꽃이 없어 아쉽다. 진달래가 진후에도 진달래잎차를 대하면 눈이 즐겁고 마음은 이미 고향 속 추억으로 달려간다. 따끈한 차 한 모금을 음미하며 천천히 넘기면 몸속까지 따끈하고 깨끗하게 정양(靜養)되는 기분이다. 그러니 진달래차는 향수에 젖어 추억을 반추하는 차이기도 하다.

진달래꽃이나 잎을 딸 때 주의해야 할 점이 있다. 진달래와 철쭉을 구분하지 못하여 철쭉꽃을 따 먹으면 철쭉에는 독이 있어 배앓이나 몸이 마비되는 큰 화(禍)를 입을 수 있다. 진달래는 먹을 수 있어 참꽃이라 하고, 철쭉은 먹을 수 없어 개꽃이라고도 한다. 진달래는 이른 3월말부터 4월초에 꽃부터 피고 나중에 잎이 나온다. 그러나 철쭉은 5월경에 잎이 먼저 나오고 꽃이 피어 꽃과 잎을 함께 볼 수 있으며 철쭉 잎에는 끈적끈적한 진이 묻어나 구분할 수 있다.

진달래꽃은 약용으로도 썼다. 꽃잎을 따서 담근 술은 관절염에 효험이 있다고 하며, 민속주로는 면천(충남 당진)의 두견주(杜鵑酒)가 유명하다. 진달래꽃과 잎은 가래를 삭이고 기침을 멈추게 하여 천식에 좋고, 혈압을 낮춰 준다고 하여 민간요법으로 기관지염·고혈압·감기에 쓴다. 꽃과 잎을 찧어 상처에 붙이면 잘 아무는데 이는 우리 선조들이 오랫동안 경험한 약효다.

진달래는 발그레한 꽃으로 봄을 알리고, 가을엔 발간 단풍잎으로 이별을 아쉬워한다. 진달래의 용도는 식용이나 약재뿐만 아니라 추위가 맹위를 떨치는 겨울철에 언 뿌리는 잘 부러져 채취가 쉽고 화력이 좋아 난방에 애용했다. 그래서 산림을 보호하고 벌목을 규제하던 5, 60년대에 난방용으로 소나무 장작을 대신하여 추위를 이기는데 일조했었다.

이렇게 진달래는 우리의 정서와 실생활에 깊은 연관을 맺어왔다. 진달래꽃이 질 때쯤이면 잡목은 겨우 움이 터서 수줍은 듯 연두색 잎을 빠끔히 내민다. 발그레하던 산은 하루가 다르게 발랄한 연두색으로 변한다.

나는 고향의 아름다운 추억을 곱씹으며 가는 봄을 아쉬워하고, 기도하는 마음으로 진달래가 피는 희망의 봄이 다시 오기를 기다린다. 진달래는 평범하면서도 아름답고, 흔하면서도 품위를 지키며, 어릴 때부터 친구가 되어주었기 때문이다.

(창작수필 63호 118쪽 2007. 3)

민들레꽃 형제

산책로 가에 난 잡초가 지저분하여 쪼그려 앉아 뽑으려다 멈췄다. 자세히 보니 아스팔트와 도로경계석 사이의 좁은 틈새, 그것도 불과 3~4㎜밖에 안 될 아주 좁은 틈새에 민들레 형제가 자라고 있었다

민들레는 꽃자루 두 개가 나왔는데 하나는 노란 꽃이 달렸고, 다른 놈은 이미 꽃이 지고 씨앗이 여물어 하얀 갓털(冠毛)이 달린 씨앗덩이였다. 바람이 불면 금방 씨앗이 훨훨 날아갈 듯하다. '이 좁은 틈새에서 어떻게 싹을 틔우고 뿌리를 내려 꽃이 피고 씨앗이 여물었을까?' 하는 생각이 들었다.

민들레는 뿌리에서 싹이 돋아나는 국화과의 여러해살이 풀인데 해바라기 꽃의 축소판 같다. 밖으로는 꽃잎이 촘촘히 나 있고 그 안의 둥근 꽃판에는 노란 꽃술이 가득하다. 꽃이 지고 씨앗이 여물면 평평하던 꽃 판이 공처럼 둥글게 오그라들면서 씨앗에 달린 갓털이 낙하산처럼 부푼다. 갓털에 매인 씨앗은 바람을 타고 사방으로 흩어져 흙에 묻히고 싹을 틔워 민들레가 된다.

여기 있는 민들레도 아스팔트길에 씨앗이 떨어져 바람의 힘으로 틈새에 몰리고 흙먼지와 수분으로 싹을 틔워 뿌리내리고 자랐으리라. 틈새에 몸을 감춰 요행히 새들의 먹이는 피했으나 자라면서 산책하는 행인들의 우악스런 발부리에 채이고 밟혀 반쪽은 잎이 문드러지고 나머지 반쪽만 남아 볼품없이 흉측하다.

민들레가 아스팔트와 시멘트덩이의 좁은 틈새, 그것도 아주 좁고 척박한 땅에서 영양도 좋지 않은 반쪽 몸으로 양분을 흡수하며 힘겹게 자랐을 게다. 여름에는 아스팔트를 녹이는 불볕 같은 직사광선과 한증막보다 더한 복사열로 더위를 먹었을 게다. 겹친 가뭄으로 목이 말라 기진하였다가 새벽이슬 한 방울에, 때로는 시원한 소나기로 생기를 되찾아 생명을 연장하고, 겨울에는 몸속에 파고들어 정신까지 얼어붙는 혹한을 견뎌 내기가 얼마나 힘들었을까. 민들레가 불운과 역경에도 굴하지 않고 극복하여 상처를 치유하고, 생명이 끊길 위기에서 벗어나고 자라서 의연하게 꽃을 피우고 씨가 여물었으니 얼마나 장한 일인가.

발밑을 내려다보니 작은 개미가 상처 난 민들레에서 무언가를 물고 틈새로 부지런히 움직인다. 아스팔트에는 행인에게 밟힌 몇 마리의 개미주검이 뒹굴고 있다. 나뭇가지로 틈새 밑을 파보니 먹이를 물고 여러 놈이 가는 것으로 보아 이 근처에 개미집이 있는가 보다. 개미집과 민들레 뿌리와는 얼마간 떨어져 있어 생장에는 지장이 없을 듯하고 개미는 민들레에 붙은 해충을 잡아먹을 것이니 다행이다.

노랑나비가 물결치듯 하늘거리다가 노란 민들레꽃 위에 사뿐히 앉는다. 노랑나비를 보면 재수가 좋다는데 민들레에게 축복인사를 하는 것 같아 마음이 한결 가볍다. 꿀 향기를 맡고 찾아온 나비는 꿀을 빨고 대신 민들레를 수정시키는 공생관계를 유지하리라. 이곳에도 서로 돕고 도움을 받으며 살아가는 생존법칙이 지배하고 있음을 본다. 만물의 영장이라는 인간도 생존법칙을 벗어나지 못하는데 하물며 작은 동식물에 있어 서랴.

신(神)도 이런 민들레꽃 형제를 어여삐 보고 지켜주어 씨앗이 여물게 했으리라. 어둡고 지루한 밤에는 총총히 빛나는 별들과 끝없는 정담을 나누며 위로를 받아 외로움과 무서움을 삭이고, 낮에는 상처난 몸을 어루만지는 부드러운 햇살과 바람결에 위안과 희망을 얻었을 게다. 그러면서 그들의 격려에 용기를 얻어 어려움을 딛고 성장했을 것이니 대견스럽다. 서로 의지하며 살아온 민들레꽃 형제의 강인한 생명력과 그동안 겪었을 인고(忍苦)의 결과로 씨앗까지 알차게 여물었다. 저절로 숙연해져 격려와 찬사의 박수를 힘차게 보내고 싶다. 이는 갖은 역경과 좌절을 딛고 오직 불타는 의지와 맹훈으로 우승하여 시상대에 우뚝 선 장애인의 인간승리를 보는 듯하다. 땀으로 흠뻑 젖은 몸에서 풍기는 '해냈다'는 승리와 기쁨의 환한 웃음 같다.

갑자기 회오리바람이 길 위를 쓸고 지나간다. 하얀 갓털이 달린 씨앗은 바람에 날려 하늘높이 솟았다가 잘 키워준 대지에 아쉬운 듯 손을 흔든다. 꽃대에 몇 개 남은 씨앗도 입김으로 불어 날려 보냈다. 뿌리내리고 씨앗이 여물 때까지 형언할 수 없는 고난을 겪었지만 키워준 좁은 틈새에 감사한 마음이 들어서일까. 막상 고향을 떠나기가 아쉬운지 때로는 좌우상하로 요동치며 씨앗을 날린 빈 꽃대를 이리저리 살피고 인사하며 날아간다. 마치 공수부대가 낙하산을 타고 목표를 향해 돌진하는 대열처럼 믿음직하기까지 하다. 이를 보니, 뿌듯하고 축하하는 마음으로 가득 찼다. 멀리 사라지는 씨앗을 보며 기름지고 안전한 땅에 떨어져 싹을 틔워, 아스팔트 틈새에서 겪은 고통을 잊고, 잘 자라서 후손까지 번창하는 복을 누리라고 기원했다.

민들레는 사람들이 흠모하는 아홉 가지 덕을 갖추었다고 하여 구덕초(九德草)라 한다는 글이 떠올랐다. 서당 훈장은 학동들이 마당에 심은 민들레를 보고 인덕(仁德)을 닦게 했다. 구덕은 어떤 모진 환경과 역경도 이기고, 한 뿌리에서 한 송이씩 차례로 꽃이 피어 장유유서를 지키며, 꽃은 명암의 천기(天氣)와 선악을 헤아릴 줄 알고, 멀리 있는 벌 나비도 끌어들이는 정과, 먼동이 트면 맨 먼저 꽃이 피는 근면성과, 바람을 타고 멀리 날아가 자수성가하는 모험적 자립심과 종기를 낫게 하고 학질에도 효험을 주는 약효와, 나물로 먹어 양분이 되게 하는 살신성인의 덕(德) 등을 이른 것이다.

그런 민들레를 뽑으려 했던 경솔한 마음이 부끄럽다. 모든 생명은 단 하나뿐이어서 무엇과도 바꿀 수 없이 귀(貴)하다. 더구나 틈새에서 모진 목숨을 이어온 민들레에 있어서랴! 민들레는 불운과 많은 어려움을 겪으며 살아 왔으면서도 씨까지 여물어 날려 보냈으니 장하다는 생각이 든다.

우리는 자기본위로 매사를 단순하게 판단하고 결정하여 얼마나 많은 생명에게 위해(危害)를 가하는 실수를 범했는지 돌아보게 된다. 별 생각 없는 놀이나 심심풀이로 던지는 돌팔매도 하나밖에 없는 귀한 생명에 치명적인 위협이 되거나 생명을 앗아갈 수도 있다. 전에는 내키는 대로 행동했는데 이렇게 생각이 바뀐 것은 산전수전(山戰水戰)을 겪으면서 쌓인 연민의 정 탓이리라. 고통을 겪어야 지난날을 되돌아보며 깊이 생각하게 되는가 보다. 이제야 철이 드는 듯 하여 부끄럽기 짝 없다.

민들레를 통해, 작은 일도 깊이 생각하며 행동하고, 행동 속에 어려움을 이길 수 있는 방도를 생각해야 성숙된 삶이 되며, 목표를 향해 포기하지 않는 인내가 성공의 밑거름이 된다는 평범한 이치를 음미해 본다. 무심코 하는 언행(言行)이 남에게는 치명적인 상처나 위해가 될 수도 있음을 명심해야 되지 않을까.

(창작수필 49호 27쪽 2003. 9)

송화(松花)가 피면

온 산을 곱게 물들였던 진달래가 질 무렵이면, 송화(松花)가 달린 새순이 탐스럽게 나온다. 실바람만 불어도, 누렇게 익은 송화송이에서 노란가루가 날리는데 이 광경을 보면 6,70여 년 전으로 돌아가 할머니 사랑을 되새기게 된다.

고향집 뒤에 있는 나지막한 동산에는 소나무와 밤나무가 빽빽이 자랐다. 소나무 순마다 달린 송화가 누렇게 익을 즈음, 할머니는 바구니를 들고 산에 올라 송화를 따서 맷방석에 신문지를 깔고 양지(陽地)바른 뒤뜰에 널었다. 송화에서 쏟아진 송홧가루를 체로 치고 물에 씻어 말렸다가 송화다식(茶食)을 해주셨다. 노란 색깔, 향긋한 솔향기, 조청의 단맛, 부드럽게 씹히던 그 맛은 지금도 잊지 못한다. 요즈음도 송화다식을 먹어 보지만 옛 맛만 못하다. 사랑과 정성으로 만들어서 그렇게 맛이 있었나 보다.

몇 년 전부터 할머니가 하시던 방식으로 송화를 따서 가루를 해두었다가 제사와 성묘 때 한 접시씩 다식을 만들어 올린다. 송홧가루를 준비하고 물엿과 꿀을 배합하여 다식판에서 찍는 일까지 내 몫이고, 우리 집안에서는 이제 내 특허품이 되었다. 물엿과 꿀은 색깔이 없고 투명해야 다식의 노란색이 돋보인다. 물엿을 많이 넣으면 딱딱하고 꿀을 많이 넣으면 달고 묽어 굳지 않는다. 그래서 이 비율을 맞추는 일이 비결이다. 다식은 내가 정성을 들여 준비할 수 있는 유일한 제물(祭物)이기에 나름대로 의미를 부여하고 있다. 즐거운 마음으로 송화를 따고 정성들여 다식을 만들면서 할머니의 사랑을 회상한다.

할머니는 조용한 성품에 부지런하고 아끼는데 모범을 보이셨다. 추수가 끝난 논과 밭에서 보리와 벼이삭을 줍고, 바심이 끝난 마당가에 떨어진 낟알까지 주워 모았다. 겨울에는 목화고치를 말아 물레로 실을 뽑고, 삼과 모시도 삼으며 잠시도 쉬지 않고 몸을 움직이셨다. 추운 날, 밖에서 얼음을 지치고 집에 들어오면 언 손을 꼭 쥐고 따끈한 요 밑에 넣어 녹여주셨고, 부엌에 묻어두었던 밤을 몇 톨씩 꺼내어 화로에 구워주셨다. 꾸중을 받을 때는 방패가 되어주시고 잔치에서 맛있는 음식을 남겨다 나누어 주시던 할머니의 자상한 모습이 영화장면처럼 뇌리에 스쳐간다.

자식을 키울 때까지 할머니 사랑이 얼마나 큰지 알지 못했다. 살림 차려 효행을 이해하기 전 희수(喜壽=77세)에 세상을 뜨셨으니 해드린 것이 하나도 없다. 따뜻한 옷 한 벌, 맛있고 좋아하시는 음식 한 번 대접하지 못하고 사랑을 받기만 했다. 일 년에 몇 번 고향을 찾아 성묘하고 제사에 참례하며 할머니 사랑을 떠올리는 게 고작이다. 그래서 자손은 키워봤자 아무 덕이 못된다고 자학한다.

아침에 산에 오르면서 송화를 쳐다보니 아직 풋기가 돌아 며칠 더 지나야 익을 듯하다. 아랫가지는 삭정이가 되어 위쪽에만 송화가 달렸으니 딸 일이 걱정이다. 올해에도 송화다식을 만들어 사월 초이레 할머니 제사에 “할머니 제가 만든 다식입니다.” 하고 올리기로 마음먹는다. 덜 익거나 시간이 부족하여 햇 송홧가루를 준비하지 못하면 작년 송홧가루로 다식을 만들어야겠다.

할머니는 시장에서 돈을 주고 쉽게 사는 제물보다 손자가 정성들여 직접 만든 다식을 더 좋아하시리라. 탐스러운 송화를 보며 때를 놓쳐 가루가 모두 날릴까 마음이 조급해진다.

(청춘학당 나의 이야기V. 26쪽 1998. 12)

숲 속을 엿보니

무더운 여름이다. 숲 속에서 삼복더위를 식히고 싶다. 숲은 갖가지 나무들이 모여 생장하는 나무마을이다. 숲은 나무의 집합을, 나무는 숲을 이루는 개체를 뜻한다. 자연 속에 있는 숲은 고운 것 미운 것 가리지 않고 모두를 포용하니 숲 속에 앉아 바람소리를 들으며 자연에 동화되고 사색하는 시간이 좋아 숲을 찾는다.

무더운 날에도 자연에 묻히면 더위를 잊고 안정감을 얻게 되어 시간이 날 때면 집 근처에 있는 대모산에 오른다. 멀리서 산을 바라보면 나무가 빽빽이 들어찬 초록빛 숲이 뭉실 뭉실한 입체감으로 친근감을 더 해주어 빨리 산에 오르고 싶은 충동마저 느끼게 한다. 유혹을 뿌리치지 못하고 숲에 대한 호기심과 기대로 가쁜 호흡을 고르면서 산에 오르면, 소나무와 잣나무 · 참나무 · 단풍나무 · 아카시아 · 버드나무 등 여러 종류의 나무가 어울려 숲을 이루고 코끝을 자극하는 풀과 나무향이 신선하여 좋다. 나무 종류에 따라 껍질과 잎의 모양과 색깔이 각각 다르다. 생존을 위한 최적의 독특한 특성으로 그렇게 변형되고 진화하였으리라.

숲 속에서 자라는 나무 하나 하나의 생태를 보면, 키가 큰 것과 작은 것, 생기(生氣)가 발랄한 것과 병들어 생기가 없는 것, 곧은 것과 구불구불 뒤틀린 것이 어우러져서 자라고 있다. 조금이라도 햇볕을 더 많이 받으려고 옆에 있는 나무를 비집고 태양을 향해 높이 뻗어가는 필사적인 경쟁에 안쓰럽기도 하고, 강한 생명력에 숙연해지기도 한다.

어떤 나무는 한쪽 가지를 포기하고 이웃과 어울려 살아가는 모습도 보인다. 땅에는 생존경쟁에서 낙오했거나, 수(壽)를 다한 나무의 잔해가 썩어 생존한 나무와 다음 세대를 위한 양분이 된다. 이는 싹이 자라 나무가 되고 죽어서 땅으로 되돌아가는 나무의 자연 순환과정이다. 산에 올라 바라보는 숲 속은 시원하고 짙푸르나, 상상했던 것처럼 깨끗하지 않아 조금은 실망한다. 멀리서는 깨끗하게 보이던 숲 속의 나무들이 벌레 먹고, 병들고, 잔해가 썩고, 더러운 면도 많음을 발견한다. 이러한 현상은 썩은 것을 감추고 껍데기만 화려하게 포장하여 겉과 속이 다른 인간사회의 현실과 너무도 흡사하다는 생각이 든다.

이런저런 생각을 하면서, 나무가 서로 손을 뻗어 얼크러진 터널 길을 걷다가 의자에 앉았다. 몇 년 전까지만 해도 좁은 오솔길이었던 산책로가 신작로처럼 넓어졌다. 나무뿌리를 두툼하게 감쌌던 흙이 사람들의 발길에 짓밟히고 비바람에 쓸려나가 앙상하게 튀어 오른 뿌리는 고통을 참으며 인간을 원망하는 듯 하다. 재래종 소나무는 생기 없이 시들어가고 외래종 소나무 리기다와 잣나무만 짙푸르다.

위를 올려다보니, 높이 솟아 그늘을 드리운 아까시와 현사시는 주위의 소나무를 고사시키고 있다. '미인과 재사(才士)는 명이 짧고, 천덕꾸러기는 오래 산다.'는 속설이 있듯이 고고한 재래종소나무는 공해를 이기지 못하여 이미 죽어가고, 밉살스런 아까시와 현사시는 더 왕성하게 번식하는가 보다. 칡넝쿨은 나무를 휘감고 올라 나무는 고통을 호소하고, 진달래와 철쭉은 작은 조각하늘에서 쏟아지는 햇볕을 조금이라도 더 많이 받으려고 잎을 넓게 벌렸다.

땅에는 매년 나무가 벗어 놓은 헌 옷이 수북이 쌓여 썩어가며 구수한 냄새를 풍긴다. 그 위를 걸으니 푹신한 카펫처럼 탄력을 느낀다. 나무에서 왔으니 거름이 되어 다시 나무로 돌아간다. 길옆에는 맥문동이 진초록 잎을 반짝이며 반기고, 창가에 심고 득남을 기원했다는 원추리는 한껏 노란 꽃을 자랑한다. 댕댕이 넝쿨·쪽나무·산수유·망개, 이름 모를 풀들 모두가 정답고 눈에 익은 모습이다.

숲은 생동감이 있는 자연생태계이다. 소나무는 솔잎혹파리 피해를 입어 벌겋게 물들고 있다. 숲을 이루는 나무 하나 하나가 건강하여 숲 전체가 건강해지고 조화되어, 나무와 숲, 자연과 인간이 한결같이 평화롭게 공존할 수는 없을까.

'숲이 병들면 생태계도 병들고, 숲이 건강하면 생태계도 건강하다.'는 평범한 이치를 부정할 사람은 없으리라. 인공적인 방법으로 약품을 사용하여 병충해를 없애면, 타 생물에 엉뚱한 피해가 생기고, 생태계의 질서가 파괴되어 더 큰 재앙이 올 수도 있다고 전문가는 경고한다. 마구잡이식 방제(防除)를 지양하고 조화와 균형을 이루는 친환경적인 방법으로 숲이 가꿔지기를 기대한다. 이는 자연의 바람이

요, 그 속에서 얻는 교훈이다. 숲 속의 생물은 서로 어울려 사는데 인간은 자연을 황폐화시키는 무법자이고 파괴자라는 생각이 든다.

또 숲 속 생물의 생태계에서도 서로 어울리며 사는 생존법칙을 발견하게 된다. 작은 진딧물은 나무에 붙어서 즙을 빨아먹고 개미는 진딧물의 달콤한 배설물을 먹는 대신 진딧물을 보호하는 공생관계를 유지한다. 새는 숲 속에 집을 짓고 살면서 나무에 있는 벌레를 잡아먹어 나무와 공생관계이고, 벌레와는 먹이사슬 관계이다. 작은 새는 육식하는 수리의 먹이가 되고 아까시와 현사시는 왕성한 생명력으로 옆 나무를 고사시키고 군락(群落)을 이루며 점점 번져간다. 동물뿐 아니라 식물에게도 강자가 약자를 고사시키는 약육강식과 적자생존의 생존원리가 적용됨을 보고 새삼 놀라게 된다. 서로 돕고, 먹고 먹히는 생태계는 인간의 생존경쟁방식과 다를 바 없다.

간간이 귀 밑을 스치는 시원한 바람, 숨소리조차 조심스러운 적막 속에 세파에 시달려 복잡하던 심사가 봄눈처럼 녹고 얼굴엔 밝은 미소가 인다. 인간사회도 어린이와 노인, 남자와 여자, 성한 사람과 장애우가 어우러져 공동의 행복을 추구한다. 숲 속의 생물이 어울려 살 듯 작은 일부터 착실하게 하나하나 이루면 살기 좋은 세상이 되리라.

숲을 단순한 휴식처나 이익을 위한 개발대상으로만 보지 말고, 인간과 삶을 함께하는 동반자로 보는 안목을 가져야 하지 않을까. 숲은 우리가 사는 생태계의 표본이고 거울이기에 조화를 이루어 우리의 삶을 찬미하게 되기를 기대한다. (2002. 6)

등산예찬(登山禮讚)

눈이나 비가 오는 날을 빼고는 아침 일찍 집 근처에 있는 대모산(大母山)에 오른다. 처음에는 건강을 위한 아침운동으로 왕복 한 시간쯤 산을 오르내리며 걷다가, 산중턱에 심정(深井)을 뚫어 지하에서 뽑아 올리는 석간수(石間水)를 받으려고 물병을 지고 다녔다.

산의 아름다운 경관과 생동하는 생명력에 이끌려 산에 오르면 삶에 오염되고 상처받은 마음이 정화되고 치유되어 기분이 좋아지고 새로운 활력을 얻는다. 시간이 흐를수록 등산이 생활의 일부가 되고 이제는 빼놓을 수 없는 일과가 되었다.

2월이 기울며 봄기운이 녹으면 성급한 생강나무와 산수유가 노란 꽃망울을 터뜨려 겨우내 웅크린 몸과 마음을 깨워 주고, 온 산을 점점으로 수(繡)놓은 분홍색 진달래가 손짓하여 집에서 게으름을 피우지 못하고 이끌려 나갔다.

겨울을 난 뭉뚝하고 단단한 눈(芽)을 비집고 파릇파릇 피어나는 새순이 경이롭고, 연한 연두색 물결 속에 하얀 산(山)벚꽃이 산뜻하다. 땅을 뚫고 나오면서 등이 굽고 속은 검붉어 일편단심 기개가 변치 않는 할미꽃(老姑花,寒士花)이 정겹다. 길쭉하게 뻗은 찔레 순을 꺾어 속살을 씹으니 풋내도 입에 익은 맛이다. 물이 오른 버드나무 껍질을 비틀어 분리시켜 훑어내고 피리를 만들어 어린애처럼 길게 불어 본다. 노랗게 익어가는 송화와 신록 속에 하얗게 무늬를 놓은 아카시아 꽃, 온 산에 넘치는 그윽한 향기는 어릴 적을 그리며 향수에 젖게 한다.

산과 들은 고향에서 뛰놀며 함께했던 끝없는 추억의 보고다. 새집을 단장한 까치는 서로 부르고 좇으며 뒤엉켜 사랑을 나누고, 나무 꼭대기에서 바삐 움직이는 청솔모의 재롱도 한결 활기차다. 등산로를 메우며 산에 올라 몸을 푸는 사람들도 나날이 늘어간다. 산은 살아 있는 생명체이고 봄은 가장 활력이 왕성한 청소년기 같다. 산에 오르면 나도 모르게 자신감에 젖어 세상이 만만하게 내려다보이고 만사가 잘 풀릴 듯한 기대를 갖게 한다.

여름 산의 모습은 풍만하여 어머니 품처럼 포근하다. 각종 초목과 어우러져 살아가는 동물들도 한껏 왕성하게 자란다. 산속에 있으니 풍성하여 아쉽고 부러울 것이 없다. 삼복더위엔 우거진 초록빛 숲만 봐도 시원한 기분에 더위를 덜고, 뙤약볕에서 울창한 숲 속에 들어가기만 해도 땀을 식혀주는 그늘과 바람이 있어 좋다. 소나무의 피톤치트향과 풀 향기는 피로를 씻어주어 기분이 좋아지고, 고향의 정자나무 밑에서 밀짚방석을 펴고 낮잠을 자던 추억에 그늘이 있는 평평한 낙엽위에 앉았다. 매미울음을 자장가 삼아 한숨 자고 싶은 충동을 느낀다.

갑자기 먹구름이 몰려오고 장대 같은 소나기가 내리면 일진을 탓하며 원망하지만 산행은 계속된다. 땀으로 범벅된 몸과 마음을 깨끗이 씻어주어 젖은 옷이 오히려 개운하다. 그러다가도 반짝 개어 해가 얼굴을 내밀면 마음까지 깨끗하고 시원해지는 산뜻한 경관에 마음을 빼앗긴다. 산마루를 넘는 구름도 새로운 풍광에 넋을 잃고 잠시 쉬어 간다. 푸르고 맑은 하늘 속에 산봉우리를 감싸고 하얗게 피어나는 뭉게구름은 동화 속의 그림같이 아름답다.

그 속에서 뼛속까지 시려오는 물 한 모금으로 갈증을 풀고 땀을 들이는 맛은 어디에 비할 건가! 수돗물은 취수지 상류의 오염으로 소독을 해도 미덥지 않아 그대로 마시기가 꺼림칙하지만 대모산 석간수는 지하 백 수십 미터에 스미며 깨끗이 여과되고 수질은 정기적으로 검사하니 수돗물보다 더 신뢰하게 된다. 직접 유입되는 생활오수와 공장에서 흘러드는 유독성 폐수는 없을 것이기 때문이다.

가을이 되면 초목과 오소리 · 다람쥐 · 파충류까지 산식구들은 겨울 채비에 바쁘다. 동물들은 추운 겨울을 나기 위해 몸에 지방층을 돋우며, 동굴이나 비밀창고에 먹이를 저장하기도 하고, 땅속으로 깊이 파고 들어가 동면을 준비하기도 한다. 초목은 다음 세대를 위해 많은 씨앗이 여문다. 형형색색으로 물든 단풍은 아름다움을 자랑하다가 미련 없이 잎을 떨어뜨리고 추위에 대비한다. 오색단풍으로 곱게 물든 골짜기에 찬바람을 타고 수북이 쌓인 낙엽을 밟으며 오솔길을 걷는 낭만과 여유도 등산의 맛이다.

누렇게 익은 밤송이에서 쏟아진 알밤을 주우며 오곡이 무르익은 풍성한 고향과 대비하기도 한다. 바삐 움직인 한 해가 다 기울어 가는데 이룬 것이 없고 아쉬움만 남아 조급해진다. 잎이 피었다가 단풍이 들고 지는 과정이 세상만사의 흥망성쇠와 자연의 신비롭고 정연한 순환이치임을 깨달으며 감탄하게 된다.

엄동설한에 산에 오르다가 삭풍을 타고 몰아치는 눈보라를 만나면 경솔한 산행에 심한 후회가 인다. 눈을 뜨지 못하고 미끄러지면서도 작은 굽이를 지날 때마다 호흡을 진정하며 안온함을 느낀다. 어려움을 지나서 찾아오는 새로운 안정에 더 감사하게 된다. 눈앞에 전개되는 깨끗한 은백(銀白)의 세계에 마음까지 경건해지고, 눈처럼 깨끗하고 순수해져 흠 없이 하얀 길 위에 발자국을 내어 오염시키기가 두렵기까지 하다. 추위 속에 따끈한 차 한 잔으로 언 마음을 녹이며 새로운 힘을 얻는다. 잠시 스쳐갔던 나약한 후회가 새로운 각오로 이어져 어려울수록 불굴의 정신이 충만하니 이것도 빼놓을 수 없는 등산의 매력이다.

산봉우리에서 묵묵히 억겁을 버텨온 거대한 암석을 대하면 자연의 위대함에 압도된다. 그 앞에서는 21세기를 살아가는 개화된 현대인도 미미한 존재임을 인식하게 되고 대자연에 머리가 저절로 숙여진다. 그래서 옛 사람들은 자연을 숭배했으리라 생각된다. 홀로 푸르름을 자랑하는 송백(松柏)에서 높은 지조를, 잎을 떨어뜨리고 겨울을 나는 잡목에서 환경에 적응하여 세상을 살아가는 지혜를 배운다. 눈이 온 세상을 하얗게 덮은 풍광을 바라보면, 고운 것 미운 것 가리지 않고 포용하는 넓은 아량이 부럽다. 자연 속에 동화된 작은 나를 발견하고 욕심과 갈등으로 얼룩진 생활에 부끄러움을 느끼면서도 마음 한 구석으로부터 평온을 얻는다. 철 따라 변하는 산의 사계절은 잰 듯 어김없이 찾아오고 많은 선물을 주고 말없이 지나간다.

일 년 내내 산에 오르지만 철 따라 변하고 어제와 오늘이 같지 않으니 싫증이 나지 않는다. 가파른 산(山) 비탈길을 오르며 어려움을, 언덕에 올라 발아래 조아리는 낮은 봉우리와 높은 빌딩 숲을 내려다보며 성취감과 우월감을 맛본다. 그러면서도 자연을 통해 오만하지 않고 겸손해야 됨을 배운다. 산을 내려오며 느끼는 아쉬움은 다음 등산의 씨앗이 되고, 땀으로 범벅된 몸을 씻는 개운함도 등산의 맛이다. 크고 작은 언덕을 오르고 내리는 산행은 인생항로에 연이어 있는 희로애락을 지나는 과정과 같다는 생각이 든다. 이 얼마나 많은 가르침을 주는 스승이며 위안인가!

어떤 일이든 자발적으로 할 때 정신적 육체적인 상승작용으로 그 효과는 배가(倍加)된다고 한다. 더구나 등산은 공중질서를 잘 지키고 자연보호에 관심을 가지면, 다른 사람이나 자연환경에 전혀 피해를 주지 않으니 눈치를 보지 않아도 된다. 산은 넓고 좁은 것, 선하고 악한 것, 크고 작은 것, 산 것이나 죽은 것을 가리지 않고 모든 것을 너그럽게 포용하여 하나가 된다.

산에서 세상을 바라보면, 답답하고 험한 세상에 아옹다옹 부대끼지 않고 잠시나마 잡념을 깨끗이 잊을 수 있으니 선계(仙界)에 들어

온 것이 아닌지 착각에 빠진다. 천당이나 극락이 있다 한들 이보다 더 좋고 자유롭겠는가! 그래서 수도자는 속세와 동떨어진 깊은 산이나 한적한 곳에서 속인(俗人)들과 거리를 두고 지내는가 보다. 맞은편 산을 향해 "속 세 야!" 하고 목청껏 외쳤다. 잠시 후 "왜?" 하는 작은 메아리가 울려온다. 선계의 부름에 속세의 응답인가, 가까이 다가온 계절의 반김인가!

오늘도 산(山)의 정취에 이끌려 메아리 친구를 찾아 나선다. 대모산에 숨었을까 아니면, 옆 산 구룡산(九龍山)에서 쉬고 있을까?

(등단작. 창작수필 46호 248쪽 2002. 12. 창수문인회 동인지 8집 52쪽 2003. 9)

성취의 봄이 되었으면

며칠간 계속된 꽃샘추위가 물러가고 포근한 봄 날씨에 햇살이 따스하다. 길가에 활짝 핀 노란 개나리와 동산의 분홍색 진달래는 봄바람에 춤을 추듯 하늘거린다. 기분 좋은 일요일 아침이다.

양지바른 언덕에는 쑥과 냉이가 제법 자라서 풀밭을 파랗게 수(繡) 놓았고, 갈색으로 변색된 잔디가 속살부터 푸른빛이 돈다. 어느새 한 뼘이나 자란 민들레는 잎 사이로 꽃대를 쭉 밀어 올려 노란 꽃을 피웠다. 눈에 익은 꽃이라 반가워 다가가 보니 벌써 벌이 날아와 꽃 속에서 꿀을 빨고 있다. 계절의 변화에 민감하게 반응하는 꽃과 벌의 움직임이 경이롭다. 작은 풀들도 여리고 파릇한 머리를 조심스레 내밀며 갸웃거린다. 이 모습을 보니 꼬마들이 서로 먼저 대답하겠다고 고사리 손을 번쩍 들고 "저요, 저요!" 하며 소리치던 어린 시절을 회상하게 한다.

어릴 적에, 봄이 오면 학교에서 돌아오는 길에 찔레를 꺾고, 야산에 올라 시영을 잘라 먹었다. 찔레는 풋내가 좀 나지만 아삭아삭 씹히는 맛이 있고, 시영은 시큼한 맛이다. 봄기운이 대지를 스치면 제일 먼저 머리를 내미는 다년생 찔레와 시영은 매년 같은 자리에서 새순을 올려 우리를 즐겁게 맞아 주었다.

동네 아이들은 집에 돌아와 책보를 팽개치고 삽이나 괭이를 들고 야산에 올라 칡뿌리를 찾았다. 양지바른 황토에 뿌리를 박고 자란 칡뿌리가 맛이 있다. 양지쪽 땅 밑의 얼음이 일찍 풀려 삽질하기가 쉽고, 황토에서 자란 칡은 알이 많이 배고 맛이 좋으나 거름기가 많은 곳에서 자란 칡은 지리고 맛이 없다. 칡을 발견하면 소리쳐 아이들을 모으고, 힘을 합해 삽질과 괭이질을 번갈아 하면서 캤다.

머리는 보잘것없지만, 밑으로 내려 갈수록 알이 통통하게 배어 금방 약병아리를 삼킨 구렁이 배 모양을 한 칡뿌리를 낫으로 중간을 잘라 토막을 쳐서 먼저 한 입씩 찢어 먹으면 입안에 가득 퍼지는 진한 향, 거기에 달콤하고 넘치는 칡물, 이것은 시골 아이들만이 봄기운을 맛보는 행복한 순간이었다. 그립고 정겨운 추억이다.

양재천에 연한 공원에 소담하고 우아한 백목련(白木蓮)은 활짝 폈고 자목련이 반쯤 피었다. 벚꽃나무는 수줍은 듯 꽃망울을 발그레하게 물들이며 피고, 라일락 꽃대도 쭉 뻗어 나왔다. 장미와 찔레는 이미 순이 파랗게 돋아 잎까지 길게 자랐고, 꽃사과와 단풍, 은행나무와 오엽송(五葉松)도 기지개를 켜며 움이 트고 있다. 아파트화단에도 실내에서 지루하게 겨울을 보낸 화분이 하나 둘 늘어간다. 하루가 다르게 꽃물결이 올라오고 푸른빛이 온 강산을 물들이고 있다.

추위에 웅크렸던 자연은 며칠 사이에 이렇게 큰 변신을 하고 있다. 우리의 몸과 마음도 덩달아 새로운 희망과 활기에 휩싸인다.

진해(鎭海) 벚꽃잔치인 군항제(軍港祭)가 평년보다 일주일쯤 일찍 시작되었다고 한다. 남쪽에서 시작한 꽃물결이 쉬지 않고 북상하니 4월 10일경이면 서울에서도 벚꽃놀이가 절정에 이르리라 한다. 누가 풀과 나무, 그리고 미물인 벌 나비에게 활동의 계절이 왔다고 알리는 것일까? 말랐던 풀잎이 되살아나고, 나무는 새 움이 터서 꽃과 잎이 작년 것보다 더 실하게 핀다. 만물이 소생하는 희망찬 계절이다.

초목들이 죽은 듯 겨울을 지내고 새 봄을 준비하는 활동을 보면 이름 모를 작은 초목도 인간보다 환경에 훨씬 잘 적응한다는 생각이 든다. 산골짜기 시내도 깊은 잠에서 깨어나 싱그럽게 노래하며 흐른다.

놀이터에 나온 아이들이 제 세상을 만난 듯 신이 나서 소리치며 뛰놀고 있다. 거리를 지나는 여인들의 옷차림은 한결 가벼워지고 발걸음도 경쾌하다. 들녘에서 바쁘게 일손을 놀리는 농부의 표정도 새 희망으로 밝고 생동감이 있다. 날씨마저 맑고 포근하니 나는 조용한 자연 속으로 나들이를 떠나고 싶은 충동을 느낀다. 이렇게 어김없이 찾아오는 계절의 변화가 신비롭다.

주위 환경이 깨끗하고 발랄하면 우리 마음도 덩달아 밝아지고 희망을 갖게 된다. 이 봄과 함께 우리의 삶을 괴롭히는 우울한 일들이 모두 사라지고, 막힌 일이 속 시원히 뚫려 하는 일마다 뜻대로 이루어지는 소원성취의 봄이 되기를 기대한다.

(화백문학 31호 92쪽 2008. 3)

만물봉상춘(萬物逢霜春)

사람들은 타고 난다는 운명(運命)인 길흉화복(吉凶禍福)에 호기심을 갖는다. 과학이 발달된 요즈음에도 사주(四柱)・궁합(宮合)・관상(觀相)을 보는 사람이 많은 것을 보면 '사람은 주어진 운명에 따라 주어진 삶을 사는 것인가?' 하는 의문을 가질 때가 있다.

나쁜 액운을 조금이라도 줄이고 복(福)을 늘리려고, 출생시간은 제왕절개수술로 조절하고, 이름은 입신양명한다는 좋은 이름으로 바꾸며, 닥칠 일은 잘 될 시간에 맞춰 정하고, 자연이나 신에게도 정성으로 기원한다. 운명을 믿지 않는 편이지만, 일이 뜻한 대로 안 되고 꼬일 때는 신의 저주나 운명을 의심하기도 한다. 이는 하는 일에 확신을 갖지 못하는 나약한 마음 탓이리라.

40여 년 전에 친구를 따라 서울 'ㄷㅇ'동으로 관상(觀相)을 보러 간 일이 있다. 사주나 점은 미신이지만, 관상은 사람들의 상(相)을 통계로 한 과학이란 설명이었다. 그럴듯하고 재미있을 것 같아 가벼운 마음으로 따라갔다. 관상을 봐주는 영감은 흰 머리와 길고 탐스러운 은빛 수염에 발그스레하고 윤기 나는 얼굴이었다. 새하얀 한복까지 어울려 심산에서 수도중인 도사(道士)를 연상시키고 위엄마저 감돌아 신비감으로 분위기를 압도했다. 방안에는 몇 사람이 먼저 도착하여 순번을 기다리고 있었다.

내 차례가 되었다. 찬찬히 얼굴을 뜯어보고 길게 숨을 들이마셨다가 내쉬면서 "직업을 바꾸겠는데…." 하며 혼잣말처럼 중얼거렸다. 그의 유도질문에 답하지 않으리라 단단히 마음먹으면서 애써 무표정하게 앉아 있었다. 한참 있다가 "지금보다 더 좋은 곳으로 옮기겠는데 재물을 조심하쇼. 그렇게 하면 명예를 지키면서 존경을 받는 삶이 될 것이요." 하는 게 아닌가. 그때까지 전직(轉職)을 고려하거나, 금품을 다루는 부서에서 근무한 적이 없어 이 영감은 '돌팔이 관상쟁이'라고 생각하며 건성으로 듣고 대답했다.

영감은 이어서 "하~ 눈(眼)이 참 좋네, 아들은 하나이지만 열 아들이 부럽지 않겠고…." 하였다. 여느 부모처럼 자식에게 기대를 거는 터였다. 그렇게 관상보기는 기대 외로 싱겁게 끝나 조금은 실망했다. 친구는 "좋다는 것은 안 맞아도 나쁘다는 건 맞으니 조심하라는 점은 지키는 것이 좋다."고 조언해 주었다. 맞는 말이라 생각했다. 그런 뒤로는 관상을 본 일에 대해 잊고 지냈다.

그러다가 몇 년 후 영감의 말대로 전직하게 되었다. 70년대 후반 정치 · 사회상황은 불안하였다. 직무와 관련하여 세계 각국의 정변에 대한 교훈집을 탐독하였다. 정적(政敵)은 가까운 곳에 있고, 정적제거의 가장 큰 호재는 부정축재와 부정부패로 몰아 국민의 지지와 공감을 얻는 것이 동서고금의 공통된 방식이었다. 폭풍이 덜 미칠 간

접위험반경 밖에 있어도 우선 재물에 깨끗해야 건재할 수 있다는 결론을 얻었고, 관상 영감의 말이 생각나 이를 지키려고 노력했다.

가족을 포함한 주변정리에 신경을 써서 소용돌이를 거치면서도 탈없이 공직을 마치고 여생을 보내게 되었다. 관상을 믿지 않지만, 충고를 해준 영감에게 감사하게 된다. 며칠 전, 전철에서 신문을 읽는데 '오늘의 운세편'이 시선을 끌었다.

무심코 지나쳤던 사주팔자가 어떤지, 지난 일이 맞는지 궁금했다. 점이나 사주를 보면 지난 일은 맞고 앞일은 애매하다고 들었다. 집에 돌아와서 이것저것을 뒤적이며 사주가 포함된 자료를 찾았다. 가례보전(家禮寶典)의 전통혼례편에 남녀궁합해설이 실려 있었다. 육십갑자병납음(六十甲子竝納音)으로 '나는 간하수(澗下水)이고 아내는 성두토(城頭土)라 남수여토(男水女土)'다.

남녀궁합해설에서 '남수여토'를 찾아 우리 부부의 궁합을 보니 '만물봉상(萬物逢霜)'이라 했다. '만물봉상'의 궁합풀이는 '만물이 서리를 만난 격이로다. 수토(水土)가 상극(相剋)하니 금슬(琴瑟)이 화목치 못하고, 자손이 불효하여 가도(家道)가 자연히 패하고, 재물이 없고 상부(喪夫)할 격이로다.'라 했다. 궁합이 이보다 더 나쁠 수가 있는가. 우리 부부가 금슬이 나빠 불화하고 자손이 불효한다니 말도 안 되는 엉터리 괘(掛)다. 결혼한 지 40여년이 되지만 아무 문제없이 화목하게 살며, 풍족치는 못해도 연금에 맞춰 평생을 지낼 수 있고, 또 내 나이 희수(稀壽)가 되어 이제 생을 마쳐도 자연사인데 왜 상부란 말인가. 궁합과 사주를 믿지 않았어도 이렇게 나쁘다니 꺼림칙했다.

결혼 전에 이 궁합을 보았다면 결혼에 걸림돌이 되었을지 모르고,

살면서 작은 일에도 위축되어 궁합을 탓하며 쓸데없는 걱정을 했으리란 생각이 들었다. 궁합을 보지 않고 지낸 것이 천만다행이다.

그런데 관점을 달리하여 봄 서리라면 어떨까? 눈 속을 비집고 나오는 복수초, 잔설 속에 서리를 맞으며 활짝 피어 은은한 향기를 풍기는 고고한 매화, 찬 서리를 이고서도 나날이 푸르러지는 잔디, 딱딱한 땅을 비집고 수줍은 듯 고개를 쳐드는 새싹은 봄을 맞은 만물의 활기찬 약동이며 희망의 상징이지 않은가. 그렇다, 이른 봄의 찬 서리는 만물이 소생하고 약동하여 새로운 삶을 시작할 희망과 불굴의 의지를 갖게 하는 활력의 자극제이다.

만물이 봄 서리를 맞았다는 뜻으로 '만물봉상에 봄 춘자(春)를 넣어 만물봉상춘(萬物逢霜春)'으로 궁합을 바꿔 해석해 본다. '만물이 봄 서리를 만난 격이로다. 마른 땅에 물기가 스며 초목이 소생하듯 가정이 화목하고 자손이 번성하며 여가를 즐기면서 백년해로할 괘로다.' 얼마나 좋은 궁합인가. 이렇게 관점이 바뀜에 따라 해석은 정반대가 될 수 있으니 '만물봉상춘'은 나쁜 괘가 아니라 좋은 궁합이라고 위안을 삼는다.

관점을 바꾸면 같은 괘(卦)라도 그 해석은 좋게도 나쁘게도 되니 괜히 궁합이나 점괘에 현혹되어 고심하지 말아야 한다는 생각이 들었다. 좋고 나쁨은 마음먹기에 달렸다. 오직 굳은 의지와 노력이 장래를 바꾸고 보장하는 운명이라고 생각해 본다. 궁합에서 '만물봉상춘'의 해석이 이를 증명하지 않는가!

(창작수필 51호 100쪽 2004. 3)

단풍(丹楓)이고 싶다

오늘 아침에도 산에 올라 단풍터널을 지나고 있다. 숨을 고르며 오색으로 곱게 물든 단풍에 취해 잠시 발걸음을 멈춘다. 기온이 떨어지고 찬바람이 간간이 몰아치니 고운 단풍잎이 머리와 어깨에, 배낭 위에도 우수수 떨어진다. 주위의 뭇 나무들이 단풍잎을 뿌리며 산행을 환영하고 축하하는 듯하다. 단풍잎이 쌓이는 것을 보니 '생물은 수구초심(首丘初心)이고, 생을 마치면 근본으로 돌아간다.'는 옛말을 생각하게 한다.

어저께는 비까지 촉촉이 내려 물기를 머금은 단풍이 햇살을 받아 더 곱고 투명하다. 여름 내내 녹음을 자랑하다가 나날이 떨어지는 기온에 놀라 곱게 단풍이 들었다. 나무는 날씨가 추워지면서 영양분과 수분공급을 조절하여 잎에 있는 단백질과 색소의 반응에 따라 아름다운 단풍색깔을 낸다고 한다. 온갖 단풍의 갖가지 색깔은 대체로 삼원색의 조합이다.

등산로 입구의 은행나무는 노랗게, 벚나무와 단풍은 발갛거나 누렇게, 산에 넓게 자생하며 군락을 이룬 떡갈나무는 누런색으로 물들었고, 산 중턱의 소나무와 아카시아 잎은 단풍이 들지 않아 퍼렇다. 이렇게 온 산은 자연의 섭리로 울긋불긋 형형색색으로 물들어 수채화처럼 아름답다. 단풍은 가장 고운 옷으로 성장(盛裝)하여 서로 아름다움을 뽐내며 경쟁하는 미인대회를 연상시킨다. 아니, 그보다 더 아름답다. 이 속에 있으니 나도 한 잎 단풍이 된 느낌이다.

봄에 날씨가 풀리면 잎과 꽃이 피고, 가을에 열매가 익고 날씨가 추워지면 잎이 진다. 단풍은 잎이 생애를 마치는 과정인데 환경과 기상에 따라 아름답게 물들기도 하고 추하기도 하다. 금년 여름에 서울근교에는 강수량이 충분했고, 가을의 잦은 비로 습도가 높고 일조량이 많아 고운 단풍을 즐길 수 있게 되었다. 단풍은 이슬이나 서리가 내린 아침에 촉촉이 젖은 단풍잎이 햇살을 받으면 가장 아름답다. 그래서 집에서 가꾸는 분재도 아침저녁으로 물을 분무해 주면 고운 단풍을 감상할 수 있다.

나뭇잎은 무더운 여름에 광합성작용으로 나무를 생장시키고 씨를 여물게 하여 본분을 다하고, 가을에 고운 단풍으로 갈아입고 훌훌 떠난다. 이는 열정적인 공연으로 책임을 다하고 기립박수를 받으며 퇴장하는 화려한 주연배우와 같다. 이렇게 봄에 움이 트고, 가을에 단풍이 들어 겨울을 준비하는 감응기관에 감탄하게 된다.

가을에 차가운 바람이 불고 기온이 뚝 떨어져도 계절에 역행하여 잎이 파란 채 단풍이 들지 않으면 얼어 죽게 된다. 여름을 즐기려는 과욕과 과시하려는 독선이 재앙을 부르기는 나무나 인간이나 매한가지다. 단풍은 때가 되면 하나같이 나무 주위로 떨어져 겨울을 대비한다. 입동이 지났으니 며칠만 더 있으면 단풍이 다 져버릴 것이다.

쓸쓸한 나목(裸木)은 을씨년스럽고 지루한 겨울 동안 찬바람과 눈(雪)을 벗하며 지내야 하리라.

단풍을 떨어뜨린 나무는 하릴없이 서 있는 것처럼 보이지만 큰 착각이다. 정중동(靜中動)이라는 표현이 적절할까. 겨울에도 나뭇가지 끝에 있는 움과 꽃눈마다 수분과 양분을 올려 마르지 않게 하고, 땅 속에서는 영양분을 축적하여 새움이 틀 준비에 바쁘다. 10여미터가 넘는 큰 나무 끝에 있는 꽃눈과 움에까지 수분과 양분을 보내어 마르지 않고 얼어 죽지 않게 하는 나무의 총명함과 큰 생명력에 감탄하게 된다. 그래서 온기가 스미면 기다렸다는 듯 움이 트고 꽃이 핀다. 땅에 귀를 대면 쉬지 않고 부지런히 일하는 뿌리의 우렁찬 함성이 들릴 것 같지 않은가. 인간의 가청주파수는 한정되어 우주 쇼 같은 큰 소리는 듣지 못한다고 한다. 그래서 땅 속의 시끄러운 소리도 못 듣는지 모른다. 우리가 긴 겨울 동안 활동을 중지한 채 휴면(休眠)의 계절로 보내는 것과는 큰 대조가 된다.

빨간 단풍과 파란 잎을 주어들고 산에 오른다. 낙엽을 보니 여러 가지 상념에 쌓이는 것은 가을이기 때문인가? 가을이 되면 철학자가 된다는 말이 있다. 계절과 자연의 변화에서 지난 삶을 되돌아보게 되고, 성찰과 반성의 시간을 갖기 때문이리라. 나는 금년에 계획한 일이 얼마나 이루어졌을까? 새해가 되면 마음을 가다듬어 의욕적으로 계획하지만, 연말이 다가오면 이룬 것이 없어 후회만 쌓이고 조급해 진다.

대모산에 오르는 오솔길에는 낙엽이 수북하다. 단풍잎은 불어오는 바람을 이기지 못해 꼭 잡았던 가지에서 손을 놓고 나무주변을 빙빙 맴돌다가 뿌리가 있는 고향으로 떨어진다. 나무밑동 주위에 모인 낙엽은 서로 보듬어 뿌리를 보온하고, 봄이 되면 썩으면서 미물의 먹이가 되며, 분해되어 나무가 생장할 영양분이 된다. 이는 자연 속에서 식물이 생장 순환하는 과정이다.

이어폰을 타고 조용히 흐르는 멜로디에 맞춰 발걸음을 옮길 때마다 사각 사각 낙엽 밟는 소리가 간주곡처럼 들려 더욱 즐겁다. 기다리던 임의 반가운 발소리를 연상시킨다. 낙엽이 두껍게 쌓여 고급 카펫 위를 걷는 것처럼 푹신하고 마음까지 넉넉해진다.

낙엽은 자연의 순환과정에 순종하는 표본이다. 나무 위를 휘젓고 지나는 바람과 낙엽 지는 소리에 놀라 상념의 세계에서 깨여 고개를 들고 앞산을 바라본다. 파란 하늘에 조각구름이 유유히 떠간다. 밝은 햇살을 받아 빛나는 아름다운 단풍은 빨리 산에 오르라고 손짓하는 듯하다.

곱게 물든 단풍나무 곁으로 다가가 애정 어린 눈길로 단풍잎을 바라본다. 멀리서 바라 볼 때보다 못하다는 느낌이 든다. 불그레하거나 거무죽죽한 것, 벌레 먹고 찢어진 것 등 다양하다. 완벽한 모양에 곱게 물든 단풍잎은 찾아보기 힘들다. 하나의 단풍잎보다는 단풍이 든 조화로운 풍광(風光)이 더 아름다움을 새삼 깨닫는다.

책갈피에 꽂으려고 고운 은행잎을 줍던 어린 시절이 떠올랐다. 곱다고 주워보면 검은 점이나 찢긴 흠이 있었다. 흠은 잎의 생애에서 생존을 위해 싸운 상흔(傷痕)이고 나무를 지킨 역사이니 훈장(勳章)이라 할 수 있지 않을까! 그런데도 그때는 그걸 몰랐다.

움이 터서 잎이 되고 단풍이 들었다가 지는 한해살이 과정에 비하면, 나는 생애의 어디쯤에서 어떤 결실을 맺고 있는 걸까. 사람은 이 세상을 하직할 때 평생 쌓은 허물의 무게를 주체하지 못한다는 말이 있다. 성실히 살면서 후회 없이 본분을 다해 허물의 무게를 줄이고, 곱게 물들어 사랑받으며 지는 아름답고 아쉬운 단풍이고 싶다.

(창작수필 54호 163쪽 2004. 12, 창수문인회 동인지 9집 294쪽 2004. 10)

솔아, 솔아

소나무 새순은 경칩이 지나서인지, 기지개를 펴고 거짓말처럼 쑥~ 나왔다. 산에 지천으로 자라던 재래종소나무는 공해와 솔잎혹파리로 죽어가고, 그 자리는 귀화 잡목이 점령해 가고 있다. 최근엔 소나무에이즈라는 재선충이 백두대간을 휩쓸어 서울까지도 확산되지 않을까 걱정이다. 대모산 소나무 숲을 자세히 보니 토종소나무가 없다. 예로부터 토종소나무(松)는 나무(木) 중에 귀공자(木+公→松)란 뜻으로 나무 중에 으뜸이라고 선비의 사랑을 받았다.

소나무는 일 년 내내 푸르러 지조가 변치 않는 선비 같고, 몇 백 년 동안 장수하며 풍상을 겪으면서도 의연하고, 주위에 많은 나무를 거느려 군자를 연상케 한다. 집을 짓고 가구를 만드는 목재와 추위를 이기는 땔감으로 유용하게 사용하여 한(韓)민족의 역사와 함께해 왔다. 위용을 자랑하는 노송(老松)을 대하면 우선 거대함과 연륜(年輪)에 주눅 들어 머리가 숙여진다.

조선 세조(世祖)가 상판리 소나무 밑을 지날 때(1464년) 소나무 스스로 가지를 들어 올려 연이 지나도록 했다고 한다. 세조는 정2품송

(正二品松)이라 지칭했고, 1962년 천연기념물 103호로 지정했다.

대모산에서도 10여 연전까지 매년 송화(松花)를 따서 가루를 만들어 두었다가 다식을 만들어 제사에 썼다. 그런데 산책로 입구에 있는 재래종소나무부터 공해와 솔잎혹파리의 피해를 입어 밑가지가 마르고 시름시름 앓더니 하나 둘씩 말라 죽어갔다. 이제 남은 상록수는 녹화사업으로 심은 외래귀화종인 리기다소나무와 잣나무뿐이다. 토종소나무도 약하고 귀하니 공해와 외래종에 치여 죽는가 보다.

식물세계와 우리 현실이 어찌 이렇게도 닮았는가. 외국 저가상품에 치인 노동집약적 한국기업이 후발국으로 옮기고도 경쟁력에 뒤져 외국기업에 흡수된다니 가슴 아프다. 인력도 고급기술직은 선진외국인에게, 단순기술직과 노무직은 후발국에 협공당해 실직자가 양산된다. 시장의 공산품도 매한가지다. IT산업이 눈부신 속도로 발전해 위안을 삼지만 방심은 금물이다.

소나무를 보면 어릴 때 추억이 아른거린다. 왜정 때 내 키보다 더 큰 삽을 들고 학교 앞산에 올라 소나무 사이에 방공호를 파느라 손이 부르트고 터져 쓰라리던 기억, 산(山) 정상방공초소에서 공습경보 사이렌이 울리며 빨간기가 걸리면 수업시간에도 방공호로 달려가 양손으로 눈과 귀를 막고 엎드려 B-29비행기가 빨리 지나기를 바라던 일, 송탄유를 짤 관솔을 자르려고 왼손으로 소나무관솔을 잡고 오른손으로 톱을 잡고 자르다가 힘이 약해 튄 톱이 관솔을 잡았던 왼손등에 깊이 찍혀 피가 나고 아파 황토가루를 발라 아문 자리는 지금도 긴 흉터가 선명하다.

1, 2학년 때의 기억들이 꼬리를 물고 지나간다. 그렇게 단련돼서인지 왜정식민통치와 한국전쟁을 겪었지만 아직 건재하다.

고향 앞산에는 약150년 이상 된 아름드리 재래종소나무가 있었다. 이 소나무는 할아버지와 할머니께서 작고하시면 외판 관(棺)을 짤 계획이었는데 다른 나무가 준비되어 그대로 두었다. 그런데 할아버지께서 봄에 돌아가시자 그 소나무도 가을에 죽었는데 동네사람들은 주인을 따라갔다고 말했다. 할아버지는 20여년을 하루같이 '내 나무'라고 쓰다듬으며 정성들여 관리하시다가 팔순에 돌아가셨기 때문이다. 말 못하는 소나무 의리도 사람에 못지않다는 말도 일리가 있는 듯싶다. 소나무와 잣나무는 송백(松柏)이라 하여 상록수의 표상으로 삼아왔다. 재래종소나무는 잎이 둘인데 부드럽고, 왜송은 잎이 셋에 억세며, 잣나무는 잎이 다섯이면서 억세다. 관상용으로는 섬잣나무와 수치로프잣나무가 있다. 히마리아시다는 잎이 짧은 귀화침엽상록수인데 근년에 대구시에서 가로수로 심어 사랑을 받고 있다. 낙우송과 낙엽송은 잎이 짧고 푸르지만 가을에 단풍이 들었다가 모두 지고 겨울에는 알몸으로 지낸다.

사람들이 소나무를 좋아하는 것은 사철 변치 않고 푸르기 때문이리라. 요즈음은 친한 사람한테 사기(詐欺)를 당하고, 부모 자식 간에도 송사(訟事)가 벌어지는 등 불신이 만연해 사철 변치 않고 푸른 소나무가 더 돋보이는가 보다.

(이학용 수필집 제1권 제목. 73쪽 2007. 10)

2.

바위처럼 강물처럼

무소식이 희소식 유감
아름다운 미소
먼저 인간을…
당신은 나의 동반자
대추에 얽힌 얘기
행복을 준 연시
고장 난 저울
지우개
내가 겪은 첫키스
바위처럼 강물처럼

무소식이 희소식 유감

사람들은 사회의 구성원으로 친분을 맺고 서로 소식을 주고받으며 살아간다. 인편이나 편지로 소식을 전하던 시대에는 '무소식(無消息)이 희소식(喜消息)'이라며 일이 있을 때 소식을 전하고, 소식이 없으면 잘 있겠거니 생각했다. 요즘은 소식을 전할 수 있는 통신수단이 발달하여 재래식 통신수단인 방문, 편지나 전보, 전화 외에 휴대용 전화 · 전자우편 · 팩스 · 카톡, 화상전화까지 과학기술의 발달로 다양화되고 신속하다.

현대는 다기화 되고 전문화된 사회라 정보를 공유하고 적응하지 못하면 급변하는 사회에서 낙오되니 바삐 움직여야 한다. 직장이나 근황도 시대가 변하는 만큼 자주 변한다. 환경의 영향을 받는 건강도 심한 변화와 굴곡이 있다. 그래서 '무소식이 희소식'은 구시대의 유물이 된지 오랜 듯하다.

일 년에 몇 번 소식을 나누던 고향후배 'ㄱ'씨와 소식이 끊겨 얼마 전 집에 전화했더니 부인이 받았다. 부인과는 초면이어서 인사하고 후배를 찾았는데 아무 대답이 없었다. "여보세요!" 하고 다시 불렀다. 짧은 침묵이 길게 느껴지고 불길한 예감이 머리를 스치며 지나갔다. 이윽고, 부인은 "얼마 전에 우리 집 양반이 심장마비로 갑자기 세상을 떠났어요!" 하며 말을 잇지 못했다. 갑작스런 소식에 멍하니 수화기를 들고 위로의 말을 찾지 못했다. 연락을 받지 못해 문상도 못한 처지가 너무 미안했다. 건강을 과시하던 사람이 갑자기 먼저 가다니 세상이 허무했다. 소식이 없어도 잘 있겠거니 생각하며 지낸 게 잘못이었다.

나이가 들면서 건강했던 사람이 입원했다거나 우리 곁을 떠났다는 소식이 점점 자주 들린다. 소식이 있으면 잘 있는 거고, 소식이 없으면 이상이 있다는 증거다. 없어 봐야 실체적 가치를 인식하기 때문에 가고 나면 아쉽고 빈자리가 더 커 보인다. 또한 만나는 계층도 다양하니 내가 만나고 아는 사람들이 서로 다 아는 것도 아니어서 연락하여 소식을 전하거나 알기도 어렵다.

전화를 하겠다고 며칠을 벼르다가 다이얼을 돌리는 경우가 간혹 있다. 아직도 전화안부는 익숙하지 못해서일까. 특히 선배나 웃어른들에게는 몇 번을 망설이다가 전화를 한다. 이를 보면, 나는 현대적인 교육을 받고, 휴대용 전화와 전자우편 주소에 인터넷도 하니 일상생활은 현대적이라고 생각하지만 생각은 보수적인 것이 틀림없다. 현대적이라고 주장한 자신이 부끄럽고, '유소식이 희소식'임은 부인하지 못한다.

4, 50여 년 전인 195,60년대 전 후만 해도 소식을 주고받는 일반적

인 통신수단은 편지였다. 특별한 일이 없으면 '무소식이 희소식'이라고 편지를 하지 않았다. 특히 군사교육 중이나 임관 후에는 편지가 기다려졌다. 오늘쯤은 편지가 있으려니 기대했다가 없으면 괜히 허전하고 쓸쓸했다.

퇴근하면 먼저 편지함을 확인하고 편지가 있으면 기쁘고 기분이 좋았다. 편지가 없으면 막연히 편지를 기다렸고 왠지 불안하고 쓸쓸했다. 하숙방은 더 넓고 가슴마저 뻥 뚫린듯하여 황량한 벌판에 혼자 버려진 기분이었다. 편지는 부친 지 2주쯤 지나야 회신을 받아볼 수 있었으니 그 내용은 항상 계절보다 그만큼 뒤져갔다. 편지는 행간(行間)에 녹아있는 내용까지 읽고 상상으로 더 큰 기쁨을 맛보았다. 그래서 '유소식이 희소식'이었다.

그때 전화는 희소가치가 있는 권력과 부(富)의 상징으로 관공서와 부잣집에나 있었고, 서민은 엄두도 못 내는 그림의 떡이었다. 지금은 필요한 만큼 몇 대라도 전화기를 놓고 안부를 전하고 업무를 보는 세상이다.

모임은 옛 직장동료, 고향친구, 학교동창회 등이다. 나이가 들면서 만날수록 부담 없고 속마음까지 털어 놓을 수 있는 친구들의 모임에 정이 간다. 안부는 주로 각종 모임에서 근황을 알게 되고 모임에 나오지 않는 사람들의 안부까지 듣게 된다. 가끔은 전화로 안부를 확인한다. 화제는 재미있고 보람되며 건강하게 보낼 수 있는 방법에 집중된다.

퇴직 후에 나름대로 재미있게 지내는 생활방식에 정보를 교환한다.

동료들은 모임을 소일거리로, 바둑이나 등산을 취미생활로, 봉사활동을 보람으로 사는 사람 등 다양하다. 각자의 성격과 취미에 따라 최적의 여가선용법을 활용한다. 바쁜 직장생활을 끝내고 집에 있으니, 많은 시간에 비해 할 일이 적어 고독감에 젖고 다기화 되고 급변하는 현대사회에서 소외되지 않고 정보를 얻기 위해 소식을 나누며 지내자는 분위기다.

모임에 나오는 사람은 경제적 여유나 건강이 괜찮은 편이다. 생활형편이 어렵거나 건강치 못하면 모임에 나오지 않는다.

회원의 얼굴이 보이지 않으면 대개 입원이나 변고소식이 들린다. 건강나이의 고비는 환갑과 퇴직이 되는지, 쉴 날도 없이 왕성하게 일하다가 환갑이 지나며 퇴직하면 갑자기 건강이 나빠져 활동에 지장을 받는 경우를 흔히 본다. 나이가 들수록 소외되고 건강이 좋지 않은 사람들의 안부는 더 자주 확인해야 한다는 생각이 들었다.

'무소식이 희소식'이란 속담은 젊고 건강할 때 통하던 유물이다. 노년에는 더욱 자주 안부를 확인하고 정을 나눠야 하니 '유소식(有消息)이 희소식(喜消息)'으로 고쳐야 시대상황에 맞겠다는 생각이 든다. '성인도 시류를 따른다'고 했으니 속담도 시류에 맞춰 변해야 현실감을 더욱 응축하고 대변할 수 있지 않을까? 입원했던 'ㅈ'선배가 생각나 안부전화를 해야겠다고 다이얼을 돌린다. (2002. 6)

아름다운 미소

아침에 전철을 타려고 집을 나섰다. 내리던 비가 개여 하늘은 더욱 맑고 높아 보였다. 낮에는 섭씨 30도를 웃돌지만 아침에는 20도 안팎이어서 제법 서늘했다. 물기를 머금은 은행나무 가로수는 더 짙푸르고 윤기가 돈다. 수채화 풍경 속을 걷는 기분이었다. 상쾌한 기분으로 역에 도착하니 경쾌한 음악이 하루의 시작을 반기고 있었다.

전차는 승강장에 서서 많은 사람들을 쏟아내고 태웠다. 붐비는 출근시간이 지난 뒤라 여러 개 남았던 빈자리가 잽싼 젊은이들로 채워졌다. 어기적거리며 뒤에 탄 노파는 자리를 잡지 못해 주위를 휙~ 둘러보고 어정쩡한 자세로 입구에 기대어 섰다. 일부러 노약자석에 눈길을 주지 않고 어두운 창밖을 응시했다.

맞은편에 앉았던 머리가 희끗한 부인이 일어나면서 창가의 할머니를 조용히 불렀다. 할머니가 돌아보니 밝게 미소(微笑)를 지으며 여기 앉으시라고 손짓했고 할머니는 웃으며 사양했다. 앞 이가 빠져 오그라진 입가에는 계면쩍은 웃음이 일었고 계속 권하자 고맙다고 인사하며 앉았다. 할머니는 부인의 가방을 받아 무릎 위에 안아 주었다. 주위에 있던 사람들, 노약자석에서 조는 척하며 이 광경을 실눈으로 지켜보던 젊은이까지 흐뭇해했고 부인에게 찬사의 눈인사를 보냈다. 모처럼 가슴을 따뜻하게 데워주는 아침의 정경이었다.

그 부인은 머리가 희끗희끗하여 이순(耳順)이 넘었음직한 나이에 조신하고 단정해 보였다. 옛날 어머니처럼 엄격하면서 교만하지 않고, 자상하고 친절한 한국의 전형적인 어머니상(像)이었다. 이는 마음 속에 묻혔던 보물을 찾은 것 같았다. 그녀는 서서도 묵주(默珠)를 들고 평화로운 얼굴로 기도를 올렸다.

자리를 양보 받을 수도 있고 그냥 앉아 있어도 탓하지 않을 나이인데 어떤 생각을 하며 자리를 양보했을까. 고향을 지키는 등 굽은 친정 부모나 돌아가신 어머니를 떠올리며 양보했는지도 모른다. 젊은 이들은 도시생활과 서양문물에 익숙하여 민속박물관에나 가야 밤을 지새우며 솜씨를 자랑하던 베틀을 볼 수 있다. 지극한 정성으로 병든 부모를 돌보는 효행은 고사하고, 함께 살기가 귀찮아 부모와 별거를 선호하며, 불편을 감수하면서 자리를 양보하고 노약자를 돕는 아름다운 광경도 보기가 드물어졌다. 이렇게 어른들의 애환이 깃든 도구나 미풍양속이 사라지고 있는 세상에 진한 감동을 받았다.

전철 내에서 거동이 불편한 노인이나 임신부 또는 장애인이 힘겹게 손잡이를 잡고 몸을 제대로 가누지 못해도 노약자석에 앉은 건장한 젊은이가 눈을 내리 깔고 자는 척하는 이도 있다. 아이가 큰 소리로 떠들거나 휘젓고 다니며 먹던 음식을 옆 사람 옷에 묻히는 버릇없는 행동도 그냥 내버려 두는 엄마의 행위가 사회를 점점 문란하게 하는 원인이 아닐까. 가정교육의 부재로 도덕 불감증에 걸리고 이기심만 조장하는 듯하여 안타깝다.

어색한 광경이 목격될 때도 있다. 불편한 노인이 노약자석의 젊은 여자에게 자리양보를 요구하니 젊은 여인은 눈을 똑바로 뜨고 "저도 임신부인데요." 했다. 그 노인은 할 말을 잃고 보기에 멀쩡한 아낙을 멍하니 바라보기만 했다. 그렇다고 임신부인지 여부를 확인할 방법도 없고…. 또, 노약자석에 앉은 젊은이의 팽팽한 얼굴만 보고 "일어서시오!" 했다가 하반신이 장애인인 것을 보고 미안해하며 서둘러 앉히는 경우도 있었다. 돈벌이를 하느라 화분을 든 노인이 노약자석을 양보 받는 택배회사원도 있고, 술에 취한 노인들이 주위는 아랑곳하지 않고 떠들어 노약자석에 편히 앉아 있기가 민망할 때도 있다.

건강한 노인들은 일에 지쳐 피곤한 젊은이한테서 자리양보를 기대하지 말고, 그들이 좀 편안하게 갈 수 있도록 배려할 수는 없을까. 젊은이는 직장에서 종일 일했으니 피곤할 테고, 노인들은 젊은이들이 내는 세금으로 연금이나 경로수당, 전철우대권도 받는다. 학생들은 원기를 축적하여 열심히 공부해야 미래를 지고 갈 힘을 키우지 않겠는가. 노인들이 생각을 바꿔 이해 배려했으면 하는 생각이 든다.

자리를 양보하는 젊은이에게 당연한 듯 털썩 앉지 말고, 미소로 겸양과 감사를 표함이 노인이 갖출 예의라 생각한다. 예의는 젊은이들만이 일방적으로 표해야 하는 의무가 아니고, 노인도 젊은이에게 지켜야 할 예의와 의무가 있다. 예의는 정을 잉태한다. 경로석에 빈 자리가 없으면 가급적 출입구 쪽에 서서 간다. 좌석에 앉은 이에게 부담을 주지 않기 위해서다. 아직은 다리 힘이 좋으니 두 세 정거장

거리는 버스를 타지 않고 운동 삼아 걷는다.

노인들은 젊은이가 예의가 없다고, 젊은이는 노인들이 이해심이 없고 이기적이라고 서로를 탓한다. 그런데 가만히 생각해보면, 이는 건전한 가정교육의 실종에서 온 것이 아닐까 한다. 노인들은 젊은이들을 사랑스런 아들딸이나 손자손녀처럼 귀엽게 보고, 젊은이들은 노인들을 부모나 할아버지 할머니처럼 대하면, 사랑과 존경심이 일어 가정에서처럼 예의도덕이 복원되지 않을까. 이런 무례한 현상은 우리 사회에 존경받는 어르신이 없기 때문이 아닐까? 오늘 아침 그 부인의 노파에 대한 양보와 노파의 미소 띤 겸양이 깊은 감동을 주고 정을 느끼게 했다.

"다음 역은 ○○동 ○○○역입니다. 내리실 문은…." 내릴 역을 지나칠 뻔했는데 친절한 멘트가 여러 가지 생각에 잠겼던 의식을 깨웠다. 전철에서 내리니 밖에는 시원한 바람이 모든 오염물질을 쓸어간 듯 맑고 푸른 하늘에 밝은 햇살이 부서져 눈부시고 기분이 상쾌하여 새로운 힘이 솟는다.

그 부인과 노파의 아름다운 미소는 마음속을 따습게 덥혀주어 삶을 되돌아보게 했다. 전철 속 감동으로 미소가 끊이지 않는 좋은 하루를 보냈다. 큰 것만이 아니라 작은 것도 귀하다는 사실을 재삼 확인했다. 다른 사람에게 작은 배려와 감동으로 좋은 하루하루가 되게 하는데 일조해야겠다고 다짐해 본다.

(창작수필 64호 76쪽 2007. 6. 창수문인회 동인지 12집 101쪽 2007. 10)

먼저 인간을…

요즈음 신문방송에 자주 등장하는 부정부패와 패륜적인 사건은 가정의 기능을 제대로 하지 못하기 때문이라고 한탄하는 이가 많다. 가정은 사회를 구성하는 기본단위로 누구에게나 소중하다. 그래서 예로부터 가정을 잘 관리한 연후에 나라를 다스리라고 했다.(修身齊家治國平天下) 가족 구성원은 곧 사회의 일원임으로 각자가 본분을 다하면 사회와 국가도 안정되고 발전될 수 있어서다.

가정의 기능은 부부와 자녀 등 가족의 생활공동체로서, 자녀를 교육하는 교육장과 실습장으로서, 학교나 직장에서 잘한 일은 칭찬 격려하고 상처와 갈등은 어루만져 주는 치유소로서, 피곤한 몸과 마음을 재충전하고 활력을 얻는 안식처로서, 절망과 실의에 찬 마음을 토닥여 주고 새로운 희망과 도전의지를 북돋우는 용광로의 역할 등 다양하다.

가정은 가장(家長)을 구심점으로 구성원들이 책임과 의무를 다 해야 한다. 아버지는 전통적으로 가장이었으나 급변하는 경쟁사회에서 낙오하지 않으면서 생활비를 벌기 위해 밤낮으로 직장에 매달리니 가정관리는 아내의 몫이 되고 가장의 자리를 내놓은 지 오래다. 아버지는 가정을 이끄는 구심점이 아니라 단지 생활비의 조달자로 전락한 가정이 많다. 사회나 개인을 막론하고 가치관은 돈에 기준을 두니 충족하게 벌지 못하는 아버지는 위축될 수밖에 없다. 봉급은 아내의 통장으로 자동이체되고 많은 남편들은 아내한테서 용돈까지 타서 쓴다. 아내는 가계의 계획과 지출은 물론 가사의 결정권자로 위상이 강화되었다. 불경기에 아버지의 위상은 더욱 위축되기 일쑤다.

부부가 서로 대우한다면, 자녀들에게 부부의 권위는 유지될 수 있으나 그런 가정도 드문 듯하다. 일반적으로 아버지는 엄하고 어머니는 자애롭다고 한다. 가정에서 자녀들이 아버지와 대화하며 남성적인 면을 배울 수 있는 기회가 거의 없어 강하고 바르게 자라기 힘들다. 그래서 탈선할 때, 아버지가 위엄 있게 설득과 벌을 적절하게 배분하지 못하여 그르치거나 여성화되는 경우도 많다.

대중이 이용하는 식당이나 전철 같은 공공장소에서 어린이들이 떠들고 울어도 젊은 부부는 기를 죽이면 안 된다고 웃으며 바라만볼 뿐 제지하지 않는 경우가 흔하다. 자식의 적성과 능력은 고려치 않고 천재로 착각하여 과외교육에 막대한 자금과 시간을 낭비하며 허황된 꿈에 사로잡혀 부모가 못한 일을 강요해 대리만족을 한다. 자식이 귀엽지 않은 부모가 어디 있는가. 무조건 일등지상주의가 가장 잘하는 교육으로 아는 현실이 한심하다는 생각이 든다.

부모들은 바쁜 맞벌이생활 속에서 아이들에게 사랑이나 보살핌을 충분히 주지 못한 미안한 마음에 요구사항을 다 들어주고 나이에 비해 용돈을 과하게 주는 경향이 있다. 이는 건전한 판단력과 가치관이 확립되지 않은 아이를 나쁜 길로 내 모는 결과가 된다. 또 어른에게 반말 하고, 좋고 나쁨을 돈에 기준을 두며, 거짓말로 이익만 챙기는 애들이 많다. 그 결과 노약자가 몸을 가누지 못해도 경로석에서 눈을 감고 태연스레 자는 척 하거나 새치기 하는 젊은이 등 눈에 거슬리는 광경을 흔히 본다.

부모는 가정생활을 통해 언행과 예절·공중도덕·가치관·사람답게 사는 방법 등을 평소부터 대화와 행동으로 자연스럽게 교육하고 솔선해야 한다. 가정이나 사회생활에서 행동의 자유는 규범 속에서 이루어지고, 타일러도 안 되면, 체벌과 강제가 따른다는 것도 가르쳐야 한다. 불법적인 병역기피와 탈세, 교묘한 탈법과 출세 등 모든 일을 제 멋대로 하면서 자제와 양보, 봉사와 희생을 모르며 자란 젊은이가 어떻게 세상을 조화롭게 선도할 수 있겠는가. 가정과 사회에 어려운 어른이 있으면 아이들의 방종을 자제시킬 수 있는 안전판 역할을 할 수도 있겠으나 불행하게도 핵가족화한 가정과 자유방임사회에는 어른이 없다.

어릴 적, 장터대장장이는 쇠를 달궜다가 단련하고 다시 달궈 단련하는 과정을 반복했다. 가장 중요한 일은 풀무질로 시우쇠를 달구어 이물질을 제거하고, 단련과 담금질에 따라 쇠의 질이 결정되어 보통품이나 명품이 된다고 했다. 그 정직하고 성실한 대장장이는 입소문으로 널리 알려져 많은 돈을 벌었다. 부모는 가장 뜨거운 용광로이고 노련한 대장장이여야 한다. 서양에도 "사랑의 매를 아끼면 아이를 망친다."고 하지 않았던가.

오늘 우리사회를 뒤흔드는 각종 사건사고와 범죄, 청소년 문제의 근본치유책은 건전한 가정교육과 가치관의 정립에 있다. 가정에서는 자녀들이 어렸을 때부터 사람답게 사는 길을 교육하고, 학교와 사회에서 적성과 소질 능력을 살려 이웃과 더불어 사는 바른길로 인도하면 청소년문제와 사회부조리는 훨씬 줄어들 수 있다. 가정교육과 담금질은 높은 질을 위한 공통점이 있다. 옛적엔 사부일체로 인성과 지성을 동시에 교육했고, 이율곡처럼 위대한 인물에는 사임당같은 훌륭한 어버이와 스승이 있었다.

국가발전을 위한 경제개발이나 개인 능력계발을 위한 조기교육과 전문교육도 중요하지만, 가정교육을 통해 올바른 인성과 가치관을 정립하는 일이 더 긴급하고 중요하다. 잘 다져진 기초 위에 지은 집이 더 튼튼하고 오래가듯, 먼저 인간을 만들고 그 위에 지식과 기술을 습득시키는 것이 바람직하기 때문이다.

(국회보 457호 141쪽 2004. 12)

당신은 나의 동반자

오늘은 동반자(同伴者) 상태를 확인하는 날이다. 서로 돕고 격려하며 살아가는 동반자로 가정엔 아내가, 사회엔 동지가, 산행에는 일행이 있다. 동반자는 이웃하는 사람만이 아니라 장기와 감정통제 건강에 영향을 주는 것도 될 수 있다. 그래서 일생 동안 고정되지 않고 환경과 여건에 따라 가변적이다. 내가 선택하여 함께하기도 하고, 싫어도 언제 왔는지 모르게 동행하기도 한다.

오늘 검사를 받는 동반자는 떼고 싶어도 뗄 수 없어 항상 달고 다닌다. 20여 년 전, 이른 아침부터 자정까지 몇 달째 계속되던 과중한 업무와 스트레스로 눈이 충혈되고 머리가 무거워 병원을 찾았다. 처방대로 약을 먹어도 160을 오르내리는 혈압은 차도가 없자, 의사는 즉시 입원하여 안정을 취할 것을 강권했다. 그렇잖으면 다가 올 위험을 책임지지 못하겠단다.

그러나 쉴 수 있는 여건이 아니었고, 의사는 심장병이나 당뇨병으로 발전하여 생명을 위협할 수 있다고 경고했다. 가까스로 위기를 넘기고 그 후 매월 검진을 받고 적절한 처방을 받아 정상을 되찾았다. 처방을 잘 지키는 것은 내 몫이고 건강을 유지하는 길이다. 이때부터 소리 없이 찾아와 주인행세를 하는 동반자는 처방을 지키지 않으면 화를 내고 그 피해는 곧장 내 건강에 직결된다.

동반자는 기쁠 때나 괴로울 때나, 일할 때나 쉴 때나 심지어 잠잘 때를 가리지 않고 잠시도 떨어지지 않는다. 그러니 어찌 소홀할 수 있겠는가! 그래서 때로는 어르고 달래어 상전(上典)처럼 신경을 쓴다. 상대를 자극하지 않으면서 친숙하고 건전한 공존을 위해 정신적 육체적 공조가 이뤄져야 한다. 운동이 건강에 좋다지만, 무리하게 육체를 혹사하지 않으며 정신적으로도 항상 평온을 유지하며 숙면하려고 노력한다. 그러니 자연스레 음식과 운동, 취미와 신앙, 규칙적인 절제와 분수를 지키며 보람을 가질 수 있는 생활에 관심을 갖게 됐다.

왕성한 식욕은 한번 잡으면 바닥이 보일 때까지 멈추기 힘들다. 커피와 담배는 안 된다지만 은은한 향에 이끌려 망설이다가도 단호히 거부한다. 유혹을 자르지 못하면 밤잠을 설쳐 쉬지 못했다고 화를 내고 왜 약속을 지키지 않느냐고 투덜대도 할 말이 없다. 하지 말라는 것은 더 하고 싶은 게 인간심리다. 그래서 일까? 동반자와 건강에 좋지 않다는 커피는 왜 그다지도 구수한 향으로 유혹하고, 새로 나온 낯선 이름이 호기심을 자극하여 무조건 거부하기도 어렵다. 이래서 아담도 유혹을 뿌리치지 못해 죄를 범했을까?

산야에 있는 바위도 세월이 지나면 돌이끼와 버섯이 끼 듯, 나이가 들면서 혈관에는 이물질이 끼어 좁아지고 탄력이 줄어든다. 그러니 심장에서 신체 각 부위로 신선한 피를 보내는데 힘이 드는가 보다. 피는 영양을 공급하고 노폐물을 거둬들이는 역할을 한다. 굳고 좁은 혈관을 통해 신체 각 부위에 피를 보내느라 심장의 박동수와 압력은 자연스레 증가한다. 이런 심장의 자동조절력은 건강을 위해 고맙고 놀라운 일이다. 그런데 혈압이 높으면 혈관 중에 약한 곳이 터진다. 이 불의의 사고는 때와 부위가 따로 없음은 주변에서 흔히 보는 현상이다. 사고를 막기 위해 적정하게 조절하느라 하루에 한번 아침 식사 후에 약을 먹는 것은 이제 식사의 일상과정이 된지 오래다.

하긴, 기계도 오래 쓰면 녹이 슬고 부속이 마모되어 고장이 생기는데 강산이 여덟 번이 더 변하게 되었으니 건강을 자부하는 단련된 몸이라고 예외일 수는 없으리라. 그래서 몸이 전처럼 말을 듣지 않아도 자연현상으로 받아들이기로 했다. 심장은 생명유지에 가장 중요하고, 심장병은 치료도 어렵고 생명과 직결되어 가장 위험하다고 한다. 자동차도 엔진이 가장 중요하여 수리불능상태가 되면 부득이 폐차시키는 게 일반적이니까….

동반자를 안정시키기 위해 마음가짐도 중요하다. 마음은 이룰 수 없는 욕심으로 가득 차 사악해질 수도 있고, 모든 걸 순리에 돌리고 세상사를 기쁘고 즐겁게 보는 무념・무상・무욕의 경지에 이를 수도 있다. 바람소리만 간간히 들리는 산에서 눈을 감고 도사를 흉내 내어 정좌자세로 참선해 본다. 세상의 소란스런 소음은 점점 멀어지고 바람소리 물소리가 자연을 찬미하는 노래가 되어 적막 속에 빠져 나른해진다. 이 얼마나 아름다운 노래이고 선계인가! 이럴 때 동반자는 안정을 유지해 좋아한다고 한다.

그러나 참선을 하려고 해도 마음대로 안 될 때가 있다. 그럴 때는 마음이 여러 갈래로 나뉘어 정신통일과 집중이 되지 않아서이다. 마음이 안정되지 않으면 잡념에 쌓이고 잠도 설쳐 피곤하게 된다. 잠을 설치면, 그 부작용으로 동반자를 자극하여 건강을 위협하니 안정된 정서를 유지하려 노력한다.

동반자는 건강과 생명을 잃을 수도 있는 악화원인으로 발전할 복병이니 건강과 장수의 가장 큰 적이다. 우주의 중심인 내가 건강을 잃으면 생명을 포함한 모든 것을 잃게 된다. 그러면 어떻게 희로애락을 맛보고 이상과 목표를 실현할 수 있겠는가! 완전히 뗄 수 없으면 화해하고 공생하는 것이 차선책이다.

그래서 동반자와 사이좋게 지내며 건강을 유지하는 방법을 찾게 되었다. 아직은 염려하지 않아도 되니 안심하라지만 공존하는 최적의 방법을 모색하며 지낸다. 우의를 가장하고 공생공존을 위해 적과 동침하는 격이다. 그러나 영원한 적도 영원한 우군도 없다는 교훈을 되뇌어 본다. 사이좋은 동반자가 언제 변심하여 비수를 들이댈지 모르기 때문이다. 순치됐다고 방심하고 있을 때 허를 찔려 재기하지 못하는 경우를 여러 명 봐왔다.

그래도 동반자가 있어 다행이라 위안을 가져본다. 방심과 자만을 삼가고 절제하여 건강을 유지할 수 있으며, 생활에 긴장감을 갖는 것은 동반자의 덕이기 때문이다. 그래서 유병장수(有病長壽)라고 가벼운 병이 있는 자가 오히려 장수하는가 보다. 속내를 모르는 사람은 건강이 매우 좋아 보인다고 부러워한다. 그러나 나의 건강은 약효와 심신안정으로 동반자가 베푸는 자선(慈善) 덕이다.

각종 사건사고는 경계심을 푼 안이한 생각에 사욕과 허망이 조합된 결과일 때가 많다. 정치나 남북관계, 한국전쟁과 국제전쟁도 적과 우군으로 양분된 양보 없는 대립이 자초한 비극이 아닐까. 위협적인 적도 동반자로 인정하고 공존을 모색하면 멀어졌던 사이가 조금씩 좁혀져 우호적(?) 관계를 유지할 수 있으리라. 그래도 확고한 주관과 경계심을 가져야 하는 것은 상대의 궁극적인 목표가 상생공존보다는 상대(我)타도에 비중을 두기 때문이다.

동반자가 반란을 일으키지 않고 평생 화해하여 공생공존하기를 기대한다. 그래야 아름다운 삶을 마무리할 수 있으리란 생각에서다. 오랜 동반자인 고혈압과 언제 불쑥 찾아올지 모르는 불청객인 협심증에 대해 앞으로도 변함없는 화해를 기대하면서 '당신은 나의 동반자….'를 흥얼거린다. 동반자와 평화로운 화해를 기대하며….

(창작수필 60호 92쪽 2006. 6. 창수문인회 동인지 11집 295쪽 2006. 10)

대추에 얽힌 얘기

추석차례를 지내고 통통하게 살찐 대추로 음복(飮福)했다. 풋대추 향에 달콤하고 아삭아삭 씹히는 맛은 추억 속의 맛이었다. 제수진설법(祭羞陳設法)은 지방(地方)이나 가풍(家風)에 따라 조율시이(棗栗柿梨)나 홍동백서(紅東白西)로 다르지만 어느 방법이든 잔칫상이나 제상에서 대추는 가장 윗자리를 차지한다.

대추나무는 유실수나 정원수로 키우기도 하고, 큰 분(盆)에 심어 옥상에서도 키우는데 소담하게 열려 휜 가지를 보면 부럽다. 살이 올라 검붉게 익은 대추는 군침이 돌아 한 알 따먹고 싶은 충동이 인다. 품종을 개량하여 계란 만큼 큰 것과 3년이면 열매가 열리는 조생종도 묘목시장에서 구입할 수 있다. 한 그루쯤 키워서 풍성하게 열린 대추를 감상하고 싶지만 아파트 베란다는 공간도 좁고 햇볕이 부족하여 마음속으로만 벼르고 있다.

대추는 혼례를 치르고 며느리가 현구고례(見舅姑禮)에서 시아버지에게 올리는 폐백(幣帛)에 밤(栗)과 함께 사용한다. 어릴 적에 어른들로부터 들은 이야기다. 대추의 붉은 색은 잡귀를 쫓는 상서로운 색깔로 행운을 가져온다고 믿었다. 먼동이 트면서 세상을 비추는 태양처럼 아침 일찍부터 부지런히 일하여 부(富)의 성취를 기원하였다. 한 나무에 많은 대추가 열리 듯 자손의 번창을 위한 다산, 그중에도 득남(得男)을 기원하는 뜻이 담겨 있고, 남편을 천하에 제일가는 귀인으로 대접하고 내조하겠다는 새 며느리의 기약이라 한다. 시아버지는 폐백을 받아 어루만져 모든 허물을 감싸 화목한 가정을 지키자는 무언의 약속으로 화답한다.

이렇게 폐백에 쓰이는 대추에는 가운(家運)의 번성과 다산과 화목을 기원하는 깊은 뜻이 있다. 요즘 폐백은 혼례 후에 집안 어른들의 바쁜 귀가와 사진촬영의 편의성 때문에 절차가 바뀌고 변질되기도 한다. 그러나 시부모는 폐백에 올렸던 대추와 밤을 며느리에게 던져주며 복을 누리라고 기원하는 풍습은 아직까지 계승되고 있다. 이런 깊은 뜻을 아는 신혼부부가 얼마나 될까.

잔칫상이나 제상에 대추가 빠지는 일이 없다. 제사에 대추(棗)·밤(栗)·감(枾)·배(梨)순으로 놓는 것은 그 씨의 수에 따른 상징성 때문이다. 옛날에 왕은 벼슬아치를 거느리고 백성을 다스리는 천하의 일인자이니 씨가 하나인 대추(棗)와 같고, 왕을 보좌하여 정사를 보는 정승은 영의정·좌의정·우의정 이렇게 셋이니 씨가 세 톨인 밤(栗)과 같다. 그들을 보좌하여 행정을 집행하는 벼슬은 육조판서(六曹判書)이니 씨가 여섯 개인 감(枾)과 같고, 배(梨)는 씨가 여덟 개인데 이는 팔도관찰사(八道觀察使)를 상징한다고 했다. 그래서 조율시이 순으로 진설하며 대추는 그 으뜸자리를 지킨다는 설명이다. 그러고 보니 대추는 붉고 씨가 단단하여 가볍게 범하지 못할 위엄이 있는 듯도 하다. 제수진설에까지 자연의 이치와 법도를 접목했던 선조들의 깊은 배려에 경의를 표한다.

대추는 한약재로도 용처가 다양하다. 보양・강장・소화완화제로 사용하는데 부족을 돕고 음혈(陰血)을 부드럽게 하는 효험이 있다. 따뜻한 성질이 있어서 몸이 냉한 사람에게 좋고 독을 중화하여 각종 한약을 달일 때 함께 사용한다. 부인의 장조(臟躁)와 우울증치료에는 감초와 더불어 사용하고, 감기・해열・신경통・냉증에 민간요법으로 활용하고 있다. 여름에 더위와 보양을 위한 삼계탕이나 돌솥 밥・보약에는 항상 대추가 들어간다. 축농증으로 코가 막히고 머리가 아플 때는 대추에 감초를 넣고 달여 마시면 코가 트이고 머리가 가뿐해진다. 대추차도 달콤한 맛에 한약재여서 커피보다 몸에 좋을 거라는 기대로 좋아한다.

집 근처공원에 있는 대추나무의 성장과 대추가 익는 과정을 보면 다른 과일보다는 좀 특이하다. 다른 나무들이 새순을 올려 싱그러움을 자랑하는 5월까지 움틀 생각을 않고 자는 척하고 새침을 떤다. 5월이 돼도 움이 트지 않아 혹시 지난 겨울추위에 얼어 죽은 것이 아닌지 걱정이 되어 작은 가지를 잘라보면 파랗게 물이 올라 살아 있음을 확인하고야 안심하게 된다. 대추나무는 게으름을 피우며 잠자는 것이 아니라, 다른 나무보다 몇 달 동안 힘을 더 축적하여 한 번에 왕성한 활동으로 잎을 피우고 열매를 맺는 다혈질 나무다. 6월이 되면 새 싹이 돋기 시작하여 잎은 반질반질 윤이 나고, 6월이 기울어야 별 모양의 작은 연두색 꽃이 핀다.

이렇게 늦게 맺은 열매는 삼복더위와 입추를 지나, 서늘한 가을바람이 불면 따가운 가을 햇살에 대추 볼은 검붉게 익는다. 수줍은 소녀처럼 가을볕에 그을리며 부끄럼을 타서 그럴까, 아니면 죽은 듯 있다가 늦게 잎이 피고 열매를 맺어 가슴을 조이게 했다고 눈총을 받아 멍이 들어 검붉을까. 대추는 나날이 진하게 물든다. 공원 대추나무에 소담스럽게 달렸던 대추가 익기 전에 자취를 감춰 아쉽다.

농촌에서는 서리가 내리면 대추를 털어 양지바른 가을볕에 말린다. 아낙네의 정성을 보태면 검붉던 대추가 빨갛게 변색되고 보석처럼 윤이 나면서 육질이 달고 향이 그윽하게 변한다. 이 대추가 일 년 내내 저장하여 제수용이나 약용으로 사용하는 건(乾)대추다. 대추는 충북 보은과 충남 연산, 경북 경산에서 생산되는 것을 상품(上品)으로 치는데, 요즘은 달걀만큼 큰 사과대추도 눈길을 끈다. 이 대추는 저온저장으로 언제나 질 좋은 대추를 구할 수 있다.

대추나무는 일 년에 아주 조금씩 자라고 씨가 단단하여 깰 수가 없다. 우리 속담에 대추에 관련된 재미나는 속담이 많다. 매우 영리하고 야무져서 어려움을 잘 견디고 일을 잘 처리하는 사람을 가리켜 '대추방망이 같다'고 하고, 키는 작으나 성질이 야무지고 단단한 사람을 '대추씨 같은 사람'이라고 한다. 실제로 대추나무로 만든 방망이는 단단하고 트지 않아 아낙네들의 사랑을 받았고, 일 년에 조금씩 자라서 무늬가 곱고 아름다워 가구용으로 인기가 있다. 그러나 너무 마디게 자라서 가구용재로 쓸 만큼 큰 나무가 희귀하여 좀처럼 구하지 못한다.

대추나무에는 길고 예리한 가시가 듬성듬성 나있다. 가시는 억세고 길어서 예로부터 가시를 잘라 종기를 따거나 몸에 박힌 가시를 빼는 데 사용했다. 대추나무는 더디 자라고 가지가 많으며 가시까지 있어 아이들이 연을 날리다가 가지에 걸리면 바람에 더욱 꼬여 쉽게 뗄 수 없다. 대추나무에 걸린 연은 겨울이 깊어가면서 나날이 늘어만 갔다. 그래서 이곳저곳에 빚이 많은 사람을 가리켜 '대추나무에 연 걸리 듯 한다.'는 말까지 생겼다.

어릴 때 할머니가 혼인이나 환갑잔치에 다녀오시면 수건에는 으레 대추와 밤 몇 알과 떡이 싸여 있었다. 그래서 잔치에 가시면 빨리 오시기를 은근히 기다렸고, 받아먹는 맛은 그렇게 좋을 수가 없었다. 이는 할머니의 사랑이기도 했다. 지금 어린이들은 맛있는 주전부리감이 많아서 그 맛을 모르리라. 요즘, 부모의 사랑은 타산적이라지만 할머니가 베풀어 주시던 순수한 사랑이 그리워진다.

대추에 얽힌 폐백과 진설의 깊은 뜻과 할머니의 두터운 사랑을 되새긴다. 나무는 단단하여 쓸모가 있고, 열매는 작아도 붉고 윤이나 품위를 지키고, 속은 달고 부드러워 주위의 영양이 되며, 단단한 씨를 감춰 제수(祭需)의 으뜸자리를 지키는가 보다. 부족하지만, 대추처럼 윤기 나고 주위에 영양을 듬뿍 주는 사람이었으면 싶다.

(창작수필 47호 27쪽 2003. 3)

행복을 준 연시

날이 저물어 어둑해지면서 자동으로 점멸(点滅)되는 가로등은 벌겋게 켜졌지만 아직 환하게 밝지는 않다. 아파트 입구 보도(步道)에는 아낙네들이 쪼그리고 앉아 채소와 과일을 팔고 있었다.

그들 앞을 지나는데 네댓 살쯤 돼 보이는 남자 아이가 채소와 감을 파는 할머니 옆에 앉아 "할머니, 장난감자동차 사 줘, 응?" 하며 조르고 있다. 손자를 라면박스에 앉힌 할머니는 사랑스런 손길로 손자의 머리를 쓰다듬으며 "이것을 다 팔고 집에 들어갈 때 사 줄게." 하며 달랜다.

문득 할머니의 사랑이 떠올랐다. 할머니는 항상 자상하시며 헌신적이셨고 우리를 감싸주셨다는 생각이 드는 순간 '내가 이들을 위해 무엇을 하나 갈아 줄 게 없을까?' 하는 생각으로 돌아보았다. 차림새로 보아 그들은 그리 여유롭지 못한 듯하나 착해보였다. 희미한 가로등에 비친 물건은 상추와 솎음배추 몇 무더기에 감 바구니 몇 개가 전부였다.

자세히 보니 집에서 가꾼 것을 가지고 나온 듯, 채소는 군데군데 벌레가 먹었고 발갛게 익은 감은 검은 점도 있는 것들이었다. 보고 있으니 할머니는 주름진 얼굴에 순박한 웃음을 띠며 내 표정을 살폈고, 아이는 초롱초롱 빛나고 기대에 찬 눈으로 바라보고 있었다. 그대로 지나칠 수 없어 감을 사기로 마음먹고 "이 감은 할머니 댁에서 따신 건가요? 한 바구니만 주셔요." 하고 말하니 지나던 사람도 들여다보고 "그 감 달아요?" 하고 묻는다. 할머니가 그렇다고 대답하니 그도 한 바구니만 달란다. 할머니는 첫 손님이라 고맙다며 검은 비닐봉지에 덤까지 담아 나에게 건넨다. 주름진 입가에는 행복한 웃음이 가득하다. 웃음 띤 할머니와 아이를 보는 내 마음도 가볍고 즐겁다.

할머니 주위에는 길 가던 사람들이 모여 상추와 감이 금새 다 팔리고 배추 두어 무더기만 남았다. 또 버스에서 사람들이 내리고 있다. '이번에는 남은 배추마저 다 팔리겠지' 하는 생각에 할머니의 약속대로 손자에게 장난감 자동차를 사줄 수 있을 테니 잘 되었다고 생각하며 집으로 돌아왔다.

어릴 적, 할머니는 서리가 내리면 감을 따서 단지에 넣어 광에 두셨다. 감은 단지 속에서 말랑말랑하게 물렀고, 추운 겨울에 감을 꺼내 먹으면 감은 살짝 얼어 살얼음과 함께 씹히는 달콤한 맛이 좋았다. 이 감은 할머니의 정성과 사랑이 밴 연시(軟柹)였다.

이런 회상을 하면서 웃으며 현관에 들어서니 아내는 반기면서 왜 그리 기분이 좋으냐고 묻는다. 비닐봉지를 건네며 '사랑과 행복이 가득 찬 연시 때문'이라고 대답했다. 비닐봉지에는 빨갛게 익은 연시가 여덟 개나 들어 있었다. 아내에게 집에 오는 길에 감을 사게 된 사연을 설명했다. 그 감은 손자에게 장난감을 사주려는 할머니의 사랑과 이를 위해 작은 도움이라도 주겠다는 마음이 합친 연시라는 생각이 들었다. 그래서 지금까지 먹은 감 중에서 가장 맛이 있었고 먹으면서도 행복감을 느꼈다.

행복은 가까운 곳에 널려 있는데, 우리는 어리석게도, 이것을 알지 못하고 손에 닿지 않는 먼 곳에서 거창한 행복만 찾는 게 아닐까. 작은 연시에도 행복이 뭉쳐 있는데….

(창작수필 59호 147쪽 2006. 3.
월간 문학저널 제7권 3호 통권 55. 163쪽 2008. 4)

고장 난 저울

○○○지원 판사들의 변호사 유착사건은 국민들에게 크나큰 실망을 안겨 주었다. 사회 구석구석이 다 썩어 문드러지고 냄새가 코를 찔러도 법관만은 사회정의를 지키는 마지막 보루로 온전하기를 바라고 또 믿고 싶었다.

그러나 대법원은 자체 조사결과 ○○○지원 판사 38명 중 9명의 수뢰 비위사실을 확인하고 징계를 결정하였다는 보도다. 학교나 사시(司試)동기라 해서 조건 없이 몇 백만 원의 떡값을 주고 몇 천만 원, 억원대의 전세비와 개업비를 줄 수 있는가? 그들이 그렇게 정이 많다면 불우이웃을 위해서도 그렇게 많은 후원을 했어야 설득력이 있다.

일반국민들은 억울한 일을 당하여 법에 호소하면 엄정하게 판결이 되는 것으로 알고 법관을 신뢰하고 존경하였다. 법관은 원고(原告)와 피고의 어느 쪽에도 치우침이 없이 공정하게 판결하길 바라고 흔히 천평(天秤)저울에 비유한다. 그런데 변호사의 돈을 받은 판사들이 돈을 준 변호사측의 손을 들어 주었을 것이니 얼마나 많은 국민들이 억울하여 잠을 못 이루며 피눈물을 흘렸겠나 생각하면 분노를 참을

수가 없다. '법(法)과 양심(良心)에 따라 판결'하여야 하는 법관이 양심을 접어두고 돈을 받고 한 판결이 불공정하였을 것임은 명백하다. 어찌 부끄러움을 모르고 금품제공자의 편에서 행동했는가! 법관의 본분을 망각하고 비위에 관련된 법관은 극히 소수이고, 대부분의 법관은 어떤 유혹에도 굴하지 않고 공정하게 묵묵히 일하고 있음도 잘 알고 있다.

대법원은 소송관련자로부터 수뢰하였거나, 비위에 관련된 판사는 징계뿐 아니라 형사처벌하고 변호사자격을 박탈해야 한다. 더 큰 문제는 이런 유착비리가 ○○○지원에만 한정했겠느냐는 국민들의 팽배한 시각이다. 이런 유착소문은 그간 항간에 널리 퍼져 있었으나 이번에 사실로 확인되었다. 그래서 민·형사사건에서 돈과 권력이 판결을 좌우한다는 '유전무죄(有錢無罪) 무전유죄(無錢有罪)' '유권무죄(有權無罪) 무권유죄(無權有罪)'라는 말이 생긴 게 아닌가. 대법원은 전국의 법원을 대상으로 내사하여 흑백을 가려 사실대로 발표해야 신뢰를 회복할 수 있다.

검찰도 노출된 사건이 없다고 관망만 하지 말고 자체정화와 함께 능동적으로 수사에 착수하여 실체를 국민 앞에 보여야 한다. 판·검사와 유착해 사건을 왜곡 조작하고, 친분을 악용한 전관예우 등 과도한 수임료를 챙기고, 탈세하는 변호사도 엄벌해야 한다. 그래야 법조계가 국민의 신뢰를 회복하여 존경받을 수 있다. 판사·검사·변호사 등 법조인의 가치관과 생활태도는 사회의 거울이기 때문이다.

이 기회에 관계법을 고쳐 비위법조인은 가중처벌(加重處罰)하고 변호사자격을 박탈하여 퇴임 후 개업할 수 없는 기풍으로 혁신하지 않으면 국민의 신뢰를 회복할 수 없다. 모르고 지은 죄보다 알면서 직권을 남용하거나 법망을 피하며 지은 죄는 죄질이 더 나쁘고 무겁다. 법조인은 법에 관한한 최고의 전문가이니 의도적인 범법 시에는 가중처벌로 더욱 엄히 다스려야 함은 당연하다.

또 정치에 종속하지 않고 소신껏 업무를 처리하는 분위기를 만들어야 하는데 이는 수장(首長)부터 모범을 보일 때 이뤄진다. 법관임용제도도 재검토하여야 한다. 기억력이 좋아 법조문만 많이 외운다고 훌륭한 법관이 되는 게 아니다. 그럴 바에는 컴퓨터를 이용하는 편이 훨씬 경제적이고 공정하며 효율적이다.

국민은 지성과 감성, 인성과 건전한 가치관을 겸비한 인간이 유혹에 물들지 않고 제요소를 고려하여 국민과 국가를 위해 공정하게 판결하고 봉사하는 법조인을 요구한다. 고장 난 불량 저울로 어찌 정확한 계량(計量)을 할 수 있겠으며, 국민이 그 결과에 승복하기를 바랄 수 있겠는가!

(청추학당 나의 이야기V 12쪽 1998. 12)

지우개

글을 쓰거나 밑그림을 그리다가 잘못된 곳을 지우고 고칠 때 고무지우개를 사용한다. 변경된 전화번호를 정리하면서 연필로 쓴 옛 전화번호를 지웠다. 표가 나지 않게 깨끗이 잘 지워졌다. 지금은 좋은 문방구가 많아서 연필로 쓴 글자는 고무지우개로, 볼펜 글자는 수정잉크로 지운다. 더 좋은 세상이 되어 마음의 상처도 지울 수 있는 지우개는 만들 수 없을까 하고 엉뚱한 생각을 해본다.

글자를 지우면서 어릴 적 생각이 떠올랐다. 초등학교에 다닐 때 광복을 맞았다. 물자가 부족하던 때라 공책은 재생지로 만들어 누렇고, 지질이 약하여 글씨를 쓰면 쉽게 찢어졌다. 막대형 고무지우개는 연쇄점(連鎖店)에서 팔았으나 비싸고 귀하니 손가락에 침을 발라 문질러 지웠다. 세게 문지르면 종이가 뚫어지고 조금 지나면 문지른 자국은 누렇게 변색되어 얼룩이 지고 지저분했다. 헌 고무신의 밑창을 잘라 석유등잔에 며칠 담갔다가 지우개로 쓰기도 했다. 이 석유 냄새가 나는 지우개로 지우면 고무가 까맣게 묻어나거나 공책이 찢어져 매우 더러워졌다.

지금은 문방구도 다양하고 질이 매우 좋아졌다. 깨끗한 공책에 글씨를 쓰다가 틀린 곳은 지우개로 지워도 전혀 표가 나지 않는다. 이는 지우개와 공책의 강도가 엇비슷하여 서로 자기 몸을 비비며 깎이고 닳아 글자가 지워지기 때문이다. 지우개가 너무 강하고 공책이 약하면 글자는 지워지지 않고 공책만 찢어진다. 글자 한 자를 지우는데도 조화와 상쇄가 필수적이다.

보이지 않는 마음속 상처까지 지우는 지우개는 아직 없다. 기억 속엔 기쁘고 행복했던 기억뿐 아니라, 딴 사람에게 내어 놓지 못하고 감추고 싶은 궂은 기억들도 혼재한다. 돌아보면, 어렸을 때 마음속 깨끗한 화선지에 희망의 꿈을 그려주셨던 선생님은 감사의 인사를 드리기도 전에 가셨다. 벌써 강산이 댓 번이나 변하여 그럴 기회는 올 수 없으니 마음의 빚만 커진다. 진학의 방향을 선택하는 갈림길에서 겪은 갈등은 아쉬움으로 남아 있다. 가장 큰 사랑을 주시던 어머니는 고생만 하시다가 내가 임관하기도 전에 가셨다. 그 슬픔은 평생동안 회한과 죄책감으로 응어리졌다. 아직까지 노부모를 모시는 다복한 친구를 보면 부럽기 그지없다.

또 살아오면서 맺은 숱한 마음의 상처는 용서와 화해가 되지 못한 채 앙금이 남았어도 풀지 못할까 두렵다. 이런 일들이 가슴속 깊은 곳에 불씨처럼 묻혔다가 회상이나 추억의 바람을 타고 문득 문득 되살아나 마음을 아프게 한다. 이는 마치 천형(天刑)처럼 따라 다닌다. 세월이 약이라지만, 몇 십 년이 흘러도 마음의 상처는 깨끗이 아물지 않는다. 행복한 순간의 추억만 남겨두고 괴롭고 힘들었던 기억이 되살아나지 못하도록 상처를 깨끗이 지울 수 있는 지우개를 만들면 얼마나 좋을까.

이런 지우개는 나의 생활태도와 마음의 변화에서 찾아야 하지 않을까 싶다. 괴로움과 원망의 원료에 사랑이란 용해제를 혼합하여 나만의 마음속 용광로에서 참회와 이해와 용서로 반복하여 용해해야 상처가 조금씩 아물어 지는 듯하다. 지우개로 잘못된 글자를 지우는 것처럼 마음의 상처도 회상할 때마다 덧나고 삭이며 아물기를 거듭하면서 서서히 조금씩 치유된다. 상처를 지울 수 있는 사람은 오직 나 자신뿐이라는 사실도 명심해야 할 일이다. 싫은 기억을 지운 빈자리에 아름다운 추억으로 가득 채우면 행복지수(幸福指數)가 한 층 높아져 밝은 생활이 되리라.

컴퓨터는 원고지를 사용하지 않고도 자판을 두드려 글을 쓸 수 있어 편리하다. 잘못된 곳은 쉽게 지우고, 문장을 앞뒤로 옮길 수도 있으며, 글이나 그림을 옮겨 올 수도 있다. 다 쓴 글은 인쇄하여 읽으면서 수정하고 완성되면 컴퓨터에서 새롭게 정리한다. 컴퓨터로 글을 쓰는 것은 편리하지만 반드시 좋은 일만 있는 것은 아니다. 쉽게 쓰고 지울 수 있어 신중하게 생각하고 깊이 있는 글을 쓰지 않는 경향이 있다. 또 옛 적에는 인물평가의 기준을 신언서판(身言書判)이라 하여 체모, 언변, 문필, 판단력을 중시했는데 지금은 독특한 자기 글씨체를 연습할 기회가 적으니 악필을 졸업하지 못해 아쉽다.

세월의 순간을 정지시킨 사진도 미운 곳은 예쁘게 고치고 지워서 사진으로 인물을 평가했다간 낭패를 보는 세상이다. 얼굴에 주름이 많으면 원판을 수정연필로 지우고, 말랐으면 볼을 통통하게 돋워 복스럽게 한다. 올라간 눈꼬리, 눈썹과 입술선도 화장으로 깔끔하게 지우고 고쳐 호감이 가는 미인이 된다. 컴퓨터를 이용하여 때 묻고 탈색된 옛 사진도 감쪽같이 새것처럼 복원한다. 소개서에 붙은 정면사진은 입체적으로 인식되는 실물과 너무 달라 실망한 적이 있다.

성형수술이 유행병처럼 번지고 있다. 결혼·취업·미용의 욕구를 충족하기 위해서다. 성형외과에서는 거부감을 주거나 약점이라고 생각하는 흉터를 지우고, 눈을 크게 하거나 코를 높이고, 박피하거나 튀어나온 광대뼈와 턱뼈를 깎는 성형수술을 한다. 수술을 하고 나면 자신감이 생겨 성격이 변하고, 사회생활에도 적극적인 삶이 된다고 권한다. 학생들까지 방학을 이용한 해외연수를 핑계로 외국에서 성형수술을 받고 오는 경우가 흔하다고 한다.

모씨는 지방에서 장기간 파견근무를 마치고 집에 들어서는데, 현관에 낯선 부인이 서 있어 잘못 들어온 줄 알고 엉겁결에 "죄송합니다." 하며 밖으로 뛰어 나왔단다. 뒤에서 다급하게 부르는 소리는 귀에 익은 목소리였다. 아파트 호수를 다시 확인하고 들어가 자세히 보니, 자기 부인이었다고 한다. 성형수술은 10여 년간 같이 산 남편도 알아보지 못할 만큼 아내를 딴 사람으로 변모시킨 것이다. 이는 일시적인 속임수란 생각이 든다. 세월이 흐르면 외모는 변하게 마련인데, 마음씨도 예쁘게 고치면 얼마나 좋을까.

지우고 고치는 것은 사람의 외모만이 아니다. 살아가면서 저지른 각종 범죄기록, 즉 살인 강도와 같은 강력범, 다른 사람을 등치는 사기범, 공공체의 경제적 이익을 침해하여 사욕을 채우는 경제사범, 국민을 볼모로 권력의 입지를 굳히는 정치범 등은 죄과를 치러도 흔적이 기록으로 남는다. 정부는 일정기간이 지나면 표(票)를 의식하여 사면(赦免)이라는 정치지우개로 범죄기록을 지워 없었던 것처럼 깨끗하게 복원시켜 준다. 그런데 죄를 범한 가해자는 복원시켜주면서 피해자에게는 아무런 조치가 없으니 불공평하다. 이는 근본적인 복원이 아니라 겉만 덮어주는 행정조치일 뿐이다. 정치인을 비롯한 사회지도층 인사 중 사면된 자가 많은데 그들이 죄의식을 지웠거나 성형했다는 말은 아직 듣지 못했다.

글자나 외모는 돈을 주고 산 지우개로 쉽게 지우고 고칠 수 있다. 마음의 상처를 지우는 지우개는 내 마음속에 있다는 생각이 든다. 반복하여 마음을 가다듬어 반성하고 참회하며 용서하면 시간이 흐름에 따라 아픔의 정도와 빈도가 점차 줄어들고 치유되리라. 이것이 마음의 상처를 지우는 나만의 지우개가 아닐까.

(창작수필 등단작, 46호 252쪽 2002. 12)

내가 겪은 첫 키스

키스(입맞춤)는 대체로 사랑을 표현하는 행위이나, 사랑이 아닌 황당한 경우도 있다. 이상고온으로 크게 유행한다는 하루거리는 말라리아원충으로 옮기는 전염병인데, 자취를 감췄다가 몇 년 사이에 점점 증가하는 추세라 한다. 하루거리는 학질(瘧疾), 말라리아로 불리는데 내 첫 키스는 학질과 관련이 있다.

하루거리 이야기가 나오면 어릴 때 일이 생각난다. 나는 어려서 약질이어서, 초등학교 저학년 때는 한해 여름에 몇 차례씩 하루거리로 고생했다. 오후에 오싹 오싹 추워지면 견디지 못하고 조퇴했다. 혼자 집에 올 때, 학교 운동장에서 뛰노는 아이들을 보고 '나도 저렇게 건강하면 얼마나 좋을까' 하고 부러워했었다.

학교에서 집까지는 불과 20여 분 거리인데 열이 올라 춥고 아파서 한꺼번에 가지 못하고 몇 번이나 쉬어야 했다. 양지쪽에 웅크리고 앉았다가 기운을 내어 겨우 집에 도착하면 어머니는 "또 하루거리냐?" 하시고 무거운 솜이불을 덮어 주셨다. 하도 학질에 자주 걸리니 노란 금계랍(金鷄蠟) 알약은 집에 상비했었다.

금계랍은 동글납작하고 노란 게 보기에는 예쁘나 몹시 써서 목에 넘어가지 않았다. 지금도 생각하면, 입에 쓴 맛이 돌고 진저리가 처진다. 약을 먹고 이불을 쓰고 누우면 높은 열로 몸이 붕 뜬 것 같고 정신도 혼미해졌다. 어떤 때는 여러 사람이 에워싸는 환영도 보이고 꿈인지 생시인지 분간할 수 없이 몽롱해졌다. 한숨 자고 저녁때가 되면 좀 휘청거려도 견딜 만 했다. 약 때문에 얼굴과 몸이 노랗게 물들고 오줌까지 노랬다. 그 다음 다음날은 괜찮으려니 하면, 오후에 또다시 추워지기 시작하여 할 수 없이 또 조퇴를 하고 약을 먹었다. 두어 번쯤 앓고 나면 나았다.

하도 학질로 고생하니 좋다는 민간요법이 다 동원되었다. 새벽 일찍, 할머니를 따라 이웃마을 침쟁이에게 가서 기다렸다가 해가 뜨기 전에 침을 맞았다. 침쟁이는 자고나서 부스스한 차림으로 나와 헝클어진 머리에 큼직한 침을 두어 번 문지르고 콧김을 쏘인 후 침을 놓았다. 침은 엄지손가락 손톱 안쪽 약 2 미리쯤에 꽂고 돌리는데 침이 손톱뿌리에 닿는지 '빠각 빠각' 소리가 났다. 아파서 소리치고 몸부림쳐도 꼭 잡혔으니 어쩔 도리가 없었다. 고통스런 시간이 지나 침을 빼면 검은 피가 한 방울 맺혔다. 그 자리엔 솜처럼 부드럽게 빻은 약쑥덩이를 성냥골만큼 올려놓고 꼭 눌러 지혈 소독했다. 침도 몇 번 맞았으나 효험이 없었다.

다른 방법은 양지바른 묫(墓)등에서 잘 자라는 할미꽃(老姑草)잎을 곱게 으깨어 콧속에 넣고 뜨는 해를 바라보게 했다. 매워서 몇 번 심하게 재채기가 났다. 재채기를 하고 눈물을 흘리면 조금 개운했다.

어떤 때는 코피까지 났다. 그러나 할미꽃잎도 효험이 없었다. 그 다음에는 도라지보다 굵은 너삼뿌리를 절구에 찧어 만든 너삼즙을 한 대접 마셨다. 소태보다 더 써서 엿이나 사탕이 마시기를 유혹했다. 그런 너삼즙도 효험을 보지 못했다.

또 학질은 놀래줘야 낫는다고 했다. 아침 일찍 소를 몰라고 해서 눈을 비비며 외양간으로 가면 쇠코뚜레를 꼭 잡게 했다. 어려서부터 소에게 풀을 뜯겨 무섭지는 않았으나 그래도 뿔이 있는 큰 짐승인지라 조심스러워 몸은 조금 뒤로 빼고 허리를 굽혀 어정쩡한 자세로 코뚜레를 잡았다. 아버지는 단단히 잡으라며 앞으로 밀어 소와 입을 맞추게 했다. 나와 소의 입은 같은 높이이고, 갑자기 당하는 일이라 피할 수도 없었다. 내 입술이 침이 흐르는 소 주둥이 점막에 닿을 때 섬뜩하게 찬 느낌으로 깜짝 놀라 울음을 터뜨렸지만 학질은 떨어지지 않았다. 이렇게 내가 경험한 이성(異性)과의 첫 키스는 우리 집 농우 우양(牛孃)이었다. 힘은 역발산이나 귀여운 데가 없는 우양한테 내키지 않는 첫 키스를 당하니 황당했다. 그런데 지나고 보니 소띠(1937.丁丑)라서 큰 망발은 아닌 듯싶다.

집에서는 학질에 걸리지 않도록 약쑥으로 모깃불을 피웠고, 자기 전에는 모기약을 분무했다. 그러나 산이나 들에서 놀고, 소에게 풀을 뜯기다가 모기에게 물려 가렵고 붓는 일이 예사였다. 으레 그러려니 하고 지냈으니 모기에 물려 학질을 앓는 경우가 매우 많았다.

그런 환경에서 생활하며 학질에 걸리지 않으면 오히려 이상한 일이다. 여름부터 가을 문턱까지 학질로 보내면 찬바람이 났다. 날씨가 선선해지면서 노란 얼굴에 생기가 돌고 건강을 되찾아 학교에 잘 다냈다. 약한 체력에 학질모기 때문이었으리라. 아들딸에게 이 이야기를 하면 먼 옛날이야기로 들리는지 웃기만 한다.

요즘은 의학이 발달하고 생활이 여유로워졌다. 학질은 약을 복용하여 예방하거나, 약을 발라 모기가 덤비지 못하게 하며, 약을 치고, 모기장이나 전자모기향으로 예방하니 얼마나 편리하고 완벽한가. 약품 개발과 사용으로 말라리아 원충의 내성이 강해져서 점점 독한 약을 개발해야 한다니 그 끝은 어디일지 걱정이다. 병과 치료약은 서로 시소를 타듯 번갈아가며 잡고 놓치기를 반복한다.

그래도 아직까지 건강을 유지하는 것은 의약의 발달 때문이라기보다, 종두(種痘)로 천연두를 예방했듯, 우리 집 암소 우양과 첫 키스 때 혈기왕성한 숫처녀인 농우 우양의 기(氣)를 듬뿍 받은 효험이 아닐는지….

(육사총동창 회보 51호 16쪽 2007. 7)

바위처럼 강물처럼

우리 주변에 흔한 게 바위이고 물이다. 사실, 바위는 고산준령을 구성하는 주요소이고, 물은 강과 바다를 이루고 생물의 생명유지에 필수이다. 흔하고 널려 있다고 쓸모가 적은 것도 아니다.

바위는 덩치가 크고 자연변화에 동요하거나 변치 않으며 그 자리에서 위용을 과시하며 버티고 있어 예로부터 문인 묵객(墨客)의 사랑받는 친구로, 선비정신의 상징으로, 일반서민의 소원을 이루어 주는 토속신앙(土俗)의 대상으로 숭상되어 왔다. 바위가 억만겁(億萬劫)의 오랜 세월을 지나 모래나 흙으로 변하는 과정을 보면, 풍화작용으로 바위가 쪼개져 자갈이 되고 더 잘게 부서져 모래가 되었다가 흙이 되는 게 바위가 흙이 되는 과정이라 할 수 있다. 이는 대자연의 순리에 따라 억겁의 세월 동안 이룬 결과이다.

산에 오를 때마다 높은 곳에서 묵묵히 내려다보는 위풍당당한 바위의 위세에 압도당할 때가 많다. 오랫동안 풍상을 겪으면서 버텨온 바위! 그래서 얼굴은 상처로 잘리고, 터지고, 검버섯도 나고, 이끼가 끼어 더 고풍스럽고 더 믿음직하다. 그래서 자연 앞에 나약한 인간이 그 위용과 힘을 차용하여 소원을 이루려고 무릎을 꿇으며 토속신앙의 대상으로 모셔왔는지 모른다.

바위는 계절에 따라 부는 차거나 더운 바람·눈보라와 태풍, 살을 에는 추위와 화로 불같은 더위, 몸서리쳐지는 천둥·번개·벼락·지진 등 이 모든 변화를 피하지 않고 앉은 자리에서 그대로 당당하게 다 겪었으니 얼마나 힘들었을까? 인고의 상흔(傷痕)은 곳곳에서 볼 수 있다. 한 귀퉁이가 깨져 달아나고 얼어터지고 나무뿌리가 스며들고…. 이렇게 바위는 있던 곳에 버티고 서있어 세찬 풍파에도 끄떡하지 않고 가벼이 움직이지 않으니 그 범할 수 없는 위용에 탄복하게 된다. 역사의 흥망성쇠와 자연의 온갖 변화를 견뎌내고 모든 것을 다 알면서도 내색하지 않고 표정없이 서있는 자태를 보면, 회유와 협박에도 굴하지 않고 묵묵히 절조를 지킨 큰 선비를 대하는 것 같아서 저절로 머리가 숙여진다.

북한산의 인수봉이나 설악산 울산바위, 금강산 구룡계곡의 암석덩어리인 기차바위, 세계의 지붕 에베레스트 고산(高山) 등은 바위자체가 넘볼 수 없는 거대한 경외대상이고 관광상품이다. 이 거봉을 정복하려다 참변을 당하는 불행이 얼마나 많은가. 이는 작은 봉우리를 정복하고 오만해진 인간이 거봉(巨峯)도 만만하게 보고 경솔히 행동한 결과다. 비싼 대가를 치르고서야 영봉에서 범할 수 없는 위용과 의연함을 보고 배우며 경외심을 갖는다.

바위는 위용을 자랑하며 억겁을 버텨온 덩치 큰 고집쟁이지만, 융통성이 전혀 없는 것도 아니다. 유연한 물과 만나면 부드럽다고 깔

보지 않고 적절히 양보하며 공존관계를 유지한다. 물살이 빠른 계곡이나 강가에 있는 돌은 산에 있는 돌과 큰 대조를 보인다. 그 많은 세월을 지내면서 부드러운 물과 서로 양보하고 현실을 인정 적응하며 조화를 부린 창작품이다. 물길을 막았던 큰 바위는 현실에 조화롭게 적응하여 흐르는 물에 씻기고 닳아 갖가지 모양으로 바뀌며 물길을 터주어 자연과 공존한다. 또 모난 돌은 성질을 죽이고 세월에 따라 둥글게 변모한다. 추녀 밑의 돌도 한 방울씩 떨어지는 물방울로 구멍이 나는 것처럼, 단단한 돌도 오랜 세월동안 물에 씻기면 모양이 크게 변한다는 사실이 놀랍다. 작은 돌은 둥글게 깎이고, 큰 돌은 물 흐름에 방해가 되지 않도록 펑퍼짐하게 변하여 주변에 어울린다. 이는 돌과 물이 자연 속에서 공존할 수 있는 최적의 방법이리라. 바위가 세월의 흐름에 따라 모래가 되었다가 흙이 되어 생물을 키워 동물에게 먹이를 공급한다. 바닷가 몽돌을 보며 작은 힘도 무한 반복하면 큰 힘이 되어 크게 변화시키니 '오르고 또 오르면 못 오를리 없다'는 옛 시구(詩句)도 음미해 본다.

산에 있는 바위가 알몸으로 풍상을 이겨내고, 강돌이 물에 씻겨 둥글게 변하는 평범한 사실에서 지조를 지키며 사는 것이 얼마나 어려운지, 아집을 버려야 이웃과 어울려 화목하게 살 수 있음을 배운다. 작은 힘도 오랜 세월 동안 쌓고 모으면 큰 힘이 되어 큰 뜻을 이룰 수 있다는 사실도 깨닫는다.

대리석이나 화강암석재는 예술품이나 주요건축물에 필수자재로 활용하여 많은 예술품과 건축물을 세워 자랑하여 왔다. 그러니 인간이 바위와 물의 조화와 부산물을 어찌 홀대할 수 있겠는가?

물과 바위의 관계에서 '부드러운 것이 굳은 것을 이기고, 약한 것이 강한 것을 이긴다.(유능제강柔能制剛, 약능제강弱能制强)'는 성현의 가르침이 생각난다. 단단한 물건을 자르는 것은 강한 금강석 톱이나 쇠톱만이 아니다. 부드러운 물도 강한 압력으로 쏘면 쇠(=鐵)도 잘리는 물톱이 된다고 한다.

요즘 겪는 홍수피해는 평화롭던 삶의 터전을 갑자기 흔적도 없이 쓸어가고, 적설과 설해는 예측하지 못할 큰 재앙을 부른다. 부드러워 마음대로 활용하던 물이 친근하고 만만한 자연의 일부로만 이해했다가 홍수와 설화 등 큰 자연재해에 놀란다. 또, 온 세상 생물이 물이 없으면 생명을 유지 할 수 없음도 알게 된다. 이런 사실을 모르면서, 누가 물이 힘없고 줏대가 없다고 했던가!

물은 생명체를 구성하고 생을 유지하는데 꼭 필요한 물질이다. 물이 없으면 영양분의 생성이나 분해, 공급을 할 수 없어 생명체가 살아갈 수 없다. 사람의 몸은 물이 약 70% 이상을 차지한다고 한다. 강성 노조원도 호기있게 단식농성을 하면서 물을 마시지 않으면 일주일을 버티지 못한다. 우리 몸에 물이 있어야 음식물을 분해하여 각종 영양분을 만들고 이를 필요기관에 이동시켜 생명을 유지하고 활동할 수 있게 하기 때문이다.

이런 물의 모양은 일정하게 고정되지 않는다. 그래서 얼면 고체가 되고 녹으면 액체가 되며 증발하면 기체가 된다. 이런 성질을 가진 물은 높은 곳에서 낮은 곳으로만 흐르는 성질이 있다. 우쭐대며 높은 데에 군림하려 하지 않으며 낮은 곳으로 가서 현실과 모양에 맞게 모두를 섬기는 기특한 성질의 소유자이다. 그래서 주변 환경과 여건에 따라 둥근 데는 둥글게, 모난 데는 모나게 형상에 구애받지 않고 가득가득 채운다. 이래서 주관이 없는 무골호인으로 대접받는지 모른다. 역사적으로도 수(隨)나라 양제가 살수에서 물을 얕잡아 봤다가 고구려 을지문덕 장군에게 참패했는데, 이는 물을 저평가하여 얻은 업보이다.

물은 그 특유의 유연성과 포용력으로 모든 오물을 깨끗이 청소 정화하고, 흐르면서 다시 자신을 정화하여 깨끗한 물로 되돌아간다. 땜에 물을 모아 전기를 생산하여 공장을 가동하며 수돗물을 공급한다. 배와 보트 등으로 운송과 스포츠에 활용하고, 얼면 스케이트와 봅슬레이 등 수영과 레저로 즐길 수 있게 한다. 태풍을 동반한 노도(怒濤)는 배를 삼키고 해안의 건축물도 망치는 괴물이 된다. 기체로 변하여 증기기관을 돌리는 발전소, 증기기관을 움직여 우리에게 교통수단을 제공하는 차량이나 기차 선박 등 그 쓰임새는 한없이 많다. 그러니 물은 두려우면서도 매우 유용한 물질이다.

우리 주변에 흔한 바위와 물은 세상이치를 터득하게 하는 스승이어서 바위처럼 굳고 의연하며, 물처럼 부드럽고 조화롭게 포용하며 겸허하게 살아야하는 이유를 깨닫게 한다.

(이학용 수필선 제목 2016. 3)

3.

정도 품앗이

백두영봉에 올라
아이슈비츠 수용소
분재를 가꾸며
난을 손보며
행운목에 꽃까지
말 한마디
나의 글쓰기
죄짓고는 못살아
정도 품앗이

백두영봉(白頭靈峰)에 올라

맑고 시원한 가을 아침이었다. 우리 일행 72 명은 임관40주년기념 부부동반여행이었는데 중국 연길을 출발하여 백두산을 향해 달렸다. 안내양은 장장 5시간 동안 자연안마를 받아야 한다고 익살을 부렸다. 비포장도로여서 버스가 털털거리며 달리니 팔・다리・어깨・엉덩이 할 것 없이 어디에서 그렇게 오랫동안 돈을 주지 않고 공짜로 안마를 받을 수 있느냐는 설명이었다. 비포장도로가 나왔지만 그레이더로 민 뒤라 예상보다 편안히 달렸다.

창밖의 마을 풍경은 40여 년 전 가을이 익는 우리 농촌을 연상케 했다. 타임머신을 타고 고향농촌을 지나고 있다는 착각이 들 정도였다. 두어 시간을 달려 노점상들이 모인 길옆에 섰다. 조선족 노점상들은 깨・녹두・팥・옥수수 등 잡곡과 과일・도라지・인삼・장뇌삼 등을 팔았다. 한국어로 흥정하고 한국 돈이 유통되어 국력신장을 실감케 했다. 농산물은 그들이 농사지은 것이라는데 값은 비교적 쌌다. 일행은 농산물을 골고루 조금씩 샀다.

조금 떨어진 곳에 비닐 막을 쳐놓은 곳이 화장실이라기에 갔더니 야외군사훈련 때 사용하는 사병용 임시화장실처럼 칸막이가 없이 탁 트인 채 몇 개의 판자구멍이 있다. 앉아서 서로 이야기 하며 일을 볼 수 있게 되었다. 밑에는 깊이 파고 큼직한 비닐을 깔아 놓아 오물이 한곳에 모이게 고안되었다. 아늑한 분위기에 익숙한 여인들 중에는 들어갔다가 기겁을 하여 소리를 지르며 뛰어 나오는 이도 있었다. 마을도 이렇게 되었다니 이색적인 화장실도 하나의 관광상품이고 추억거리라는 생각이 들었다. 북한산(北韓産) 그림과 자수, 술과 우황청심환 등을 파는 상점에 들렀다가 일찍 점심을 들고 백두산(중국은 장백산)으로 향했다.

검문소가 있는 백두산 입구 이도백하진(二道白河鎭)에서 입산수속을 마치고 장백산 운동원촌(運動員村)에서 백두산에 오르는 차량 순번을 기다리며 대기했다. 고산지대라 얇은 내의와 점퍼를 입었으나 8월의 대낮이 무색할 만큼 한기가 느껴졌다. 대기장소는 해발 2,000m인 협곡인데 산에는 허연 자작나무와 침엽수인 전나무가 빽빽이 자라고 있었다. 백두산의 식물분포는 해발 550m까지 활엽수, 1,100m까지는 활엽수와 침엽수, 1,700m까지는 침엽수, 2,000m까지는 자작나무, 그 이상 고도에 나무는 없고 풀과 이끼만 살며, 2,250m이상에서는 식물이 살지 못한다고 한다.

낡은 일제 승합차가 7명씩 태우고 백두산 정상주차장을 향해 달렸다. 길은 구불구불한 커브에 급경사로 굴곡이 심하고 두께가 30㎝나 되는 시멘트 불럭을 깐 비탈길이었다. 운전자는 이골이 난 운전 솜씨로 달리며 급커브를 돌 때는 몸이 한쪽으로 홱 돌아가 차가 전복되어 낭떠러지에 떨어질까 불안했다. 밖에는 오랜 풍상을 겪어 이리저리 꼬이고 찢기고 쏠려 가지만 무성하고 자라지 못한 난쟁이 자작나무 숲이 생존의 역경을 웅변하고 있었다.

정상(頂上)으로 올라갈수록 점점 시야는 넓어져 높고 낮은 봉우리들이 발아래 머리를 조아리고, 산과 들이 화사한 햇살을 받아 하나의 넓고 밋밋한 평원으로 보였다. 차창에 들어오는 바람도 싱그럽고 시원했다. 관목이 없는 넓은 풀밭은 8월인데도 벌써 누렇게 생기를 잃어가고 허연 꽃에는 씨앗이 여물고 있었다. 20여 분을 달려 드디어 나무도 풀도 없어 거무스레하고 삭막해 보이는 백두산 주차장에 도착했다.

차에서 내리니 바람이 세차게 불고 왠지 몸이 무겁고 호흡이 가빠졌다. 고산지대(高山地帶)라 기압이 낮고 산소가 부족하여 일어나는 '고산병현상'인데 고산지대에 적응이 되지 않았기 때문이라 한다. 주차장에서 정상까지는 200m쯤 됨직했다. 천천히 한 발자국씩 옮겨 놓았다. 백두산 건너편에는 새까만 먹구름이 천지(天池)를 삼킬 듯 몰려와 천지를 못 볼까 불안했다. '모처럼 왔으니 제발 천지를 보고 갈 수 있게 하소서' 하는 기도가 절로 나왔다. 정상에 오르는 길은 생각보다 경사가 심하고 걸음을 옮길 때마다 풍화작용으로 부서진 화산석 모래에 발이 빠져 더욱 힘들었다.

가쁜 숨을 몰아쉬며 오르니 붉은 글씨로 '長白山 天池, 백두산 천지'라고 세로로 쓴 표지석이 맞이했다. 이윽고 중국쪽 백두산 천문봉(天文峯) 정상에 오른 것이다. 발밑에는 사진으로 낯익은 천지가 한눈에 들어왔다. 억겁을 비바람에 씻기고 거칠어졌어도 의연히 버텨온 기품 있는 봉우리, 16개의 준봉(峻峯)을 감싸고 받친 넓고 검푸르며 고요한 천지, 얼마나 보고 싶던 영산이며 천지였던가! 이렇게 높은 산 정상 분화구에 물이 고여 넘쳐흐르다니 신기했다. 일년 중 9~10개월은 백설을 이고 있어 백두산이라 부르고, 하늘과 맞닿은 영산에 물이 고여 천지라 했는가!

안개구름이 천지의 절반은 덮고 지나갔다. 아! 조금만 더 일찍 올랐으면 좀 더 오랫동안 천지를 볼 수 있었을 터인데 하며 아쉬워했다. 점점 안개구름에 덮인 천지는 하얀 구름덩이에 쌓여 아무 것도 보이지 않았다. 천지에서 피어오른 안개구름이 살아있는 괴물처럼 꿈틀거리며 깊고 넓은 계곡을 채우고 기어올라 우리가 서있는 산봉우리를 넘으면서 흩어졌다. 옆에 있는 사람도 희고 엷은 장막에 가린 듯 뿌옇고 흐릿하게 보여 신비스럽기까지 했다. 갖은 고생을 무릅쓰고 심양과 연길을 돌아 백두산에 올랐으나 천지와 영봉을 제대로 볼 수 없을지 모른다는 불안과 아쉬움에 휩싸였다.

백두산과 천지를 볼 수 있게 하여 달라고 간절히 기도하며 기다린지 얼마 후 안개구름이 걷히고 점점 밝아지면서 햇살이 천지와 그 주변의 산봉우리에 비쳐 이윽고 위용을 나타냈다. 간절한 기도가 통했다고 감사하며, 그때 그 짜릿한 감흥과 기쁨은 잊을 수가 없다. 3대(代)를 적선치 않으면 영봉과 천지를 볼 수 없다는데 이는 기도로 우리에게 주어진 큰 행운이었다. 이 감흥을 거친 필설로 어찌 다 표현하랴! 바래지 않고 지워지지 않는 추억사진으로 고이 간직하여 가슴속에 깊이 묻어 두리라.

맑게 갠 순간을 놓칠세라 부지런히 기념사진을 찍었다. 중국 사진 호객꾼들이 광각렌즈(wide angle lens)로 찍는 기념사진은 1장에 12만원에서 시간이 지날수록 점점 내려가 반(半) 이하로 떨어졌다. 힘들여 돌고 돌아 민족의 성지 백두산의 천지와 주변 봉우리들을 30분만이라도 볼 수 있는 행운을 잡았으니 이제 다른 관광일정을 모두 취소하고 중도에서 귀국한다 해도 아쉬움이 없을 듯 했다. 그러나 우리의 땅, 북한 땅을 마음 놓고 밟고 우리 동포와 만나 이야기를 나누며 전통음식을 맛보지 못해 아쉬웠다. 단지 오른 것에 의미를 부여했을 뿐 천지에 손을 담가보지도 못했다.

7, 8월 중 백두산 지역의 강수일수는 21일이고 안개가 자주 끼어 천지를 제대로 보고 가는 경우는 드물다고 한다. 구름이 까맣게 끼었다가 햇살이 비추고, 다시 구름이 몰려들어 갑자기 비를 뿌려 변화무쌍한 조화를 부렸다. 그것은 사악한 마음을 가지면 찌푸려 얼굴을 감추고, 선한 자에게는 웃음으로 위용을 보이는 영험이 있기 때문이 아닐까 하는 생각이 들었다.

백두산은 우리 역사의 발원지이다. 원래 이름은 태백산(太白山)인데, 고려 광종(光宗) 10년(서기959)부터 백두산으로 불렸다. 건국신화에 환웅(桓雄)이 무리 3,000명을 거느리고 태백산 신단수 아래 신시(神市)를 베풀었다는데 신시는 어디인가? 조선 숙종 때 청(淸)과 국경을 획정한 백두산정계비(定界碑)는 어디에 세웠던가? 뿌리가 조선족이라는 안내원마저 그런 단군신화의 역사적 사실이나 지리적 위치를 몰라 설명을 들을 수 없으니 더욱 답답했다. 또 백두산과 인접한 간도(間

島)는 조선 말 고종 때까지 조선에서 관할하다가 한일합방 이후 청·일간의 간도협약으로 청의 관할로 되어 약소국의 증표가 된 역사적인 곳이다.

백두산은 이런 사연에도 불구하고 애국가에서 '동해물과 백두산이 마르고 닳도록….' 하여 민족의 영원을 상징하며 불굴의 희망을 주었고, 한국의 영토는 '백두산천지에서 한라산백록담까지'로 표현하여 국토의 대표적 상징으로 고착되었다. 남이(南怡)장군은 '백두산석(白頭山石-백두산의 돌은)은 마도진(磨刀盡-칼을 갈아 없어졌고)이오, 두만강수(豆滿江水-두만강의 물은)는 음마무(飮馬無-말이 마셔 말랐도다)라…' 하여 남아의 기개와 충절을 노래하는 등 우리 한(韓)민족역사의 발원이고 기개이며 영원한 영산으로 각인된 성지이다.

백두산의 높이는 한국, 북한, 중국 등 3국이 모두 달랐다. 가장 높은 봉우리는 장군봉인데 한국은 2,744m, 북한은 2,750m, 중국은 2,749m로 표기하고 있다. 삼국 공동측량으로 백두산 높이를 정하고 관광상품으로 개발 보존하는 것도 필요하다고 생각했다. 백두산의 사(四)대 보물로 호랑이·곰·담비·산삼을 치지만 그중에서 어느 것도 보지 못해 서운했다. 천지의 물은 송화강, 압록강, 두만강의 발원이며 그 둘레는13,4㎞ 깊이는 평균 204m이고, 강수량이 60%, 용천수가 40%로 이루어졌다고 한다. 천지에 나타났다던 수수께끼 같은 괴동물은 아직 규명하지 못하고 다만 백두산의 곰이 아닌가 추측할 뿐이어서 관심 있는 자들의 신비감만 더해 주었다.

백두산과 천지 관광을 마치자, 기다렸다는 듯이 제법 굵은 빗방울이 떨어져 마음과 발길이 몹시 바빠졌다. 비가 올 때는 특히 벼락에 주의하여 우의는 입어도 우산은 피뢰침 역할을 하니 받쳐 들지 말라는 경고를 받았다. 얼마 전에 우산을 받쳐 들었던 관광객이 벼락을 맞아 불행을 당했던 일이 있었기 때문이란다. 그대로 떠나기가 아쉬워 작별을 고하려고 백두산을 돌아보니 그 사이에 몰려온 검은 구름이 영산의 준봉과 천지를 호위하듯 감쌌다.

배달민족의 성지, 백두산 정상에 오른 많은 동포들이 영봉과 천지를 바라보며 느낀 형언할 수 없는 감흥은 민족통일의 염원으로 귀결되리라. 남・북한 동포가 백두산을 민족통일의 구심점으로 삼아 마음의 벽을 허물어 통일을 이루고, 영봉정상에서 손을 맞잡고 통일을 축하할 날이 빨리 오기를 고대하며 다음 행선지인 천지폭포로 발길을 옮겼다.

(임관 40주년기념 여행기, 2000. 8)

아우슈비츠 수용소

우리일행은 체코의 동쪽 모라비아 왕국의 수도였던 브르노를 거쳐 유태인학살로 유명한 폴랜드 남쪽에 있는 아우슈비츠(Auschwitz) 수용소로 갔다.

나치는 1933~1945년간에 유럽전역 2천 500여개의 수용소에 28개 민족 600여 만 명을 끌고 가 가스실에서 처형하거나 질병과 배고픔으로 죽게 했다. 이 가운데 90%이상이 유태인이었다. 아우슈비츠수용소 희생자만 150만 명 가량인 것으로 추산하고 있다. 아우슈비츠수용소에는 28개 동(棟)의 수용시설이 있었다고 전하며 수용소 입구 철문에는 'ARBEIT MACHT FREI(일을 하면 자유로워진다)'라는 간판이 걸려 있다. 이 간판의 'B'자가 가분수로 된 것은 수용자들의 저항을 표시한 것이라 하는데 '출입문을 지나는 수용자들이 이 글을 보고 어떻게 느꼈을까' 하는 생각이 들었다. 유대인들은 학대와 강제노역에 시달리면서도 불안과 고통을 참으며 끝까지 살아남아야 한다는 강한 저항의지를 갖지 않았을까?

수용소는 3개가 있었다는데, 1수용소는 철도역에서 걸어서 수용소 안으로 들어갔으나, 2수용소는 철도가 수용소내로 연결되어 한 번 들어오면 도저히 도망할 수 없도록 주위는 전기철조망으로 연결 감시했다니 이는 지상의 가장 참혹한 생지옥이란 생각이 들었다.

건물 내 각 방에 수북이 쌓인 해골과 팔다리 뼈무더기·독가스통·수용자의 소지품·의복·안경·머리털 등과 이름과 주소가 적힌 트렁크도 보여 이들 피살자들의 유품이 우리를 더욱 슬프게 했다. 머리털로는 옷감을 짜서 귀족에게 팔았다는데 이 옷감은 인간과 가장 잘 어울리는 천이라 한다. 나치가 개발한 '씨크론가스'는 한 통으로 400여명을 독살할 수 있는 화학약품인데 가스실로 인솔하여 실제로 사용했고 옆에는 2기의 시체 화장실(火葬室)도 있어 소름이 끼쳤다. 화장실이 넘칠 때는 노천에서 무더기로 쌓아 화장했다고 한다.

희생자가 남긴 유품 중에는 어린이의 천진한 사진도 전시되어 보는 이의 눈시울을 뜨겁게 했다. 이는 수용소가 안전하다고 가족과 국민을 안심시키려는 나치의 선전술이었다니 잔학상에 더욱 전율케 했다. 이곳에서 유대인을 포함한 반정부인사와 그 가족이 생체시험되거나 학살되었다지만 주모자는 사라지고 기록이 없어 정확한 숫자는 알 수 없고 단지 추정할 뿐이다. 인간의 탈을 쓴 나치의 만행과 잔학성은 인간이기를 포기한 악마이고, 그 끝이 어디인가를 추정할 수 없게 했다. 이런 비극이 다시는, 다시는 없어야 한다는 것이 수용소문을 나서며 뼛속 깊이 느낀 소감이었다.

그런데 수용소방문을 통해 제2차대전시 인접국에 막대한 피해를 입힌 독일과 일본의 차이는 무엇일까를 생각하게 했다. 1970년 12월

7일 독일 빌리 브란트(Willy Brandt)수상은 폴란드 바르샤바를 방문 중 나치에 희생된 무명용사의 묘에 무릎을 꿇고 참회 사죄하며 지원을 약속하고 지금까지 꾸준히 피해자를 발굴 지원한다고 하니 그것이 진정한 반성이고 보상이 아닐까 한다. 지금은 많은 유태인후손들이 여름방학에 아우슈비츠 수용소를 방문하여 결의를 다지는 교육장이 되었다고 한다. 이에 대한 적극적인 활동은 유태인들이 맡고 있다.

일본은 1910년 우리 한국을 강제병합하여 전쟁물자와 노동력을 수탈하고, 장정을 강제 동원하여 전쟁터의 탄알받이로 활용했으며, 저항하는 독립투사는 잔인 참혹한 형벌을 가했고, 젊은 여성들을 일본군위안부로 끌어갔다. 그러고도 아직까지 위안부문제는 공식적으로 인정치 않고 있다. 일본은 입으로만 침략에 대해 '통념(痛念)의 정(情)'이라고 몇 번 뇌까린 것이 전부다. 일본 고위인사가 한국독립투사를 가두고 잔인하게 고문하고 처형했던 서대문형무소를 방문하여 참회하거나 사죄한 적이 없다. 진정으로 잘못을 시인하고 역사를 바로 잡으며 피해자를 보상한 적이 없고 성의도 없다. 또한 우리 국민도 정부도 친일세력을 준엄하게 심판하지 않고 얼버무려 넘어가고, 경복궁 내 조선총독부 등 일제만행의 역사적 흔적들이 개발과 역사바로세우기란 이름으로 사라졌으니 앞으로 더욱 거세질 일본의 역사왜곡과 합병정당화 주장에 무엇으로 대처할 지 걱정이다. 개발되고 문화가 발전한다고 잘못된 역사가 없어지지 않는다. 역사의 잘잘못을 솔직히 배우고 대책을 바로 해야 국민과 국가가 발전할 수 있다. 그러니 일본은 선물과 선전으로 작은 나라들의 환심을 사서 소국들의 주도국은 될 수 있을지 모르나,

세계를 주도할 강대국은 절대로 될 수 없다.

한국도 이를 극복할 정신을 갖추도록 노력해야 한다. 보릿고개를 넘겼다고 선진국으로 착각하여 흥청이는 생활태도는 자제하고 도덕성을 함양하고 첨단기술력을 높여야 선진국이 될 수 있다.

이것이 오늘도 계속되고 있는 독일과 일본, 유태인과 한국인의 차이가 아닐까? 아우슈비츠를 관광 후 유럽 최초의 문화도시로 지정되어 많은 관광자원이 보존된 크라카우(Cracow, Krakow)로 이동하여 일박했다.

(동유럽 여행기 중에 2006. 5)

분재(盆栽)를 가꾸며

왜철쭉 · 야래향(夜來香) · 동백(冬柏)나무 등 몇 그루의 나무를 분(盆)에 키우고 있다. 꺾꽂이로 묘목을 만들어 분에 심고 원하는 모양으로 가꾸어 가는 어린 것들이다. 자연 속에서 자라는 나무는 환경에 맞춰 균형 잡힌 모양으로 잘 자라지만 집에서는 채광 · 영양 · 통풍 등 환경의 제약을 받아 사람이 손을 봐줘야 잘 자란다.

수백 년이 된 거목처럼 줄기와 가지에 연륜이 돋보이는 노목분재를 대하면, 감탄과 함께 분재를 가꿔봤으면 하는 부러움과 유혹을 받았다. 용틀임 하듯 뒤틀리고, 거북등처럼 껍질이 갈라진 굵은 줄기, 분토(盆土)밖에 튀어 나와 모진 풍상을 겪은 듯한 뿌리, 이끼가 낀 고풍스런 껍질, 미스터 코리아의 근육보다 더 균형 잡힌 크고 작은 가지, 짙푸른 빛이 도는 싱싱한 잎을 보노라면, 분경(盆景)속으로 빨려들어가 큰 고목의 위세에 감탄하고 있는 내 자신이 자연의 일부분이 된 듯한 착각에 빠진다.

좁고 삭막한 아파트생활은 어릴 때 뛰 놀던 고향의 자연경관을 그

립게 할 때가 많다. '집에 한 두 그루의 나무를 길러 자연 속에 사는 기분을 가질 수 없을까?' 하는 생각에 몇 년 전에 분재를 배우기로 했다. 서울농업기술센터와 서울시립대학교에서 개설한 '생활원예반'에 등록하여 2년 여름동안 이론을 배우고 우면동 한국분재연구소에서 지도를 받으며 실습했다. 몇 개월간의 교육과 실습으로 어렴풋이나마 분재를 알게 되었다.

수형(樹型)을 잡기 위해 철사걸이를 하고 가지를 치며 잎을 따면서 분재를 만들어 간다. 나무를 손질하다 보면, 자식을 기르며 가르치고 다듬어 가는 과정과 같다는 생각이 든다. 잠재한 적성과 소질을 찾아내고 키우는 교육도 정성과 노력이 따라야 성과를 거둘 수 있기 때문이다. 이렇듯 어린 묘목을 아름다운 분재로 키우려는 정성이 쌓이면서 점점 정(情)이 드는가 보다.

분재소재(素材)를 대하면 어떤 모양에 얼마나 큰 크기로 가꿔야 적당할지 머리에 밑그림을 그려놓고 나무를 돌려가며 가장 아름답게 관상할 얼굴을 정한다. 일반적으로 식물은 햇볕을 많이 받아야 튼튼하게 자란다. 가장 많은 햇볕을 받는 모양은 삿갓모양의 원추형으로 위는 좁고 밑으로 내려 갈수록 넓어지는 형태다. 분재의 중심축을 수심(樹心)이라 하는데, 수심을 정점으로 햇볕을 골고루 받는 원추형의 분재가 되도록 가지치기를 한다. 그렇지 않으면 가려진 쪽은 햇볕을 받지 못하여 약해지거나 죽어 모양이 일그러지기 쉽다. 전 후면은 조금 좁게, 좌우는 조금 넓게 가지치기를 하여 위에서 보면 약간 타원형이 되도록 한다. 그래야 가지가 사방팔방으로 균형 있게 뻗어 자연스럽고 짜임새 있는 모양의 분재가 된다.

가지치기를 하는 요령은 큰 줄기에서 하늘로 곧장 뻗는 가지는 딴 가지에 갈 영양분을 독차지하고 웃자라서 다른 가지는 영양부족으로 약해지니 잘라내고, 밑으로 쳐진 가지는 분재의 미관을 그르치니 자르고, 무성한 가지에 숨겨진 속가지는 햇볕과 영양분이 부족하여 죽을 것이니 미리 자르고, 여러 가지가 몰려있는 것들은 영양부족으로 모두가 약해지고 균형이 맞지 않으니 실한 것만 남기고 솎아 자른다. 실내에서 키우는 분재는 절로 되는 게 아니라 가지치기를 하여 골고루 햇볕을 받도록 옮겨주고, 때를 맞춰 비료주기와 병충해 방제, 물주기 등의 노력과 정성이 따라야 한다.

정부나 기업체에서 체질개선을 위한 구조조정은 가지치기의 원용(援用)과 같다. 구조조정원칙은 자생력이 없는 기업이나 부서(속가지), 능력은 없으면서 덩치만 커져 자금을 한없이 쏟아 부어도 회생할 가망이 없고 타 우량기업까지 위협하는 기업(盜長枝), 국내 관련업체간 2중 3중의 과잉투자와 과잉생산으로 공멸할 우려가 있는 기업 등을 선별 조정하여 기업체질을 강화시킨다. 기업구조조정은 작은 희생으로 경쟁력 있는 튼튼한 회사를 만들고, 가지치기는 더욱 튼튼하고 균형 잡힌 분재를 만든다.

지금까지 애써 키운 가지를 자르려면 아까워 몇 번이나 망설이며 신중을 기한다. '이 가지를 자르면 전체 모양이 일그러져 후회하지 않을까, 상처는 부작용 없이 아물어 잘 자랄까?' 하고 여러 가지를 자문자답하며 점검하고 떨리는 심정으로 가위를 댄다. 가지에 가위를 대는 사람만이 애지중지하던 가지를 잘라야 하는 갈등과 아픔을 안다. 한 번 자른 가지는 그 자리에 새 싹을 틔워 키우려면 몇 년이 걸려도 원하는 모양이 된다는 보장이 없기 때문이다. 자를 가지는 구상한 모양과 뻗을 방향을 고려해 결정한다. 눈에서 나온 싹이 자라서 가지가 되니, 좌측으로 뻗게 하려면 좌측으로 향한 눈을 남기고 자르며, 우측으로 뻗게 하려면 우측 눈 위에서 자른다.

가위는 끓이거나 불(火)로 소독하여 쓴다. 가지를 자를 때 병균이 상처에 옮지 않게 하는 배려다. 자른 후에는 병균에 감염되지 않도록 소독약이나 재를 바른다. 작은 가지는 괜찮지만 큰 가지는 약을 발라주어야 안전하다. 분재의 상처가 깊으면 생명을 위협하거나 상처난 가지가 죽어 수형을 해칠 수 있다. 가지치기를 하고 회복될 때까지는 습도가 높은 응달에서 관리한다.

작은 나무 하나를 키워 분재로 만드는 데도 이런 정성과 애정이 필요하다. 잘 생긴 분재를 예사롭게 보던 습성이 바뀌어 찬찬히 챙겨보며 키운 이의 정성까지 감상하게 되었다. 한 그루의 분재를 만들려면 묘목을 길러 수형을 잡고, 가지치기를 해주며, 물과 비료를 주고, 병충해를 방제하는 정성을 쏟아야 한다. 분재는 키운 이의 예술성과 정성의 결정체이다. 괜찮은 분재가 두어 그루 있었는데 관리소홀로 못쓰게 되어 아직까지 아깝고 죄스럽다. 분재 관리요령을 모르면 아예 분재에 대한 욕심을 버려야 한다. 그것이 분재를 아끼고 사랑하는 최소한의 도리다. 분재는 주관적인 가치가 객관적인 가격보다 더 중요하기 때문이다.

분재소재는 그냥 두었으면 자생지에서 잘 자랐을 텐데, 욕심 충족을 위해 작은 분속에 가두고 철사로 묶어 고문하며 원하는 모양으로 만드니 미안하다. 분재가 말을 한다면, 고통을 호소하며 얼마나 원망하랴! 허나 산야에 두었으면 보잘것없는 잡목으로 자라 불쏘시개가 되었을지도 모르나 귀한 분재로 지극한 사랑을 받으니 덜 미안하다고 애써 위안을 삼는다. 또 지금 키우고 있는 왜철쭉·야래향·동백나무는 6, 7년생인데 노지에 옮겨준다 해도 추위를 견딜 수 없어 그대로 실내에 두고 키워야 하겠다. 기왕 인연을 맺었으니 속죄하는 마음으로 더 정성껏 돌봐야 하겠다.

그런 지극한 정성이 고통을 치유해줘서 그럴까. 분재는 정을 주고 돌봐준 만큼 보답하는 의리가 있어 보인다. 사람과 분재가 교감하고 대화하며 분신처럼 대할 때 원망이 사라지고 튼튼하게 자라는 듯 하여 조금은 덜 미안하다. 사회가 서구화되면서 믿을 곳이 없고 버림받은 사람 중에 준만큼 보답하는 분재나 화훼원예·애완동물에게 정을 주며 소일하는 이가 많아지는 추세다.

분재가 원하는 모양이 되는 성과는 투자한 시간과 노력과 정성에 비례한다. 또 복잡한 감성(感性)과 지성(知性)을 가진 사람을 키워 인재로 만드는 일은 사랑과 정성이 따라야 한다. 그래서 분재와 인재를 잘 키우기 위한 길은 하나가 아닐까….

(창작수필 50호 39쪽 2003. 12)

난(蘭)을 손보며

여가를 즐기려는 마음으로 난(蘭)을 기른 지 십 오륙 년이 되었다. 난을 많이 모았을 때는 삼십 여분(盆)까지 되었지만, 십여 년쯤 지나며 난에 대한 관심도 시들해지고 장기여행으로 관리가 안 되어 하나 둘씩 시들거나 죽고 제대로 된 난은 몇 분 남지 않았다.

베란다 난상(蘭床)에 놓고 키우면서 자주 집을 비워 물도 제대로 주지 않아 영양실조가 되고 돌보는 정성까지 부족하니, 잎이 누렇게 뜨고 생기가 없다. 생육상태가 좋지 않은 난을 대하니 죄책감에 사로잡힌다. 자생하던 고향에 있었으면 건강하게 자랐을 텐데 베란다의 작은 분속에 가두고 고통을 주어 생명을 위협했다는 생각이 들기 때문이다. 그래서 정성 들여 분갈이를 해 주기로 했다.

거실 바닥에 신문지를 펴고 난석과 가위를 준비하고 난분 하나를 털었다. 십여 촉이었던 난은 우동발처럼 통통하던 뿌리가 썩고 마르고 구근(球根)도 죽고 몇 개만 남아 있다. 그래도 작년에 나왔던 촉에서는 하얀 새 움이 트고 있다. 열악한 환경 속에서도 종족을 번식시키려는 강인한 본능을 보니 놀랍고 미안한 생각이 들었다. 누군가 '왜 난을 그렇게 키웠느냐'고 핀잔을 줄 것만 같다.

너무 미안하여 썩은 뿌리와 구근을 잘라내고 정성들여 다시 심었다. 밑바닥에는 큰 밤톨만큼 자른 스티로폼을 깔고 몇 개 남지 않은 뿌리는 생장점이 분 바닥으로 향하게 골고루 펴고 먼저 번에 묻혔던 만큼 올려 큰 난석부터 넣었다. 난석은 성을 쌓듯 하나하나 정성스레 채워 빈 공간이 없게 하고 뿌리는 가급적 분벽에 가까이 놓았다. 그래야 통풍이 잘되어 싱싱하게 자랄 수 있다.

대전으로 이사 가는 'ㅎ'군이 오랫동안 난을 키우다가 분재로 바꿔 정리하게 되었다며 누렇게 떠서 볼품없는 난 몇 분을 가져와 난 키우기가 시작되었다. 이렇게 난은 얻거나 일 년에 몇 분씩 사기도 하고 욕심내어 분주(分株)하거나 얻은 구근을 수태에 싸서 정성들여 싹을 틔운 것들이어서 명품은 없으나 정이 들었다.

난은 관상가치로 보아 화예품(花藝品)과 엽예품(葉藝品)으로, 생장지에 따라 동양란과 서양란으로 나누는데, 동양란은 한국 자생란(自生蘭)과 중국란 일본란으로, 꽃의 수에 따라 춘란(春蘭 일경일화)과 혜(蕙)로 나눈다. 꽃 매무새는 시골 아가씨처럼 순박한 춘란과 현대적 도시아가씨처럼 날아갈 듯 날렵한 한란이 있다. 자생란은 우리 풍토에 잘 적응되어 왔으니 관리가 좀 소홀해도 병충해가 없이 잘 자라지만, 제주한란을 제외하고는 꽃에 향(香)이 없어 아쉽다. 한국춘란 중에 유향란(有香蘭)이 있다는데 아직 보지 못했다. 중국란은 꽃이 소담하고 향이 그윽하다. 그러나 자생란과 중국란은 서로 다른 장단점이 있기에 함께 키우고 있다.

난은 나에게 많은 정을 준 고마운 존재다. 무료할 때 반겨주고 대화를 나눈 친구이며, 해가 지나면서 새 촉을 올려 꽃을 피우고 은은한 향기로 온 집안을 채워 가족을 즐겁게 해주었으니 값으로 계산할 수 없다. 그래서 난을 사랑하고 매일 돌보며 무엇이 부족하고 필요한지 텔레파시로 교감하게 되었다. 정을 주면 잘 자라고 꽃도 잘 피는 난은 얄팍한 이해득실에 따라 아첨하고 배반하는 사람보다 훨씬 의리와 정이 두텁다. 이것이 난의 매력이다.

난은 적당한 햇빛과 통풍, 수분만 있으면 어디서나 잘 자란다. 추위에 강한 놈은 창가에, 약한 놈은 안쪽에 놓고 기른다. 흙 속에 뿌리를 박고 살되 거름기 많고 지저분한 땅은 거부하니 돈을 최고의 가치로 삼는 현세(現世)에서 호사와 부정부패의 유혹을 외면하고 청빈을 즐기는 본보기다. 건조하고 메마른 마사토를 좋아하여 과음과식하지 않고, 필요한 만큼만 영양분을 섭취하여 조금씩 필요할 때 아껴 쓰는 절제된 다이어트를 좋아한다. 물기가 있으면 해면질로 된 뿌리에 충분히 저장했다가 몇 달 동안 가물어도 그 물기를 조금씩 소모하는 치밀하고 규모 있는 절약은 풍요를 구가하며 흥청이는 현세에서 어느 누가 따를 것인가!

부드러운 아침 햇살을 좋아하고, 한낮의 따가운 직사광선은 싫어하며, 여과된 반그늘을 좋아한다. 분수도 모르면서 현란한 조명을 받으며 화려한 무대에 서려는 주연이 아니라, 조용히 자기 몫을 다하는 수줍은 조연이라고나 할까? 따뜻하고 탁한 실내 공기보다는 통풍이 잘되어 시원하고 신선한 바깥 공기를 더 좋아한다. 새 촉은 일년에 한두 개로 족하니 스스로 귀함을 지켜 욕심 많고 성급한 애란인(愛蘭人)을 애타게 한다. 난의 구근(球根)은 새 촉에게 영양선(線)으로 연결되어 양분을 공급하는 창고 역할을 하다가, 잎이 진 구(舊)구근은 영양공급은 물론 종족이 멸실될 위기에는 싹을 틔워 종족을 보존한다. 이렇게 절제된 품위와 세대(世代)간의 깊은 유대는 인간에 비하여 부족함이 없다.

난 잎은 원만한 곡선을 그려 너그럽고 넉넉함을 뜻하고, 추운 엄동이나 무더운 복더위를 가리지 않고 5, 6년을 사철 푸르게 지내다가 생을 다하니 평생 지조가 변치 않아 선비의 사랑을 받아왔다. 만물이 잠자는 한 겨울이나 이른 봄에 꽃을 피워 은은한 향기로 온 집안을 채우기도 하고, 더위에 지친 여름에는 꽃을 피워 정신보양에 일조하기도 하며, 희망찬 봄이나 결실의 가을에도 꽃을 피워 받은 것보다 더 크게 보답하는 보은의 정이 있다. 그래서 옛 선비들은 난의 세대간 깊은 유대와 변치 않는 지조(志操)와 과욕을 부리지 않는 지족(知足)과 원만하고 넉넉한 포용력과 주위에 향기를 뿌리고 보은하는 덕(德)을 사모하여 닮으려 했는가 보다.

잎에 묻은 약과 찌든 먼지얼룩을 닦아주며 정을 나눈다. 녹색 식물은 눈의 피로를 덜어주고 탁한 공기를 여과해 주어 기분이 좋아진다고 한다. 녹색식물을 보는 것만으로도 긴장이 풀리고 정서가 안정되어 건강유지 내지 증진에 도움이 된다니 난에 관심이 더 간다. 노년층이 가장 두려워하는 치매예방과 치유에도 효과가 있어 난 기르기를 잘 했다고 생각한다. 건강을 유지하는 힘은 사철 푸른 난을 키우면서 얻는 덤이어서 난에게 감사한다.

분갈이를 마치고 물을 흠뻑 주었다. 난원(蘭園)에서 사온 살균제와 살충제를 치고 알 비료를 얹어 주며 마음속으로 잘 자라라고 기원했다. 이제 마음이 조금은 후련하다. 누렇게 뜨고 시들어 남에게는 볼품없지만 오랫동안 정을 나눴으니 귀하고, 다시 정성을 다하여 가꾸면 난도 소원(疏遠)했던 정이 되살아나 후년쯤에는 고운 꽃을 피워줄지 기다려진다.

난을 손보며 미물이나 하찮은 식물도 정은 준만큼 되돌아온다는 평범한 이치를 되새긴다. 앞으로 더욱 관심을 가지고 대화하고 돌봐야 하겠다고 다짐한다. 장기간 여행으로 난이 약해져 실패했으니, 자동급수장치를 갖추기 전에는 여행도 자제하면서…. 오늘도 난의 기품(氣稟)과 지조, 세대간 유대와 포용력, 보은의 덕과 생장(生長)을 통해 선비정신을 배워 세상사는 자세를 가다듬는다.

(창작수필 45호 327쪽 2002. 9)

행운목(幸運木)에 꽃까지

거실엔 천장까지 닿은 키다리 행운목이 자라고 있다. 20여 년 전 봄에 굵기는 팔뚝보다 크고 어른 키만 한 행운목 세 토막에 층층으로 싹을 틔워 3단(段)으로 심은 것을 동(東)서울의 한 화원에서 사왔다. 초보자도 물만 주면 키우기 쉽고, 키우면 행운도 가져다준다는 말에 호기심이 일어서였다.

사철 푸른 나무를 키우면 공해와 스트레스에 시달리는 현대인들의 정서에 안정을 주어 질병을 예방 치료하는 효과가 있다고 한다. 녹색식물을 보고만 있어도 눈의 피로가 회복되고, 긴장할 때 생기는 델타파가 줄어들며, 뇌가 안정될 때 생기는 알파파가 증가하여 스트레스가 해소되고, 뇌기능이 활성화된다고 한다. 또 치매를 예방하고 간접적인 치료효과도 기대할 수 있다니 이것만으로도 행운을 주는 나무라 생각했다.

행운목은 일주일에 서너 번씩 물만 주는데도 싱싱하게 잘 자라서 지금은 잎너비가 어른 손바닥만큼 넓고 길이가 서너 자는 족히 됨직한 긴 잎이 늘어져 사철 푸르다. 현관에 들어서면 정원수로 착각할 정도다. 도시생활의 찌든 감정을 씻고 상쾌한 기분으로 바꿔주는 청량제역할을 톡톡히 한다. 이제는 행운목이 아니라 20여 년 동안 고락을 함께한 가족이라는 생각이 든다.

처음에는 나무토막에 엉성한 싹이 서너 개씩 돋은 상태여서 볼품이 없어 별로 관심을 갖지 않았다. 그러나 정성들여 물을 주고 돌보니 햇볕이 없는 반그늘에서도 잘 자랐다. 열대성식물이라 무더운 여름에 우쩍 자라 너울거리는 잎이 흉하던 나무토막을 덮어 제법 큰 나무가 되었다. 그래서 거실에 버티고 서 있는 모습은 정원수로 느껴진다. 어쩌다 물 줄 때를 넘기면 잎이 생기가 없이 축 처지며 말린다. 미안하고 안쓰러워 얼른 조루에 물을 담아 쏟아 붓는다. 조금 지나면 잎은 빳빳해지고 윤기가 돌아 정말 고맙다고 웃으며 인사하는 듯하다. 잎을 가만히 들여다보면 생태를 가늠할 수 있고, 행운목이 겪은 크고 작은 옛 일을 속삭이는 소리가 들리는 듯하다. 아마 오랜 세월을 교감하며 생활한 결과이리라.

여느 때처럼 아침에 행운목을 살피는데 잎 속에서 길쭉한 것이 삐쭉 나왔다. 자세히 보니 꽃대였다. 전에도 행운목에 꽃이 피어 경사가 있었는데 올해에도 좋은 일이 있을 성 싶어 큰 소리로 아내를 불렀다. 아내는 웬 일이냐며 급히 와서 꽃대를 보고 행운이 올 징조라고 기뻐했다. 길게 나온 꽃대에는 산수유처럼 작은 꽃들이 뭉친 연두색 꽃송아리가 7, 8센티 간격으로 여섯 개나 달렸다.

꽃송아리에 뭉친 작은 꽃은 아직 필 기미가 없다. 매일 꽃대를 살피는데 조금씩 부풀어 굵어지고 꿀이 나와 꽃대와 잎에 흘러내려 반짝였다. 맛을 보니 달았다. 입춘과 우수가 지나 계절의 변화를 감지하고 꽃대를 올렸나 보다. 거실 한구석 분속에서 자라면서도 고향을 그리며 꽃대를 올렸으니 얼마나 대견한가. 꽃대를 보는 마음은 어린 아이처럼 기대에 차고 즐거웠다.

매일 아침 일어나면, 먼저 행운목에 문안인사를 하고 자기 전에도 살폈다. 며칠 지나서 밤이 되자 이윽고 꽃이 피어 진한 향(香)을 내뿜었다. 옅은 연두색 꽃은 밤에만 피는데 짙은 향이 나고 꽃대와 잎에 흘러내린 꿀은 허옇게 말라갔다. 꿀을 찍어서 혀에 대고 맛을 보았다. 그윽한 향과 함께 설탕을 씹을 때처럼 아삭아삭하고 단맛이 입안에 가득 퍼졌다.

일 년 내내 거실에 있으면서도 춥고 더운 계절의 변화와 생동하는 봄을 알고 반응한 것이다. 찬란한 햇빛이 드는 낮을 피하여 어둠이 온 세상을 덮은 조용한 밤에 청초한 꽃을 피워 그윽한 향기를 집안에 가득 채운다. 몸을 드러내지 않고 조용히 본분을 다하는 행운목에 더욱 애착이 갔다. 험한 세상에 귀한 꽃대를 보이기 싫어 아무도 보지 않는 어두운 밤에 조용히 꽃을 피우는 것은 아닌지…. 먼 이국에서 이민 와서, 우리 거실에 사는 행운목은 수줍고 다소곳한 한국의 여인상을 닮았다는 생각이 든다. 이는 천품일까 아니면 귀화하여 닮은 성품일까? 생각할수록 연인처럼 정이 간다.

명절이 되면 귀소본능(歸巢本能)이 발동하여 교통지옥을 마다 않고 십 수 시간을 길에서 보내면서도 매년 고향으로 가는 귀성인파를 본다. 철새나 고기떼들도 성장하면 태어난 고향으로 회귀하여 알을 낳고 종족을 번식한다. 행운목도 무더운 상하(常夏)의 나라인 고향을 그리워하면서 힘을 얻어 몸서리쳐지는 추운 겨울을 견디었으리라. 거실에 서있는 행운목에 핀 꽃도 고향을 그리며 사무치는 향수(鄕愁)를 달래기 위한 수단은 아닐는지….

헌칠하게 뻗은 가지가 천장에 닿아 휘었다. 휜 가지를 잘라 밑동의 잎을 자르고 물통에 꽂았더니 며칠이 지나자 굵고 하얀 뿌리가 돋았다. 화분에 마사토를 넣어 정성껏 심고 반그늘에 두었다. 점점 원기를 회복하여 잎에 생기가 돌고 잎 끝에는 하얀 속잎이 돋아 올랐다. 이것을 딸네에 분양했는데 손녀도 좋아했다.

지금 행운목 밑동에서 파란 싹이 두 개나 나와 자란다. 이는 먼 이국 땅, 한국에서도 행운목이 뿌리내려 싱싱하게 자라고 자손이 퍼진다는 행운의 징표다. 올 11월에 손자가 하나 더 늘 것인데 행운목으로 인해 행복이 온 것이라는 생각에 더욱 대견하고 관심이 간다.

행운목이 우리 집으로 온 뒤로 세 번 꽃을 피울 때 마다 집안에는 경사가 있었다. 시집가고 장가들고 손녀 손자를 봤으며 가족 모두가 건강하니 행운을 가져다 준 행운목임에 틀림없다. 다음에는 언제쯤 또 꽃이 필지 기다려진다.

고향을 떠나 먼 나라 거실에 갇혀 지내는 행운목을 생각하니, 한편으로는 고향의 부모형제를 그리며 살았던 내 젊은 시절과 같다는 생각에 안쓰럽고 측은하다. 그래서 그 공허함을 채워주기 위해 가족의 정으로 더욱 잘 보살펴 행운의 꽃이 또 피기를 기대한다.

(육사총동창회보 48호 15쪽 2006. 10)

말 한마디

사람이 짐승과 다른 점은 생각하고 말하며 행동을 자제하는데 있다고 한다. 절망에 빠진 사람에게 하는 말 한마디가 희망이 될 수도 있고, 무의식적으로 뱉은 말 한마디가 평생 잊을 수 없는 비수로 꽂혀 두고두고 가슴을 후비기도 한다.

어려서 듣는 칭찬은 성장에 필요한 영양소이고 활력소이며 자극제다. 43개월 된 손자가 잡은 손을 뿌리치고 달리다가 넘어지면, 일으켜주지 않고 "중호는 장사니까 울지도 않고 일어날 꺼야…." 하면, 울려고 하다가도 주위를 살피고 툭툭 털고 일어나 한 번 씩 웃고는 "괜찮아." 한다. 칭찬 한 마디가 일그러지던 얼굴을 펴주니 얼마나 신통한 묘약인가!

손자는 진득하게 앉아서 그림을 그리거나 글씨를 쓰지 못한다. 어린 아이가 집중하는 시간은 채 3분이 못되는 듯하다. 그런데 잘한다고 격려하고 칭찬해주면 집중하여 더 열심히 더 오래 계속하는 것을 본다. 잘한다는 칭찬한마디가 지루함을 쫓는 약이다.

칭찬받기를 좋아하기는 어린이, 청장년, 어른을 가리지 않는다. 입시에 지친 학생에게 칭찬과 격려한마디가 침체를 벗고 도약할 희망과 용기를 북돋아 몇 재의 보약보다 효과가 좋다. 성적이 떨어졌다고 질책하기보다 그간의 노고를 칭찬하고 부족한 것을 좀 더 보완하게 하고, 잘할 수 있다고 희망과 격려를 해주면 달라진다. 잠을 자라고 해도 더 열심히 공부한다. 그래서 학생은 사랑과 칭찬과 격려를 먹고 성장한다는 생각이 든다.

직장에서도 일을 잘 하건, 못하건 고생의 차이는 별로 없으나 결과에 따른 대우는 크게 상반된다. 이것이 현실이다. 우수한 몇 명만 가지고는 조직을 운영할 수 없다. 부족한 부하에게도 수고했다고 위로하고 감사하며 부하 모두가 능력을 발휘하고 협력하도록 하는 것이 부서책임자의 관리능력이다. 각자의 능력을 인정해주고 적소에 배치하면 분발하여 목적을 달성할 수 있다.

4, 50년을 같이한 부부도 마음 깊은 곳에 불만의 앙금이 쌓인다. 그 앙금은 쉽게 녹아 치유될 만큼 얇을 수도 있지만, 점점 돌처럼 굳어져 묵직한 바위를 안고 사는 사람도 있다. 대부분의 남편들이 부인의 손을 꼭 잡고 '고생만 시키고 잘해 주지 못해 미안하다.'는 마지막 말 한마디에 평생 고생하며 뒷바라지한 노고와 쌓였던 섭섭한 마음이 훈풍에 눈 녹듯 사라진다고 한다.

우리 속담에 '천량 빚도 말 한마디로 갚는다.'고 하지 않았던가. 이렇듯, 말은 상대방에게 큰 반향을 일으킨다. 그 말은 진지하고 신뢰가 있어야 한다. 고 정주영현대회장이 갯벌사진과 거북선이 있는 지폐를 들고 영국 은행에서 조선소건설을 위한 융자를 받은 것도 자신감 있는 말과 신용이고, 면접에서 중요시하는 것은 아이디어와 진실성이다. 몇 마디 대화로 상대를 완벽하게 파악할 수는 없지만, 감춰지지 않은 본성의 표현을 보고 상대를 평가한다.

어른들은 말을 조심해야 된다는 경고로 입(口)은 화(禍)에 이르는 대문이고, 혀(舌)는 몸을 자르는 칼이니 입은 다물고 혀는 깊이 감춰야 한다고 가르쳤다. 한번 뱉은 말은 다시 담을 수 없어 땅에 쏟은 물에 비유하여 함부로 말하지 말고 숙고하라고 했다. 고래로 바른 말이나 거짓말 때문에 감옥에 가거나 형장에 스러진 사람도 많다.

말 한마디로 부모자식간이나 형제자매간에 등을 돌리기도 하고, 절친한 친구 간에 원수가 되기도 하며, 그 반대의 경우도 있다. 부부간에도 말 한마디 때문에 웃고 우는 일이 얼마나 많은가? 장부의 말 한마디는 천금처럼 중하다거나, 숙고하여 말하되 행동은 민첩해야 된다면서, 말로는 표현해도 글로는 남기지 말라는 충고도 있다.

그래서 부질없는 한마디 말이 주위사람에게 깊은 상처를 준 일이 없었는지 되돌아보게 한다. 상처를 받았을 사람들에게 진심으로 사과와 위로를 전하고 싶다. 내 위주로 살았으니 다른 사람에 앞서 우선 40여년을 함께한 아내가 나의 성급하고 세련되지 못한 언행에 섭섭한 마음이 얼마나 컸었는지 알아봐야겠다. 그러고 보면, 사람은 어쩔 수 없이 후회하며 사는 동물인가 보다.

30여 년 전인 1980년대 중반, 유럽여행 중에 영국의 관광안내원이 한 말이 생각난다. 외국유학이 드문 70년대, 영국에 유학하여 외로움을 이기지 못해 영국인과 사랑에 빠져 결혼하고 아들을 낳았는데 자라면서 어미가 유색인종이라고 경멸하고, 그들의 문화에 비춰볼 때 언제 이혼을 당할지 몰라 저축하며 대비한다고 말했다. 그래서 비밀리에 정원에 독을 묻어놓고 버는 대로 모은다고 했다. "관광안내를 하며 접하는 한국인들은 대부분 50대 이상인데 자기가 쓸 물건은 사지 않으면서도 부인이 살림하고 아이들 키우며 고생을 많이 했다고 어느 물건이 좋은 선물이 될지 이것저것 물으면서 많이 산다."는 것이다. 무뚝뚝한 한국 남성의 애틋한 정이 부럽고 자기처지와 대비된다며 헤어질 때는 눈시울을 붉혔다. 이것이 내놓고 표현하지 않는 한국인의 정서가 아닌가.

어린 손자는 본대로 들은 대로 배우고 따라 하니, 한마디 말이 매우 조심스럽다. 말 한마디가 희망과 성공에 이르는 안내와 채찍도 되고, 인생을 그르치는 유혹과 마약도 된다는 생각이 들어서다. 그래도 감정이 격하거나 불리한 상황에서 내뱉는 말 한마디가 그 사람의 진면목을 나타내는 말이 아닐까?

(창작수필 70호 97쪽 2008. 12)

나의 글쓰기

청춘학당에서 글을 쓰다가, 창작수필 서초반에서 글쓰기지도를 받아 2002년 12월 등단했다. 글은 삶의 과정에서 겪은 편린을 자식들에게 교훈으로 주기위해 시작했었는데 2007년에 58편을 모아 첫 번째 수필집 『솔아 솔아』를 출간했다.

그런데 요즈음, 글쓰기에 갈등을 빚고 있다. 보고 듣고 느낀 점을 진솔하게 쓴 글을 교훈으로 주겠다고 했지만, 읽을 흥미가 없거나 감동을 주지 못하여 읽지 않고 쌓아두면 아무 교훈도 가치도 없는 쓰레기가 될지 모르기 때문이다.

그래서 글에는 진실성, 흥미와 교훈이 있어야겠다는 생각이 든다. 느낀 대로 쓰지 못하고 독자의 흥미나 인기를 의식해 왜곡된 글을 쓴다면 무슨 진실과 교훈적가치가 있겠는가! 수필의 생명은 자기화한 진실이라는 생각 때문이다.

주변에 흥미 있는 소재가 널려있으리라 생각하면서도, 눈에 띠지 않아 조금은 위축된다. 사안들을 어떻게 받아들이고 소화하여 글로 표현하느냐가 관건이란 생각이 든다. 같은 물도 곰이 마시면 담즙이 되어 몸을 보하는 보약이 되지만, 뱀이 마시면 생명을 빼앗는 독이 된다는 사실이 떠올라서다.

양보다 질의 문제를 더 생각하여 공감을 주고 심금을 울리는 글을 쓰고 싶다. 고생하며 가까스로 이룬 결실일수록 애착이 더 가듯이 고뇌하며 쓴 진솔한 글이 가치 있고 감동을 주는 글이 되리라. 이는 욕심이니 그대로 될지는 의문이다.

글쓰기를 시작할 때는 생각을 정리하여 표현하는데 목표를 두었지만, 이제는 흥미와 교훈까지 생각하게 되었다. 글쓰기는 서두 본론 결언의 구상과 메시지, 사물을 세심하게 관찰하고 깊이 사색하여 나의 주관에 접목 시키고, 어휘의 정확한 선택과 표현, 그리고 남의 글을 읽고 분석하여 흡수하고 내 영양분으로 만들어 저장하며, 가급적 많이 읽고 쓰려는 노력 등에 쏟는다. 그러면서 단어의 어원을 찾고, 사전과 옥편을 가까이하는 습관으로 오류를 최소화하려고 노력한다.

보고 느끼며 생각한 점을 정확하게 글로 표현하기가 얼마나 힘든가를 실감한다. 글을 쓰며 갖는 느낌은 아름다운 풍경에 감탄하여 풍경화를 그릴 때 엉뚱한 그림이 되어 실망하는 기분과 같다. 자전거를 타고 가려면 바퀴가 지면에 닿는 2, 3센티미터의 좁은 길 폭만 필요한 게 아니라 안전하게 달리기 위하여 넓은 길이 필요하듯이, 글을 쓰는데도 다양하고 풍부한 관련지식과 경험, 정확한 표현력이 필요하다. 글은 경험과 지식이 감성의 여과를 거쳐 가슴으로 엮어내는 인격의 투영체라할 수 있지 않을까?

제재가 떠오르면, 집을 설계하고 자재를 수집하여 순서에 따라 짓듯이, 글을 서두 본론 결언 순으로 구상하고 그에 맞춰 수집한 자료로 컴퓨터에 글을 써 간다. 글을 쓰는 목적과 주제의 범위에서 이탈하지 않고 일관성을 유지하여 결언을 맺을 수 있도록 노력한다. 주제에서 벗어나면 글이 산만하여 독자에게 일관된 논리로 설득할 수 없기 때문이다.

글을 다 쓴 다음에는 다시 읽으면서 전체의 문맥, 순서, 단락, 어휘, 맞춤법, 시제, 일관성, 용어의 중복, 전달하려는 생각, 글의 목적, 서두와 결언의 일치, 흥미 등을 점검하는데 처음에는 컴퓨터에서 몇 번 읽으며 보완하고, 인쇄하여 다시 읽으며 생각하고 다듬는다. 컴퓨터에서 초안을 읽을 때와 인쇄하여 읽을 때의 느낌이 매우 다르고, 직업의 특성상 사용한 표현과 어휘가 한정되어 글쓰기에 부족함을 실감하게 된다.

맵시를 살펴보는 심정으로 발표할 때까지 여남은 번도 더 읽는다. 때로는 며칠 후에 또는 몇 개월 후에 꺼내어 다시 읽으며 수정한다. 글을 쓰고 나면 항상 조금 부족함과 아쉬움이 남는다. 그동안 쓴 글을 읽어보면 발전은 없고 제자리걸음만 하는 것 같아 조급할 때도 있다.

돌이켜보면 직장생활 중에 여러 번 원고청탁을 받았으나 모두 거절하였다. 글을 써본 경험이 없어 자신이 없었고, 요구사항에 맞추어 마음에 없는 글을 쓰는 것은 위선이고 내 생각이 아니기 때문이었다. 그 전에 대학원에서 학위논문을 쓰기 위해 개략적인 계획을 세우고,

자료를 수집하여 이론을 전개하고 한 학기동안 땀을 흘려 완성한 것이 내가 쓴 유일한 작품이었다. 직장생활을 하면서 과제를 연구하여 논리를 전개하고 정리하여 발표한 경험이 지금 글쓰기에 많은 도움이 되는 듯하다.

글을 쓰면서 순수성을 잃고 흥미와 인기에 오염되는 것은 아닌지 걱정된다. 주위에서 올챙잇적 생각을 잊은 채 서지도 못하면서 욕심을 부려 달릴 생각부터 하려느냐고 비웃을까 두렵다.

글쓰기는, 거울에 외양을 비춰보고 바로잡듯, 자기 내면을 비춰보며 잘잘못을 반성하고, 새로운 각오와 방향을 설정하게 하니 자기 반성문이라 할 수 있다. 그 생명은 진실성이다.

그래도 흥미 있는 소재를 찾아 깊이 관찰하고 사색하여 경험과 생각이 흠뻑 배어 살아있는 글을 쓰련다. 마음에 드는 글을 쓰려고 최선을 다하는 노력은 전적으로 나의 몫이기 때문이다.

(2009. 1)

죄 짓고는 못살아

하늘엔 구름이 가득하고 금방 비가 쏟아질 것만 같다. 그래서 기분마저 우울한 날이다. 손자 녀석들이 감기에 걸려 소아과에서 진료를 받은 다음, 약을 타고 집으로 오는 길이었다. 아침 9시 50분, 시청 앞에서 11시에 만날 약속시간에 대지 못할까 불안하여 허둥대며 차를 몰았다.

우리가 사는 아파트단지는 80년대 초반에 건축하여 지하주차시설이 없어 옥외엔 차가 넘쳐났다. 많은 차량이 아파트에 들어오는 도로 양옆에 일자로 주차하여 그 사이를 비집고 조심하여 운전해야 했다. 조금만 방심해도 부딪혀 사고가 날까 불안했다.

그 길을 지나는데 앞에서 달려오는 차가 보였다. 내 차도 길가로 조금 비켜야겠다는 생각으로 차를 옆으로 댄다는 것이 주차했던 차의 오른쪽 옆 부분을 스치는 감각이 있어 차를 세웠다. 내 차 범퍼 옆구리와 상대 차의 옆구리가 물려있었다. 조심하여 차를 빼고 보니 약간 긁혀 실금처럼 도색이 벗겨졌다. 쌍방 공히 중고차였는데, 내

차는 그대로 타고 다녀도 될 성싶었다.

문제는 상대 차인데, 차 주인이 누구인지 알 수가 없다. 차 안에도 연락할 수 있는 전화번화가 없어 "어떻게 할까?" 하고 망설였다. 아침 바쁜 출근시간이 지난 후라 지나는 차도 별로 없다. "본 사람이 없고 경미하니 그냥 가버릴까? 전화번호를 남길까?" 하고 잠시 갈등했다. 그냥 가는 것은 죄를 짓고 도망하는 짓이니 떳떳하지 못하고, 만일 목격자가 "뺑소니차로 고발하면 어쩌나?" 하는 불안감이 엄습했다.

내 실수이니 돈이 좀 들어도 기분 좋게 처리하리라 마음먹고 메모지를 꺼내어 미안하다고 사과하고, 전화번호와 주소를 써서 윈도브러시에 끼워 놓았다. 문이 잠겨있어 메모지를 차 안에 넣을 수 없기 때문이었다. 그리고 천천히 조심조심 차를 몰아 집으로 왔다. 기분이 찌푸린 날씨만큼이나 우울했다.

옆에 탔던 아내는 김장도 해야 하고 돈 쓸 곳이 많은데 조심성이 없어 접촉사고를 냈다며 핀잔이다. 나는 '애들이 병원에 가려면 일찍 서둘러서 내가 약속시간을 지키지 못할까봐 조급하고 불안하게 만들지 말고 느긋하고 여유 있게 운전할 수 있도록 배려해 주어야 했는데, 병원에 갈 준비는 않고 늑장을 부려 시간에 쫓긴 탓이라'고 쏘아붙였다. 전에도 조급하게 운전하다가 사고를 낸 적이 있기 때문이다.

그러면서 나는 통장잔고와 수리비를 머릿속으로 가늠해 보았다. 옆판을 갈면, 최대한 몇 십만 원이 나올까? 잔고로 해결될지 걱정이 되었다. 사람에 따라서는 언짢은 말이 오갈 수도 있고, 나이든 사람이 젊은이와 입씨름을 하기 싫고 예의 없는 봉변을 당할 수 있어서다.

아파트주차장에 주차하고 약속시간에 맞추려고 부지런히 전철역으로 향했다. 11시가 조금 넘어 약속장소에 도착했다. 정신이 집중되지 않아 회의는 건성으로 마치고 돌아왔다. 언제 전화가 올지 몰라 종일 기분이 좋지 않았다. 이렇게 신경이 쓰이는 것을 보면 나는 강심장이 아니다. 작은 일에 대범하지 못하고 그 문제가 해결되어야 안도하기 일쑤다. 일을 저지르고도 안 한척, 모르는 척, 딴전을 부리는 사람들을 보면 "저 사람은 심장에 털이 났나?" 하는 생각이 들어 그 배짱이 부러울 때가 있다.

하루가 저물어 어둑해진다. "상대방도 중고차이고 경미하니 탓하지 않고 넘어가려는가?" 하고 안도하고 있는데, 갑자기 전화벨이 요란하게 울린다. 깜짝 놀라 전화를 받으려는데 접촉사고를 낸 운전자를 찾는 것 같아 불안하다. 이러니 죄짓고는 못 살겠다는 생각에 휩싸인다.

(2008. 11)

정도 품앗이

품앗이는 힘든 일을 서로 거들어 품을 지고 갚는 일로 한꺼번에 품이 많이 드는 농사나 경조사(慶弔事)에 예부터 자주 활용해 왔다. 부모의 사랑 속에 자라서 결혼하고, 자식을 낳아 정을 쏟아 키우며, 이웃과 어울려 돕고 도움을 받으며 사는 모든 생활도 품앗이란 생각이 든다.

세상사를 정확하게 계산할 수는 없지만 종교에서 말하는 '인과응보설(因果應報說)'과 '뿌린 대로 거둔다.'는 말이 맞는다는 생각이 들 때가 많다. 사람들은 준만큼 받지 못한다고 섭섭하여 등을 돌리고 원수처럼 되는 일도 있지만 대체로 준만큼 받는다. 부모에게 효도하면 자식들도 본받아 효도하고, 부부간에도 극진한 사랑을 베풀면 그 이상의 사랑을 받는다. 이웃도 내 마음가짐과 행동에 따라 대하는 태도가 달라져 정은 준 만큼 받는 게 보통이다. 짐승과 식물도 정을 베풀면 그 이상으로 보답한다. 그래서 사람에게 배신을 당한 사람 중에 애완동물이나 원예로 화(火)를 삭이며 사는 사람이 많다.

늙어 냄새난다고 타박하지 않고, 용돈이나 상속이 적다고 홀대하지도 않으며, 주인이 먹는 대로 주면 그것으로 만족하니 지족(知足)의 덕도 갖췄다. 특히 자식에게 버림받고 홀로 사는 노인 중에 애완동물을 키우며 여생을 보내는 경우가 흔하다.

개는 야성(野性)을 버리고 사람과 가장 친근하게 몇 천 년을 지낸 가축이다. 진도에 사는 한 노파는 돈이 궁하여 몇 년 키운 진돗개를 대전에 사는 사람에게 팔았는데 몇 달 후에 뼈와 등가죽이 앙상하게 붙고 온 몸이 상처투성이가 되어 기진한 상태로 천 여리를 찾아 돌아왔다. 개주인은 개의 충직한 정에 감동하여 양심의 가책을 받아 개 값을 돌려주고 다시 한 식구로 산다고 한다.

또 가난하여 끼니도 변변히 주지 못하지만 끔찍이 사랑하며 항상 개와 생활하던 알코올 중독자인 주인이 술에 몹시 취해 추운 겨울밤에 집으로 돌아오다가 길에 쓰러졌다. 주인이 일어나지 못하자 개가 주인을 깨우려고 옷을 물고 끌어당겨 옷이 다 찢어졌다. 그래도 안 되니 밤새껏 주인을 품어 무사했다니 우리 가슴을 찡하게 한다.

제비다리를 고쳐준 흥부(興夫)가 제비의 도움으로 부자가 되었다는 이야기도 보은의 정을 잘 나타낸 품앗이다. 종(鍾)을 쳐서 선비의 생명을 구한 까치처럼 하찮은 동물에게도 공덕을 쌓으면 헛되지 않아 사지에서도 구원을 받는다고 전해온다.

식물도 물과 비료를 적당히 주고 사랑하면 잘 자라고 탐스러운 열매를 맺으며 주인이 가까이 가기만 해도 좋아서 생체주파수가 달라져 반기지만, 저주하며 귀찮게 하거나 고통을 주면 스트레스가 쌓여 자라지 않고 열매도 부실하며 접근하면 무서워 떤다고 한다.

그러니 미물이라고 함부로 대할 수 없다. 사람은 부모에게서 받은 큰 사랑을 부모에게 치사랑으로 보답하지 못하는 게 보통이지만, 그런 경우도 부모에게 받은 만큼 자식에게 내리사랑을 하니 이것도 세대를 건너 베푸는 사랑의 품앗이다. 사람은 갓난아기나 청장년, 노인 할 것 없이 말하지 않아도 자기를 좋아하는지 싫어하는지 영감(靈感)으로 알고 반기거나 경계한다. 생명을 가진 동 식물은 방어본능으로 호불호(好不好)를 감지하고 대응하는지 모른다. 그래서 귀여워하면 정을 주고, 때로는 생명까지도 내놓는가 보다.

이런 사실을 보면 작은 일이라도 하찮게 생각하고 함부로 하지 말아야겠다는 생각이 든다. 대접을 받으려면 먼저 상대방에게 무조건 잘해야 한다. 그 효과가 금방 나타나지 않는다 해도 시간이 지나면 자연히 덕(德)을 베푼 만큼 되돌아온다.

품앗이는 육체적 정신적으로 뿌린 만큼 당사자간에 서로 주고받을 수도 있고, 엉뚱하게 딴 사람에게서 받거나 대(代)를 건너 후손이 받을 수도 있다. 성공은 자신을 포함한 선대(先代)에서 덕을 베푼 결과라고 말한다. 그러니 선행(善行)은 많이 할수록 좋고 악행은 작다고 함부로 해서도 안 될 일이다. 품앗이는 속임수가 없기 때문이다.

정을 베풀면 되돌아온다는 계산적인 행동이 아니라, 살면서 정을 주고 덕을 베푸는데 작다고 지나치지 말고 큰 것만 좇는 속물적 본성은 버려야 한다. 인간사는 대체로 정의 품앗이로 주고받으니 이 품앗이는 밝고 희망찬 내일을 위한 보험이 아니겠는가!

(1999. 2)

4.

동전 두 닢의 행복

축복받은 생명
가장 두려운 사람은
천원의 위력
별빛처럼 달빛처럼
삼(三)부리
취하고 싶다
눈꽃처럼 복이 쌓였으면
악수에 대하여
사랑하는 손녀 손자에게
그런 것 같아요
동전 두 닢의 행복

축복받은 생명

이 세상에 1등을 안 해본 사람이 있는가? 인간은 태생적으로 높은 경쟁에서 우승하여 수정이 되고 개체로 태어났으니 자신감을 갖고 살 일이다. 인간뿐 아니라 생물은 탄생부터 생존을 위한 경쟁이 숙명적인 과제였는지 모른다.

남자나 여자를 막론하고 많은 경쟁자를 물리치고 배우자를 선택하고 선택을 받아 결혼했으니 우월감을 가져도 된다. 생물은 종족을 번식하는 게 가장 큰 소임이다. 텔레비전에 동물의 왕국이 방영되고 있다. 물고기가 알을 부화시키고 짐승들이 새끼를 키우는 과정을 보면, 자식사랑은 동물이나 인간이나 매 한가지라는 생각이 든다.

살아 있는 것은 결국 모두 죽는다. 생물은 신의 섭리에 의해 태어나서 종족을 번식시키고 생을 마감한다. 그래서 생명체는 사라지지만, 생물의 종(種)은 영속된다. 생명체의 종족 번식과정에서 신의 위대한 섭리에 경외심을 갖는다.

동식물은 공통적으로 종족번식을 가장 중요시 한다. 어찌 보면, 종족번식이 생의 목적이 아닐까? 만물의 영장이라는 인간도 종족을 번식할 만큼 성숙하면 남성이나 여성 모두에게 성징(性徵)이 나타난다. 그래서 여성은 더 예뻐지고, 남성은 남성다워지는데 이는 상대에게 호감을 사려는 생체적 표현으로 이성에 대한 호기심을 갖는다는 증표이다. 서로 마음에 맞는 상대에게 더 잘 보이려는 심리로 가슴이 뛰고 걸맞게 행동하는 것은 자연현상이다.

선조들은 이성에 대한 호기심을 억제시키기 위해 '남녀칠세부동석(男女七歲不同席)'이란 엄격한 도덕률을 만들어 어려서부터 전통적 관습 속에 가두어 왔다. 그렇다고 이성에 대한 근본적인 문제가 해결된 것은 아니고 은폐된 상태에서 표면적으로만 없는 듯 이루어졌다.

고전소설인 춘향전이 그렇고 어우동이 그렇다. 오늘도 엄격한 가정교육을 자랑하는 집안에서도 불륜이나 혼전사고가 있는 것은 종족번식의 본능적 욕구에 대한 통제는 거의 불가능하다는 증거가 아닐는지…. 이는 인간의 영역이라기보다 신의 영역이어서 성직자(승려 목사 신부 수녀)까지도 파계(破戒)한다고 설명하는 것이 더 설득력이 있다. 파계자가 더 인간적이라면 괴변일까?

사람은 누구나 위대하다는 자부심을 가져도 좋다. 어머니 배 속에서 3억대 1의 경쟁에서 이겨 '나(我)'라는 생명체가 되었고 탄생 후에는 갖가지 질병이나 낯선 환경과 끈질기게 싸워 이기며 오늘에 이르렀다. 비록 수능점수와 사회적 지위가 낮더라도 역전의 승자임은 부인할 수 없다.

인간이 정신적 육체적으로 성장하여 정력이 왕성할 때 남자는 여자를, 여자는 남자를 배우자로 선택한다. 남자는 건강・지위・부(富)

등의 힘, 여자는 미모와 성품 등의 아름다움이 평가의 주요기준이 되는 듯하다. 그런데 궁극적인 선택권은 인간이나 동물이나 여성이 갖게 된다. 남녀의 사랑으로 종족을 번식하지만, 여성이 거부하면 종족번식이 불가능하다. 기력이 쇠하여 생식력이 저하하면 육체적 사랑의 욕구도 점점 소멸하니 건장한 후세의 기대는 허사다. 이런 신의 섭리가 오묘하지 않은가!

동물도 수컷은 힘에 의해 무리의 통제권을 얻지만, 짝짓기의 수용 여부는 암컷이 결정한다. 그래서 고대사회가 모계사회였는지 모른다. 아프리카 초원에서 육식하는 맹수가 초식하는 누우나 가젤 등과 공생하는 섭리가 있다. 초식동물 무리는 풀이 돋아 먹이가 풍부해지는 시기에 동시에 새끼를 낳아 맹수에게 희생되는 수를 최소화한다. 거북이도 해안 모래밭에 알을 낳아 같은 시기에 부화한 새끼가 같은 시기에 바다로 여행하여 갈매기의 먹이가 되는 숫자를 줄인다.

새 중에, 우리 동요에도 등장하여 정서적으로 친근한 뻐꾸기는 개개비나 지빠귀 집의 알 속에 자기 알을 낳아 부화(孵化)시켜 키우게 한다. 일종의 위탁 부화와 양육이다. 뻐꾸기는 개개비나 지빠귀 알보다 늦게 낳지만, 먼저 부화하여 뻐꾸기 새끼가 개개비알을 밖으로 밀어내어 먹이를 독차지하게 되는데 제 덩치보다 더 큰 뻐꾸기 새끼를 키우느라 열심인 개개비를 보면 바보인가? 아니면 기르는 모정이 낳은 정보다 더 큰 것인가 하는 의문이 든다.

물고기 중에 연어는 태어난 모천(母川)에서 몇 만km를 이동하며 살다가 3, 4년 후에 모천으로 회귀하여 알을 낳고 생을 마감한다. 돌을 가지런히 하며 입이 찢기면서 알 낳을 자리를 만드는데, 알을 낳고 체력이 떨어져 기진하여 죽는다. 또 알을 낳고 부화할 때까지 쉬지 않고 물결을 일으켜 산소를 공급하여 부화를 돕다가 알이 부화하면 탈진하여 죽고, 새끼는 어미를 먹이로 하여 자라게 하는 물고기의 살신모정을 보면 모성애의 위대함을 다시 생각하게 한다.

식물 중에, 민들레는 씨앗이 여물면 낙하산 같은 갓털(冠毛)이 바람을 타고 멀리 날아가 정착한다. 봉선화는 씨앗주머니가 터지면서 넓게 퍼져 생활터전을 넓혀 가고, 도깨비바늘은 동물이나 사람의 몸에 붙어 이동하며, 단풍나무와 소나무는 씨앗에 달린 얇은 깃처럼 생긴 날개가 바람을 타고 멀리 이동하여 자손을 번식한다. 씨앗에 의한 번식뿐 아니라 뿌리나 줄기가 노출되거나 마디마다 생명에 위협을 받으면, 왕성한 번식력을 발휘하기도 한다. 줄기가 잘린 아카시아와 현사시는 뿌리의 마디마다 움이 돋고, 공해에 찌든 공원의 소나무에 많은 솔방울이 달리는 것이 좋은 예다.

동식물뿐만 아니라, 인간은 태어날 때부터 엄청난 경쟁에서 이긴 승자이고, 자라면서 역경과 싸워 이긴 위대한 승리자이다. 그러고 보면 산다는 자체가 경쟁에서 이긴 자랑이고 승리의 축복이다. 이 위대함을 자축하며, 생애에서 겪은 작은 패배를 딛고 자신감을 가지고 당당하게 생활할 일이다.

그러면서 신의 섭리로 맺은 행복의 결실인 2세에 대한 교육을 철저히 하면, 우리에게 더 많은 웃음이 일고 그만큼 행복해져 축복받은 생명이 되지 않을까?

(창작수필 71호 168쪽. 2009. 3)

가장 두려운 사람은

승연(承延)이는 생후 31개월이 지난 외손녀다. 매일 깜짝 놀랄 사건을 시리즈로 엮는다. 17개월이 지나면서 나를 두 음절 단어인 '하버'로 부르다가 '하버지'로, 지금은 네 음절인 '할아버지~' 하고 억양과 감정까지 실어 부른다. 또 기분이 좋으면 산토끼, 곰 세 마리, 퐁당 퐁당 등 10여 곡이나 되는 동요에 춤까지 곁들여 노래한다. 재롱을 부리며 놀다가 갈 때에는 "안녕, 안녕~" 하고 노래하며 마지막엔 공손히 고개를 숙이고 팔을 벌려 사랑을 표한다. 이렇게 일상 쓰는 어투나 행동은 어른을 흉내 내어 놀라게 한다.

전화를 받으면 존댓말로 그간 있었던 일을 전하니 항상 웃음꽃이 핀다. 전화를 하다가 할 말이 없으면 "엄마 바꿔 드릴게요." 하며 수화기를 건넨다. 때로는 전화를 받으라고 해도 무슨 일로 비위가 틀렸는지 "싫어!" 하고 소리치며 달아나 끝내 응답이 없다. 이런 일은, 다 겪은 일이겠지만, 부끄럼을 모르는 팔불출의 변일 게다. 그래서 '내 핏줄은 특출한 아이'로 착각하게 되는지 모른다. 아들딸들이 자랄 때는 전혀 느끼지 못했던 일이다.

이렇게 아이가 자라는 과정을 보면 교육이 얼마나 중요한지 실감하게 된다. 우리 속담에 '세 살 적 버릇이 여든까지 간다.'거나 '될성부른 나무는 떡잎부터 알아본다.'고 하는데 이는 옛 어른들의 체험의 결과다. 아이의 말과 행동은 듣고 본 그대로 행동하니 어렸을 때 교육환경이 일생을 좌우한다고 강조한 것이리라. 그래서 맹모(孟母)가 아들교육을 위해 세 번이나 이사를 했던 것도, 근년에 학생들이 서울 강남의 8학군으로 몰리는 것도 상대적으로 좋은 교육환경 때문이다. 외손녀는 호기심이 많고 본 대로 하는 때여서 새로운 것 하나 하나가 일생에 큰 영향을 미친다고 생각하면 무거운 책임감과 두려움마저 느낀다. 어려서부터 잘 가르치고 다듬어야 바른 사람, 능력 있는 사람이 될 수 있기 때문이다.

우리 주변에는 아이에게 가장 큰 영향을 주는 어버이들이 이런 사실을 제대로 알고 아기를 낳고 키우는지 의아할 때가 많다. 개(犬)는 자격증이 있는 조련사를 골라 비싼 돈을 주고 길들이면서, 가장 중요한 유아교육은 대부분 자격을 갖추지 않은 부모나 도우미가 맡는 게 현실이다. 동물을 사육하듯 먹을 것을 주고, 울면 우유나 장난감으로 달래며, 용돈을 풍족히 주면서 요구를 다 들어준다.

미혼모가 버리는 아이들은 무슨 원죄로 부모와 떨어져 평생 동안 아물지 않는 한을 안고 불행한 삶을 살아야 하는가? 정부가 결혼적령기의 성년에게 '삶의 가치・결혼・부모의 역할과 의무・가정의 행복, 자식의 교육방법 등'을 교육하고 실천하도록 하며, 유아원과 유치원교육도 지원해야 한다. 교육을 위한 투자는 국력을 신장시키는 최상의 방법이기 때문이다.

나무도 어릴 때 바르게 잡아주고, 자람에 따라 가지를 쳐주며, 거름을 주어야 쓸모 있는 나무가 된다. 운치 있는 분재를 만들려면 어려서부터 원하는 모양으로 구부려 고정시키는 것이 기본 순서다. 몇 년을 키운 후에 굽은 줄기를 펴고 원하는 모양으로 만드는 것은 불가능하다. 하물며 복잡한 감성과 이성을 가진 사람에게 있어서랴!

아이는 사랑을 먹고 자라니 부모가 키워야 한다. 이 세상에 부모보다 더 큰 사랑을 주는 사람은 없다. 엄마가 직장에 나가면 경제적으로는 어느 정도 여유롭겠지만, 아이는 사랑이 부족하여 정서적으로 밝고 바르게 자라는데 장애가 될 수 있다. 여성들이 직장에서 마음 놓고 일할 수 있도록 탁아시설확충이 현안문제로 제기되고 있다. 외손녀는 만 2살이 되면서 어미인 딸이 퇴직하여 보살피고 있는데 더 밝고 적극적으로 변했다.

아이가 잘못되면 직장에서 번 돈을 다 들여도 바로 잡을 수 없다. 자식을 잘 키우는 것은 부모의 바람이고 보람이며 사명이다. 사건사고자는 결손가정과 애정결핍 속에 자란 자들이 많다고 한다. 자식의 불행을 자초한 가장 큰 책임은 부모에게 있다. 처음부터 철저한 책임감과 애정으로 보듬으면 사회의 어두운 면도 훨씬 밝아지고 불행에서 허덕이는 젊은이들도 훨씬 줄어들리라.

소년기로 되돌아가 새로 삶을 시작한다면 아쉽고 후회스러웠던 일을 좀 더 잘 할 수 있으리란 생각이 든다. 고등학교에서 국어와 서양사를 맡았던 이○○선생님은 "내 삶은 내가 주연하는 인생단막극이여서 후회하지 말고 전회(前悔)하라."고 강조하셨다.

사람은 어려서부터 학습과 경험을 토대로 새로운 환경에 적응해 살아간다. 바쁜 경쟁사회에서 새로운 환경과 조건에 예행연습을 해보고 대처하려고 한다면 시간과 기회가 허용되지 않는다. 삶은 잘못되었다고 원점에서 재 공연할 수 없기 때문이다.

그래서 인생은 계획된 빙도(氷道)를 달리는 '봅슬레이빙상경기'와 같지 않을까 생각한다. '봅슬레이경기'는 1.5㎞내외의 굽이굽이 경사진 빙도를 돌아 최고시속 160㎞의 속도로 질주하면서 속도와 궤도를 조금씩 조정할 뿐 실수했다고 무효로 하고 출발점에서 다시 경기할 수 없다. 그래서 원점으로 U턴할 수도, 다시 공연할 수도 없는 인생 단막극과 같다고 할 수 있다.

그래서 외손녀에게 보이고 대하는 언행은 깨끗한 화선지에 처음 대는 붓과 같다는 생각이 든다. 화선지에 그리는 첫 시도가 외손녀에게 모범이 되고 평생 기본으로 삼을 수 있어야 되리라는 생각이 들어서이다.

지금 "할아버지~" 하고 부르는 외손녀를 보면, 온 정성과 역량을 다해 살아 갈 그의 삶에 나의 작은 언행도 큰 영향을 미칠 것이기에 말과 행동이 조심스럽다. 그래서 지금 가장 두려운 사람은 겨우 31개월이 지난 외손녀 '승연(承延)'이다. 나의 말과 행동은 그가 살아가는 삶에 기초가 되고 표본이 될 것이기 때문이다. (2003. 2)

천원의 위력(威力)

돈은 윤택한 경제생활을 위해 누구에게나 필요하다. 강대국의 세력권에서, 특히 언어와 화폐는 국제사회에서 통용되는 국력(國力)의 지표이다. 그런데 한국화폐가 중국에서 인기리에 통용되는 것을 보면, 그만큼 국력이 신장되었음을 실감한다.

88서울올림픽 전까지만 해도 외국인들은 한국에 대해 6·25전쟁을 겪은 가난한 나라로 인식할 뿐 발전상을 정확히 알지 못했다. 외국여행 때 "중국인이냐?"고 물어 아니라면 "일본인이냐?"고 되물어 한국인이라면 한국이 어디에 있는지 모르는 사람이 많았다. 화폐도 '달러'를 환전할 때마다 환차손이 생겨 아까웠다.

외국어를 해야 의사소통이 되고 '달러'가 있어야 식사하고 선물도 살 수 있어 약소국 국민의 설움을 맛봤다. 관광지의 대우는 국력과 관광객의 소비성향에 좌우된다. 부국에서 온 관광객은 우대하는데, 많은 상품판매로 얻는 경제적 이익이 크기 때문이다.

군사교육 중에 4달러의 일당을 받던 60년대 중반, 귀국길에 도쿄

백화점에 들른 적이 있었다. 꼭 살 물건이 있어서라기보다 시간이 있어 관광겸 좋은 물건을 구경이라도 하려는 참이었다. 점원은 '너희가 무엇을 살 수 있느냐?'는 듯 싸늘하게 바라보던 눈초리가 아직 잊혀지지 않는다. 약소국민은 홀대를 받아 국력을 키워야겠다고 생각했었다.

그런데 88올림픽이 성공적으로 끝나고, 중국과 국교가 개방된 이후 백두산・연길・북경・상해・장가계・계림 등 중국의 관광상품이 소개되고 여행기회도 많아졌다. 중국을 여행하다 보면 국력이 점점 신장됨을 실감하게 된다. 그 좋은 예로 호텔이나 관광상점에서 한국어와 한국 돈이 통용되고 한국산 차(車)가 시내를 질주하는 모습을 보면 반갑고 가슴이 뿌듯하다.

출국할 때 구태여 환전을 하지 않아도 되고, 한국인이 들르는 상점이나 음식점에는 조선족 점원이 있어 중국어를 몰라도 별로 불편함이 없다. 이 얼마나 큰 국력의 신장인가! 더욱 놀라운 사실은 상점에서 한국화폐를 선호하고, 한국관광객을 위해 조선족점원까지 채용한다는 사실이다. 한화(韓貨)와 원화(元貨)의 환율을 비교해 보니 외환은행과 같았다. 중국을 여행하면서 도문시나 연길, 백두산, 북경이나 장가계, 상해나 계림에서 경험하는 천원의 위력은 대단했다. 물가가 싸서 귀를 의심할 정도였다. 녹두・팥・송화가 한 봉지에 천원, 망고 하나, 바나나・포도 한 송이에 천원이라 믿어지지 않을 만큼 쌌다. 한국인이 상해 홍구공원에 나타나면 접는 손부채 3개를 들고 '천원'이라고 외친다. 그러다가도 떠날 시간이 가까워지면 '5개에 천원'으로 떨어진다.

장가계에서 계림으로 가는 침대차를 타려고 역에서 수속을 밟았다. 주변의 짐꾼들이 '천원'을 외치며 모여들었다. 안내원은 "4층까지 올라갔다가 2개 층을 내려와 1개 층을 다시 올라가야 침대차에 탈 수 있으니, 짐이 무거우면 짐꾼에게 맡기라."고 했다. 그런데 층계에는 가방을 끌고 갈 수 있는 경사로가 있었다. 시험 삼아 가방을 끌고 갔다. 짐꾼들은 자기에게 달라고 아우성이었다. 짐을 얻기 위해 서로 언성까지 높이며 실랑이를 했다. 짐꾼에게 짐을 맡긴 사람들은 아랫사람에게 맡기듯 과시성의 행동 같아 언짢았다. 목에 힘을 주며 짐꾼을 부릴 수 있는 힘은 천원의 위력이었다.

현지 교민에 의하면, 중국은 사회주의국가라서 고용과 생활을 국가에서 책임지니 도로공사에도 장비를 투입하기보다 인력을 많이 활용한다고 한다. 그들은 식대를 포함해 천원에서 천 육백 원의 일당을 받는다니 한국에선 느껴보지 못했던 '천원'의 소중함을 실감했다. 그들은 왜 비지땀을 흘리며 천원에 목을 맬까? 개방의 결과인가, 생활수단인가! 주머니에 손을 넣어 '천원'짜리 지폐를 만져보았다. 절로 어깨가 으쓱해지고, 한국이 자랑스러워진다. 전쟁과 가난으로 점철된 우리 세대에 비하면, 평화와 풍요를 구가하는 젊은 세대는 얼마나 좋은 세상에 사는가!

국내에서 천원의 용처를 찾아봤다. 라면 2봉, 계란 10개, 사과 등이 우선 눈에 뜨인다. 시내버스를 탈 때 천 원이 없으면 거스름돈 때문에 운전기사의 핀잔을 받거나 승차거부를 당해야 하고, 더울 때 두세 명이 빙과로 더위를 식힐 수도 있으며, 자판기에서 너덧 잔의 차를 뽑아 일행이 마실 수도 있다. 그래도 부담을 갖는 이는 별로 없다.

중국여행을 통해 대수롭지 않게 생각했던 천원의 가치를 새롭게 되새기게 되었다. 드넓고 자원이 풍부한 대륙에 뿌리내리고 사는 중국인은 천원의 가치를 높게 평가하는데, 자원빈국에 사는 한국인은 천원이 하찮다고 감사할 줄 모른다.

돈은 자본주의사회에서 풍요로운 생활에, 권력과 명예도 살 수 있으며, 생명까지 연장시킬 수 있으니 그 위력은 가히 '무소불위(無所不爲)의 위력을 가진 절대자'라 할 수 있다. 가장 보편적으로 통용되는 화폐 천 원은 우리 화폐의 기둥이니 그 중요성이 새삼스럽게 느껴진다. 천원의 가치가 작다고 느꼈던 평소의 생각이 부끄럽다. 휴대가 간편하다고 고액권만 선호한 탓이다.

외국산만 쳐다보며 내 것이 중요한 줄 몰랐다. 외국서도 인정해주는 천원, 새 시각으로 사랑해야겠다. '부자가 되려면 작은 것부터 아끼고 모으라'던 어른들의 말씀을 되새겨본다. (2003. 8)

달빛처럼 별빛처럼

음력 4월 초 하루 서늘한 밤이다. 가로등이 드문드문 서있는 개포 공원길에 구름사이로 희미한 별빛만 가끔 숨바꼭질한다.

어두침침한 공원엔 소나무 · 잣나무 · 은행나무 등 군락을 이룬 갖가지 나무들이 장승처럼 하늘을 이고 서있다. 생물은 빛의 원천인 태양을 향하는데, 햇볕을 받아야 광합성으로 성장하고 생명을 유지할 수 있기 때문이다. 빛에는 태양뿐만 아니라 달빛과 별빛, 광물질을 태워 얻는 석유와 가스불, 터빈을 돌려 얻는 전깃불 등 다양하다.

지구는 자전으로 하루의 반은 낮이고 반은 밤이다. 사람의 감정은 주위가 밝고 어둠에 따라 기분이 좋아지거나 자신감이 일기도 하고, 우울해지거나 공포에 떨기도 한다. 어두워지면 활동을 중지하고 사색에 잠기거나, 만사가 귀찮아 잠을 청하기 일쑤다. 그래서 해가 진 어두운 밤에는 잠으로 휴식을 취하여 다음 활동을 준비한다. 왕성한 활동은 낮에 이루어지나 빛이 너무 밝으면 몸뿐만 아니라 몸속의 오장육부까지 노출되는 듯하여 움츠려진다. 그러니 사람은 적당한 밝기의 빛을 원한다. 반대로 밤에 활동하기를 좋아하는 야행성도 있으나 낮처럼 밝은 밤을 좋아하지 않는다.

일반적으로 인생항로는 먼 길을 가는 여행에 비유한다. 여행할 때 밝으면 장애물과 위험물을 피하여 목적지에 이를 수 있지만, 어두우면 방향과 길을 찾지 못해 당황하고 공포에 휩싸여 방황하기 쉽다. 그런데 어두운 밤에 달빛이나 별빛이라도 비치면, 낮만은 못해도 길을 찾아갈 수 있다. 지형이 생소하여 길을 알 수 없고 방향을 분간할 수 없을 때 길안내에 도움을 주는 것은 지도와 나침반이다.

인생항로에도 갈 길을 제대로 판단하지 못하여 좌절하고 방황할 때, 붙들어 주고 나침반처럼 방향을 제시해주는 고마운 이가 있다. 그래서 절망 속에서도 단념하지 않고 모진 생명을 이어가 재기하게 한다. 이렇게 서로 도움을 주고받으며 사니 세상은 외롭지 않다는 생각이 든다.

경제한파로 삶이 어려워져 희망의 끈을 놓고 극단의 결행을 한 끔찍한 기사가 가끔 눈에 띈다. 특히 젊은 나이에 어린 자식까지 동반하여 애처롭다. 부모는 어린 자식의 소질을 살려 훌륭한 재목으로 키워야 할 책임은 있어도, 생명까지 좌지우지할 처분권의 수임자(受任者)나 소유주가 아니다. 하느님은 개개인 모두에게 생명을 유지할 권리와 의무를 부여했다. 인생의 여정에 달빛이나 별빛정도의 밝기로 비추기만 해도 희미하지만 희망을 안고 살아갈 수 있었으리란 생각이 든다. 사고가 났는지 경보음을 내며 달리는 차 소리가 요란하다.

훈련이나 일상의 어둠속에서 시각의 도움을 전혀 받지 않고 촉각과 가늠으로 방향과 거리를 판단하여 목표를 찾아가는 훈련을 한 적이 있다. 옛 생각을 하며, 눈을 감고 이십여 보를 걷다가 눈을 떠보니 길에서 빗나가고 있다. 이런 경험 후에 희미한 별빛만 있어도 감사하며 자신감을 갖게 된다. 어두운 환경에서도 해냈다고 자만하다가 저지르는 실수는 어두침침한 달빛이나 별빛 탓으로 돌리기 쉽지만, 그 실패의 책임은 외부요인보다 자신에게 더 크다. 인생사도 자기책임이다. 이런 어려움을 이겨야 자신감과 면역력이 생겨 앞으로 닥칠 더 큰 시련도 극복할 힘이 축적된다.

살아가는 과정에서 따뜻하고 맑은 날씨에 풍요롭게 편히 살수 있다면 얼마나 좋으랴? 이는 이상향에서나 있을 법한 일이다. 삶의 과정은 꽃피는 봄이나 풍성한 수확의 가을만 있는 게 아니라 때로는 예상치 못한 매서운 추위와 눈보라나 화마를, 찌는 듯한 무더위와 폭풍우나 홍수 등을 만나 평생 쌓았던 모든 공적(功績)을 일순간에 흔적도 없이 잃기도 한다. 그렇다고 절망하여 삶을 끝낸다면 무엇을 이루고 남길 수 있겠는가! 동식물이 화산이나 핵폭발 등 혹독한 재해에도 굴하지 않고 생명을 이어가는 끈질긴 삶을 보면 인간보다 더 낫다는 생각에 숙연해진다.

겨울이 깊으면 새싹이 돋아 꽃이 피는 봄이 멀지 않고, 어둠이 지나면 희망의 새벽이 밝아오기 마련이다. 이를 위해 노력하며 어려움을 참고 기다림이 필요하다. 밤에 달빛이 밝으면 별빛은 보이지 않고, 달빛이 어두워야 별빛이 영롱하다. 밤에 비추는 달과 별의 밝기도 달빛과 별빛의 상관관계다. 이처럼 세상원리는 항상 앞뒷면이 있다. 지금의 삶에 자기는 선택받아 양지에서 따뜻하고 어려움이 없이 산다고 자만할 것도 아니고, 춥고 어둡게 사니 복이 없다고 의기소

침하거나 절망할 일도 아니다. 밝고 따뜻하거나 어둡고 추운 삶이 평생 고정되는 게 아니라 생활태도와 여건에 따라 항상 변하고 교체된다. 이것이 희망을 갖고 뼈가 으스러져라 일하는 이유다.

앞이 보이지 않는 어둠 속이나 역경에서도 정신을 가다듬어 희망을 찾고 정진해야 인생의 목적을 달성하고 행복을 이룰 수 있다. 위기일수록 정신을 집중해야 극복할 좋은 방안이 생긴다. 그래서 '호랑이에게 물려가도 정신만 차리면 산다.'는 속담이 전해 오고 '위기가 기회'라고 하지 않던가?

어두운 밤에 어두침침한 별빛이라도 비추면 실수 없이 길을 갈 수 있듯, 인생항로에 희미하게라도 앞을 비춰준다면 절망 속에서도 희망을 잃지 않고 정진할 수 있고 얻는 결실에 감사하며 살리란 생각이 든다. 이는 더 어둡고 두려운 밤을 경험한 자 들만이 가질 수 있는 여유로운 자세이다.

침침한 공원을 나서니 아파트와 상가의 환한 불빛은 다른 세상에 들어온 듯하다. 인생항로에서 맞는 길은 밤길처럼 항상 새롭고 두렵다. 방향을 잃은 사람들에게 태양처럼 밝고 따스한 햇살로 갈 길과 희망을 비춰주지는 못할지라도, 어두운 밤길에 달빛처럼 별빛처럼 희미한 불빛이라도 되어 희망을 안겨주는 사람으로 살았으면 싶다.

(월간 문학저널 71호 144쪽. 2009. 8. 창수문인회 동인지 17집 17쪽 2009. 11)

삼(三)부리

어른들은 세상을 살아가면서 꼭 지켜야할 사항으로 '삼(三)부리를 조심하라'고 가르쳤다. 이는 자식의 품위와 가문의 체통을 지키기 위한 입부리・손부리・ㅈ부리(배꼽 밑 거시기)로 언행・재물・여자조심을 일컫는다. 이 가르침은 옛 어른들이 체험을 통해 얻은 값진 교훈인데, 지금도 꼭 지켜야 할 행동규범이란 생각이 든다. 과거에는 개인에 대한 평가도 중요시했지만, 가문에 더 큰 비중을 두어 일거수일투족이 부모와 가문에 직접 영향을 미치니 품위와 체통을 지키라는 훈계였다. 당시에 품위와 체통은 생명처럼 중히 여겼다.

입부리는 말을 조심하라는 경계인데, 말이 많고 경솔하면 쓸 말은 적고 값없는 말이 많아 그 말이 독이 되어 되돌아온다고 했다. 작은 이익을 위해 거짓말하는 자는 선비답지 못하다고 경멸했다. 그래서 말을 하기 전에 상대방은 이 말을 어떻게 받아들일지, 이 말이 앞으로 인간관계나 사회생활에 유익할지, 독이 될지를 생각한 다음에 말해야 후회가 없다고 가르쳤다.

말하는 것은 물동이에 담긴 물을 땅바닥에 쏟는 것과 같아서 잘못 했다고 쏟아진 물을 다시 물동이에 담아 원상으로 회복할 수 없다. 말 한마디가 나아갈 방향과 희망을 안겨주어 평생 기억되는 은덕도 되고, 비수로 꽂혀 평생 잊지 못할 원수를 만들기도 한다. 말은 세 번을 생각한 다음에 신중하게 말하되 행동은 민첩해야 한다고 가르쳤다. 지위가 높을수록 신중하고 일관성이 있어야 한다. 불리한 상황을 잠시 모면하기 위해 뱉은 말과 글이 몇 십 년이 지난 후에 인사청문회에서도 문제가 되는 경우를 본다.

손부리를 경계하라는 것은 남의 재물을 탐내지 말라는 가르침이다. 자기 것이 아닌 것을 탐내다가 도둑이 되고, 넙죽 받았다가는 대가성 있는 뇌물이나 정치자금일 수도 있어 졸지에 곤욕을 치르게 된다. 지위가 높을수록 그 파장은 더욱 크다. 뇌물을 제공하는 자들은 가장 절친한 척, 단 둘이만 아는 비밀이어서 절대로 누설되지 않는다고 안심시킨다. 그러나 사람의 마음과 이해관계는 상황에 따라 변할 수 있어 세월이 가면 적대하거나 비밀이 노출되기 마련이다. 성현들은 하늘과 땅, 너와 내가 아는데 어찌 비밀이 보장되겠느냐고 일렀다.

부모형제간이 아니면, 돈이 있어도 사정이 딱하다고 대가를 기대하지 않으면서 주는 뭉칫돈은 드물다. 대가성이 없다거나, 정치자금이라거나, 꾼 돈이라고 둘러대는데, 위기를 모면하기 위한 술수인 경우가 많다. 자기가 살기도 빠듯하고 회사가 어려운 상황에서 어떻게 대가성 없는 많은 돈을 선뜻 주겠는가? 그렇게 조건 없는 돈을 준다면, 어렵고 힘들게 사는 이웃이 많은데, 그들에게도 걸맞은 자선자금을 희사했어야 명분이 선다. 돈을 퍼주는 상대자는 권력이나 영향력에서 이용가치가 있다는 증거다. 이용가치가 없으면 시선이 마주쳐도 못 본 척 그냥 지나치는 것이 세상인심이다.

또 공금이나 회사물품을 사용(私用)으로 쓰는 것은 액수의 다소에 관계없이 모두가 도둑질이고 횡령에 해당된다. 이는 공직자로, 조직원으로, 사회인으로 공과 사를 구분하지 못하는 배임행위이다. 경리책임자가 상사에게 아부하기 위해 떳떳치 못한 일에 공금을 지출하여 부정을 방조하는 행위도 배임및 횡령에 해당한다. 고개를 곧추세우고 부정(不正)을 부정(否定)하다가, 결국엔 고개를 숙이며 시인하고 엄한 대가를 치르는 보도를 접하면 안타깝다.

또 젊은 혈기와 정의감을 과시하는 폭력행사는 많은 대가를 치른다. 전후 사정을 가리지 못하고 한쪽 말만 믿고 정의감에 불타 자기 생각이 옳다고 힘을 과시했다가 폭력전과자가 되는 경우가 있다. 힘 자랑하는 망아지는 가두어둬야 안전한 것처럼, 사리를 분별하지 못하는 젊은 혈기는 묶어둬야 한다. 철이 들고 사리분별을 할 수 있을 때 힘을 써야 유용하기 때문이다. '무력으로 잡은 권력은 무력으로 망하고, 주먹을 휘두르기 좋아하면 주먹으로 망한다.'는 말이 전해온다. 그러니 힘은 의롭게 쓰면 존경의 대상이지만, 잘못 쓰면 폭력배가 되어 명예를 잃는다.

나머지 ㅈ부리(거시기)는 배꼽 밑을 조심하라는 가르침이다. 가문과 인품이 고상하고 평판이 좋은 인사나 유능한 지도층인사가 여자문제로 직위에서 낙마하고 패가망신하여 평생 쌓은 공적을 허무는 것을 본다.

이는 동서고금이나, 인류역사가 존재하는 한 근절될 수 없는 숙제일 수 있다. 젊은이가 이성을 그리워하는 것은 자연현상이다.

그래서 어른들은 젊음을 발산할 수 없을 때, 여자문제를 해결하는 방법에 대해 옛 사례에서 예시적으로 제시했다. 조선시대에는 관기를 두었고, 2차대전시에는 종군위안부가 있었으며, 돈으로 해결하라던 이유도 불가피한 선택이 아니었을까? 이는 자제를 강조하면서 더 큰 불륜을 막기 위한 최소한의 배려였으리라. 그렇다고 이를 정당화하려는 것은 결코 아니다. 이를 자제하라고 성서나 성현의 가르침이나 법규만 들먹임은 지켜지지 않을 것을 뻔히 알면서 외치는 헛구호다. 평생 동안 갖은 고생을 하며 고위직에 오른 인사도 일시적인 감정을 억제하지 못해 부하를 성희롱하거나 성폭행하는 경우도 있고 숨겨둔 혼외자의 발각으로 추락함을 본다. 이는 평생을 노력해도 회복이 안 되는 습관성 병이고 독약이다.

이 험한 세상에서 위에 열거한 세 가지 가르침만 잘 지켜도 품위를 지키며 살 수 있으리란 생각에 어른들의 훈계에 감사하게 된다. 이 세(三) 가지 부리가 발목을 잡아 평생 쌓은 공덕을 허무는 일은 없어야겠다. 냄새나고 불명예스런 꼬리표는 평생을 따라다니며 아물지 않아 치유할 수도 회복할 수도 없는 고통을 줄 것이기에 평소부터 몸가짐을 바르게 해야 한다. 일순간의 경솔한 언행이 일생의 명예와 성패를 좌우할 수 있기 때문이다.

(계절문학 겨울호 통권 9호 250쪽 2009. 12)

취(醉)하고 싶다

나는 술을 못한다. 그래서 술 잘하는 사람이 부럽다. 술 마시고 헛소리를 하거나 비틀거리며 주정을 해도 그런 분위기에 한번 젖어 봤으면 하는 것이 솔직한 심정이다. 내가 술을 못하는 것은 유전적 체질 때문이다. 집안에 술을 좋아하는 분이 없어도 명절엔 제주(祭酒)로, 농사 때 농주(農酒)에 쓰려고 술을 담갔다.

술 마시는 분이 없어도 할머니와 어머니는 술을 잘 담가 술 맛이 좋다는 평이었다. 진외가와 외가는 술을 좋아하는 집안이었기 때문이다. 여름 장마에 밀기울로 누룩을 만들어 쑥을 깔고 띄웠다. 정부는 식량절약과 전매수입 증가를 위해 밀주를 금했지만 장마 때는 조사가 뜸했다. 말린 누룩은 헛간에 보관했다가 농주를 담갔다. 술이 익을 때 술 냄새가 진동하여 머리가 아팠다.

부글부글 괴는 술독을 열고 손가락으로 찍어 맛보면 쓰고 머리가 아픈데 사람들은 왜 술을 좋아할까 하고 생각했었다. 동네 아주머니가 술은 어릴 때부터 조금씩 마셔야 는다며 건네주는 술을 받아 마셨다가 정신을 잃은 일이 있다. 어른들은 의원을 부르고 머리맡에 모여 걱정하셨는데 한나절이 지나서야 깨어났다고 한다. 술은 집안 내력처럼 내 체질에도 맞지 않았나 보다.

술은 직장생활에서 큰 난제였다. 회식에서 한잔도 못하니 어울리기가 힘들었다. 처음에는 조금씩 마시면 적응될까 해서 마셔 봐도 전혀 효험이 없었다. 사회통념상, 어른이 주는 술은 받아서 단숨에 마시고 준 사람에게 권하는 것이 예의다. 술을 다 마셨는지 짓궂게 말을 시켜 확인할 때도 있었다. 술은 40도가 넘는 독한 증류주가 보통이었는데 여간 큰 고역이 아니었다. 특히 처음 만난 상사나 선배들이 권하는 잔을 받지 않으면 무례하다고 오해하고 분위기에 휩쓸리지 못하니 난처했다. 한 잔을 받아 여러 번으로 나누어 마시는 척하다가 준비한 빈 그릇에 비우거나 입에 든 술을 수건으로 받아 내기도 했다. 그런데도 얼굴이 빨개지고 혈압이 올라 회식자리에 앉아 있을 수가 없었다. 그럴 때면 엉뚱하게도 옆에 앉은 아가씨가 대신 처리하느라 고생한 적이 많다.

한번은 오기로 술을 한 잔 했다가 머리가 아프고 가슴이 답답하며 두드러기가 나서 마신 술을 다 토한 후에야 조금 진정되었다. 몸을 가누지 못해 회식이 끝날 때까지 내실에 누워 있어야 했다. 선천적으로 술을 분해하는 효소가 없기 때문이었다. 그런 후에야 체질적으로 술을 못한다는 사정을 조금은 이해해 줬다. '술이 있어 살맛이 난다'는 친구도 많지만 누가 술을 만들어 이렇게 골탕을 먹이는지 원망스러웠다. 그러나 탄산음료는 가스가 차서 사양했다. 그래서 업무는 인정을 받도록 더 노력했다. 음주는 강제가 아니라 알맞게 마시고 즐기는 음주문화가 정착해야겠다고 갈망했다.

술자리에서는 부서나 상사에 대한 불평・정치・경제・사회・가정사와 술, 지난 호사에 관한 것까지 안줏감이 다양하고 푸짐했다. 술은 못해도 이야기를 거들려면 상식이 풍부해야 했고, 술을 마시지 않은 멀쩡한 정신으로 취한 척 떠들려니 힘들었다. 술 마시는 일 빼고는 무엇은 못하랴 싶어 시간 나는 대로 술에 관한 자료를 수집했다. 내용은 막걸리에서 청주・특산주, 포도주와 위스키, 발효주와 증류주, 술의 원료와 제조과정까지…. 술에 관한 한 애주가보다 축적한 지식을 유감없이 발휘하여 주위를 놀라게 했다. 그 결과 나는 술을 말(言語)로 마시고, 상대는 작은 잔(盞)으로 홀짝홀짝 마시니 내가 훨씬 대주가(大酒家)가 되었다.

사람이 술에 취하면 다음엔 술이 사람을 마시게 된다. 의식은 점점 몽롱해지고 가슴속 깊이 묻어뒀던 불만까지 토로하니 그 사람의 진면목이 나타났다. 몸을 가누지 못하다가 잠이 들고, 다음날 술이 깨도 필름이 끊겨 지난 일을 기억하지 못했다. 예로부터 어른들은 이런 술의 특성을 이용해 사람을 떠봤다. 술을 못하니 뒤처리는 내 몫인 때가 많았으나, 그런 주사(酒邪)까지도 부러웠다. 일상생활에서 벗어나 변화를 주고 싶었고, 그러면 가족들이 어떻게 대할까 궁금했으며, 한번쯤 시중을 받고 싶어서다.

한번은 피할 수 없는 자리여서 맥주를 조금 마시고 늦은 시간에 돌아와 차를 보내고 엘리베이터를 탔다. 눈을 떠보니 7이란 빨간 불빛만 보이는 어두컴컴한 좁은 바닥에 주저앉아 있었다. 생각해보니

차에서 내려 엘리베이터 7층 버튼을 누른 것까지는 기억하는데 그 이상은 기억이 없는 것으로 보아 잠깐 정신을 잃고 주저앉은 듯했다. '이 꼴을 누가 봤으면 어쩌나!' 하고 정신이 번쩍 들었다. 집에 들어와 아내에게 말하니 "누가 보고 동네에 소문내면 무슨 창피에요, 앞으로는 절대로 술을 들지 마세요." 하고 신신 당부했다.

근무하면서 술을 못한다고 늘 불리한 것만은 아니었다. 항상 행동거지가 신중하고 허튼 소리를 하지 않으니 공사간 신뢰를 받았다. 때로는 술을 못해 사회성이 약하다고 걱정했는데 성실성과 책임감이 높이 평가되어 장점으로 고려된 경우도 있다. 그래서 매사는 음양이 있게 마련이라 자위했다.

주위에서는 '술 담배를 안 하니 깐깐하고 저축을 많이 했겠다.'는 농담도 하지만 천만의 말씀이다. 술을 못한다고 그만큼 저축했으리란 추측은 더욱 빗나간 산술이다. 비싼 술을 안 했다고 회식비를 탕감해 주는 것도 아니고, 오히려 고급술을 마셨을 때는 마시지 않은 술값도 똑같이 냈으니 손해를 봤다고 할까. 친구들은 술값보다 안주값이 더 비싸니 내가 실속이 있다는 농담도 한다. 위를 녹이는 독약을 덜 마셔 건강하니 다행이라고 위안을 삼는다.

내가 비록 술과 담배를 못할망정 필요하다고 생각한다. 초면의 어색한 분위기에서 담배를 권하며 대화를 트고, 술을 나누면서 친밀해지는 자연스런 분위기가 좋아서다. 술을 마시면 정신이 조금 이완되어 긴장이 풀리고 친근감이 생기니 대화가 쉽고 부드럽게 풀릴 수 있다. 술은 분위기로 마시고 적당히 취하면 기분이 전환된다. 헤어지면서 다음에 한 잔 하자는 말이 부담 없이 오가는데 꼭 한 잔을 하겠다는 다짐이 아니라 친근감의 표시이다.

그런데도 나는 술이라면 뒤로 물러서니 처세면에서 낙제생임을 고백하지 않을 수 없다. 내가 술을 잘했으면 좀 더 사교적이어서 지금보다 많은 친구가 있지 않았을까. 거북한 얘기는 술을 핑계 삼아 진심을 떠보고, 안 되는 일은 술잔에 담아 전할 수도 있었을 테니까. 아들에게 술은 분위기를 맞출 만큼 마시는 게 필요하다고 했다.

제사와 차례를 지내고 내가 드는 음복(飮福)은 술이 아니라 과일이다. 어쩌다가 술은 맛만 본다. 형제와 조카까지 10여명이 모이지만 술로 음복하는 사람은 두어 명에 불과하여 술이 그대로 남는다. 음복은 제사를 지내고 조상과 음식을 나누며 동질감을 느끼게 하는 좋은 풍습이다. 신과 사람, 조상과 후손이 음식을 통해 교감하여 하나가 되는 공동체의식이 형성되기 때문이다. 술은 오랫동안 인류와 함께하면서 제사나 잔치, 사교에 빠지는 일이 없다. 이는 술이 과하지 않으면, 융화와 단결에 윤활유나 아교 같은 촉매제역할을 하여 생활의 활력소가 된다는 반증이다.

오늘이라도 한 번쯤 술을 실컷 마시고 취하는 호사를 부리고 싶다. 몸은 마음을 따른다는데, 내 몸은 마음과 달리 사양하며 멀리 도망가니 그럴 기회는 언제 잡을 수 있을지….

(창작수필 62호 90쪽 2006. 12)

눈꽃처럼 복(福)이 쌓였으면

새벽에 일어나 거실로 나갔다. 눈이 오겠다던 어제 저녁 예보를 생각하며 밖을 내다보니 아파트단지의 정원수와 승용차 위에 하얀 눈이 소복이 쌓였다. 창가로 다가가 보니 길 위에 내린 눈은 다 녹아 아스팔트길이 까맣게 보이고 가끔 택시가 굉음(轟音)을 내며 질주한다. 어둠과 하얀 눈꽃은 대비된 색조(色調)로 오히려 산뜻하기까지 하다.

눈이 그치고 어둠이 깃든 하늘에는 별이 총총히 빛나고 날씨마저 포근하고 바람 없이 잔잔하다. 길 위에는 눈이 녹아 고인 물이 가로등 불빛에 반짝였다. 주위가 깨끗하고 매우 평화로운 새벽이다. 밖은 이미 환하게 밝아왔다. 동녘에는 불그레한 햇살이 비춘다. 집을 나서니, 골목과 길가의 지저분하던 것들이 하얀 눈으로 깨끗하게 분장하여 기분이 상쾌했다. 잎이 떨어져 앙상하던 가로수는 통통하게 살이 쪄 소담하고 넉넉하다. 앞산의 소나무와 잡목에도 흰 눈꽃이 활짝 피어 아름답다. 온 세상이 흰 뭉게구름을 쓴 선계처럼 깨끗하다. 흰 옷을 받쳐 입은 신선들이 나와 손을 잡고 합창에 맞춰 흥겨운 춤을 출 듯하다. 내 마음까지 깨끗하고 여유롭다.

돌아보면, 어렸을 때 동네 친구 여럿이 모여 눈을 맞으며 편을 가려 눈싸움을 하였다. 옷이 젖는 것도 잊은 채 즐거워했고, 눈이 조금 녹으면 눈을 굴려 눈사람을 만들었다. 눈사람은 솔가지와 솔방울로 눈과 코, 입과 수염을 만들고 헌 밀짚모자를 씌우고 헌 옷을 입혔다. 싫증이 나면 무논 얼음 위에 덮인 눈을 치우고 썰매를 타다가 물에 빠져 젖은 바지를 양지쪽에서 말려 입고 집에 간 적도 있다. 지금보다 훨씬 추워 영하20도를 넘나드는 추위를 견딜 방한복이나 장갑이 없었는데도 추운 줄 모르고 뛰 놀았다.

눈이 많이 쌓여 무릎까지 빠지며 학교에 간 적도 있고, 눈으로 길이 막혀 집에서 고구마와 밤을 구워 먹으며 하루를 보내기도 했다. 눈은 지금보다 훨씬 자주 오고, 많이 쌓여 살을 에는 눈바람이 품속에 매섭게 파고들어 몸이 아렸고, 추위를 참느라 힘을 주니 뼈마디가 아프던 기억이 생생하다. 손등이 터서 아리면 처마 끝에 매달아 두었던 쇠기름을 화롯불에 녹여 상처에 발랐다. 처음에는 부드럽다가 식으면 기름이 때가 되어 효과가 없었다. 귓불은 동상에 걸려 가렵고 진물이 나다가 봄이 되어야 가라앉았다.

눈이 많이 내려 산간 마을을 고립시키고, 눈이 녹으면서 도로엔 빙판을 이루어 사고를 낼 때도 있다. 쌓인 눈의 무게를 이기지 못해 나뭇가지가 부러지고 집이 무너지는 피해를 입기도 했다.

60년 선달그믐께 최전방 소백암산 관측소에 근무할 때였다. 별빛이 눈(雪)에 반사되어 희부연 하고 가끔 울부짖는 산짐승의 울음소리에 소름이 끼쳐 더욱 춥고 을씨년스러웠다. 잠이 들려는데 '따 딱~' 하고 적막을 깨는 괴성에 놀라 "귀신인가? 아니면 무장괴한이 나타난 것인가?" 하고 긴장되어 실탄이 장전된 M2 칼빈소총의 자물쇠를 풀고 대기했다. 그 다음엔 아무런 기척이 없이 조용했다.

그렇게 밤을 지새우고 아침에 주위를 순찰하니 언 소나무가지가 쌓인 눈의 무게를 이기지 못하여 부러지는 소리였다. 관측소가 있는 고지(高地)는 동화처럼 백설의 나라로 변했고, 내려다보이는 북한강 골짜기는 파로호에서 산 중턱까지 피어 오른 안개구름 속에 떠다니는 듯 했다. 이는 북한강변 고지에서만 보고 느낄 수 있는 한 폭의 동양화였다.

눈이 오면 전방 군부대에서는 보급로를 지키려고 밤새도록 조를 편성하여 교대로 제설작업을 했다. 주부식품을 비롯한 일일 보급품의 간단없는 조달을 위해서였다. 고향에 있을 때는 눈이 오면 여유롭게 설경을 감상하고 뛰놀며 좋아했는데, 밤낮없이 계속되는 제설작업은 설경을 감상할 낭만적 여유는커녕 추위를 참아가며 뜬눈으로 작업해야 하는 고역이었다. 처지에 따라 눈(雪)에 대한 감상도 완전히 상반되었다. 지금도 화천북방 대성산과 수피령일대에 그렇게 많은 눈이 쌓이는지 모르지만 영하 20, 30도를 오르내리는 혹독한 추위와 1미터가 넘는 적설로 고생한 적이 많았다.

64년 12월 19일 외교 구락부에서 결혼식을 마치고 서둘러 장항선

기차를 타고 온양관광호텔로 신혼여행을 떠났다. 신혼여행이라야 고향 가는 길에 호텔에서 하루를 묵고 다음 날 아침에 당진행 시외버스를 타기로 한 계획이었다. 장항행기차의 차창밖에는 눈발이 거센 바람을 타고 엇비슷한 각도로 꽂히기 시작했다. 온양에 도착했을 때, 바람은 자고 눈발은 더욱 거세졌다. 눈은 하늘에서 빙빙 돌다가 땅위로 사뿐히 내려 쌓였다. 아침에 일어나니 밤새도록 내린 눈은 잔치를 위해 준비한 흰 떡가루처럼 소복이 쌓여 아침 햇살에 반짝였다. "혼인 날 저녁에 눈이 내려 신행발자국을 덮으면 복을 받는다."는 말이 생각나 기분이 좋았다. 그래서 호텔 앞 정원에서 설경을 배경으로 기념사진을 찍고 출발한 기억이 새롭다. 몇 십 년이 흘렀지만 아름다운 추억이 담긴 사진을 걸어놓고 매일 보며 행복을 다진다.

물은 신이 자연에게 주는 선물이다. 생명체에 수분을 공급하여 생명을 유지하게 한다. 기온이 떨어지면 얼음이 되었다가 녹은 물이 증발하여 적당한 공기습도를 유지하고, 비나 눈으로 내리는 순환과정을 밟는다. 내린 눈은 초목의 뿌리와 눈(芽)을 덮어 그 보온의 덕으로 강추위를 이겨 얼어 죽지 않고 생명을 유지하게 하며, 사람들의 언 마음을 잠시나마 선하고 푸근하게 녹여준다. 그래서 눈은 천사나 선녀처럼 선하고 아름답게 느껴진다.

눈이 많이 내려 피해를 입지 않는 한, 눈을 보면 동심으로 돌아간다. "언 마음을 눈꽃으로 녹이고 각박한 인심이 풍요로워지면 얼마나 좋을까?" 하고 생각해 본다. 크고 작은 것, 착하고 악한 것, 정갈하고 더러운 것을 가리지 않고 포용하여 깨끗한 은백의 세계를 이루니 더욱 평화롭다.

그러나 눈과 비는 선하고 낭만적인 면만 있는 것이 아니다. 인간이 자연을 깔보고 오만할 때는 설화(雪禍)로 인간을 징계하거나, 홍수로 모든 것을 흔적도 없이 쓸어가니 자연에 겸손해야 됨을 배우게 된다. 위기를 겪을 때마다 갖는 대책은 면피성에 그치지 말고 시간과 예산이 들더라도 근본적인 대책으로 피해를 줄이면서 자연과 공존할 수 있게 해야 한다.

등반가가 눈보라 속에서 가쁜 숨을 몰아쉬며 한 발자국씩 험한 빙벽을 올라 목적한 빙산을 어렵게 정복하듯, 아름다운 꿈을 품고 하나하나 실천하며 살아가면 그것이 곧 눈꽃처럼 복이 쌓이고 행복을 가꾸며 사는 삶이 아닐까? 가진 것이 조금은 부족하고 불편해도, 마음은 쌓인 눈처럼 풍요로워 서로 믿고 웃으며 행복하게 살 수 있을 테니까….

(계간 한국수필가 겨울호 184쪽 2005. 12)

악수(握手)에 대하여

새해 신년교례회에서 친구들과 다정하게 악수하며 덕담을 나눴다. 몸 건강하고, 가정이 평안하며, 하는 일이 뜻대로 잘 되라고…. 지금 가장 큰 관심은 건강이어서다. 일상생활에서 서로 알건 모르는 사이건 만나서 악수하는 경우가 많다. 일상 하는 악수에도 예절과 금기 사항이 있다.

악수는 두 사람이 서로 오른 손을 맞잡고, 반기며 맞잡은 손을 위아래로 가볍게 흔드는 의식적인 행위이다. 대개는 만날 때, 헤어질 때, 감사·축하할 때, 화해하거나 합의를 이끌어 냈을 때 악수를 한다. 악수는 서양에서 상대에게 위해(危害)할 의사가 없고, 무기가 없다고 표시하는 행위로 시작되었다고 한다. 우리나라에는 19세기 후반 한말개화기에 서양문물이 들어오면서 보편화된 것으로 보인다.

우리가 일상 하는 악수에도 예의가 있다. 악수는 상대와 눈을 맞추면서 손을 잡고 미소를 지으며 가볍게 2, 3회 상하로 흔든다. 어른에게 악수를 한다고 고개를 깊게 숙여 절을 하는 자세의 악수는 비굴하게 보이니 옳지 않다. 어디까지나 당당하고 믿음직스럽게 해야 한다. 모임의 주최자가 악수를 하면서 먼저 지나간 사람과 계속 담소하거나 딴 사람을 보며 건성으로 악수하는 광경을 가끔 보는데, 이는 굉장히 큰 결례다. 당사자는 자기에 대한 관심이 없고 비중이 낮은 것으로 오해하게 되고, 이런 결례로 인해 영 결별하는 사태까지 가는 경우도 있다.

악수는 친밀감을 나타내는 스킨십이다. 악수는 누가 먼저 청해야 할까? 나이가 많은 어른이 나이가 적은 사람에게, 지위가 높은 상관이 부하에게, 여자가 남자에게, 기혼자가 미혼자에게, 선배가 후배에게 청하는 것이 일반적이다. 이를 지키지 않으면 무례하다고 질책을 받기 십상이다.

그런데 악수에서 범하기 쉬운 결례는 어른의 손을 두 손으로 감아 잡거나, 손을 너무 오랫동안 세게 꼭 잡거나, 손을 요란하게 흔들거나, 허리를 너무 굽혀 굴종을 표시하거나, 손끝만 내밀거나, 손끝만 잡는 악수도 예의에 벗어난다. 손에 땀이 많이 나는 사람은 악수할 때 손수건으로 땀을 닦고, 또 손이 찬 사람은 손을 따뜻하게 하여 상대방의 기분이 나쁘지 않게 배려해야 한다. 악수를 하다보면 깜짝 놀랄 정도로 손이 찬 사람도 있다. 오른 손에 물건을 들었을 때는 왼 손으로 옮겨 잡고 오른 손으로 악수하는 게 예의다. 여자는 장갑을 껴도 무방하지만 남자는 장갑을 벗어야 한다. 악수는 곧은 자세로 상대방의 눈을 보며 손을 내밀어 가볍게 흔들며 미소로 친밀감을 표시하면서 간단히 인사를 하는 것이 좋다. 뒤에 사람이 기다리고 있는데 그다지 중요하지도 않은 말을 길게 하는 것은 큰 결례이다.

악수는 친밀감을 더하는 방법이어야 한다.

악수를 가장 잘 활용하는 자들은 정치인일 게다. 악수는 스킨십으로 친밀감을 더해 주기 때문이다. 그들은 만나는 사람마다 악수를 하여 하루에도 몇 천 번 악수를 하는데 정적이나 짓궂은 이는 일부러 손을 꽉 잡아 손이 얼얼할 때도 많다고 한다. 그러면 손이 붓고 신경이 마비되어 파스를 붙이는 경우까지 있다고 한다. 또 연예인들도 자기 팬들과 악수로 친밀감과 동류의식을 교감한다. 단 몇 초의 짧은 시간에 감성이 얼마나 교감할지 모르지만 효과가 있는 것만은 확실한 듯싶다.

우리 육사동기생들은 1960년 3월 22일 저녁에 우리의 졸업 및 임관을 축하하기 위해 육사를 방문했던 이승만대통령과 미리 임관축하 악수를 했다. 3·15부정선거로 시국이 시끄러워 3월 23일 졸업식에 참석할 수 없었기에 생도들의 임관을 축하하기 위해 노구를 이끌고 야간에 방문했었다. 남북통일 자유민주주의를 주장한 이승만 대통령은 사관학교 졸업/임관식에 참석치 않은 적이 없었다. 노(老) 대통령의 자애로운 손이 보드랍고 따스했던 기억이 아직도 생생하다.

친구나 우군뿐만 아니고 정적이나 적군과도 악수를 한다. 악수하며 상대의 악력(握力)을 통해 건강을 판단하고 친밀도나 회담성과를 예측할 수도 있다고 한다. 그런데 이런 악수는 사진을 찍는 하나의 통과의례일 뿐 큰 의미는 없는 경우가 대부분이다. 한 번 악수를 한다고 쌓인 적개심이 친근감으로 돌변해 화해하고, 서로 상반되는 이익이 협력증진으로 전환될 수 없기 때문이다. 화해할 수 없는 적이

속으로 비수를 감추고 웃는 표정으로 악수한다고 해서 적개심이 사그라지고 우정이 샘솟듯 분출하지 않으니 전혀 도움이 되지 않는다. 상대의 주의를 경감시키려는 속내가 있을 뿐이다.

상반되는 의견이나 정책을 표방하는 상대가 손을 내밀어도 악수를 거절하는 경우도 있다. 이는 홍보용 사진으로 남기려는 가식적인 악수를 거부하는 솔직한 행위다. 어떤 이는 대통령이나 인기연예인과 한 악수가 큰 영광이라고 오래 보존하기 위해 손에 붕대를 감고 씻지 않는 이도 있다.

악수는 친구 · 친지 · 상관 · 선후배 · 이성 간에 스킨십을 통하여 친밀감을 표시하고 의기투합하는 계기로 삼는 의식적(儀式的) 행위다. 이런 악수도 상대의 심리와 여건을 고려하여 가급적 좋은 인상을 주도록 하되, 간결하고 핵심적이어서 기억될 인사를 나누는 것이 좋다. 그래서 어떻게 하면 친근하고 기억에 남는 악수를 할지 숙고하며 악수에 대해 깊이 생각하게 한다. 악수는 가장 저렴하면서 가장 큰 성과를 기대할 수 있는 친밀감과 스킨십의 섭외력이기 때문이다.

(창작수필 84호 77쪽 2012. 6)

사랑하는 손녀 손자에게 · Ⅲ

- 학교는 수련의 도장이고 사회는 활동무대다

초 · 중 · 고교는 국민생활에 필요한 지식을 습득하며, 대학은 전공분야를 배워 그것이 곧 사회에서 활용할 양식이 된다. 좋은 음식이 영양가 있고 몸에 좋은 것처럼, 좋은 학교는 우수한 교수와 학생이 모이고 질 높은 강의와 토론을 통해 실력을 쌓아 이들이 사회에서 성공하는 비율이 높으니 좋은 학교를 선호하게 된다. 그런 학력이 일생 동안 꼬리표처럼 붙어 다니면서 일차적 평가요소로 활용된다.

초등학교에서 고등학교까지는 일반국민생활에 필요한 기초과정에 중점을 두나, 대학은 전공을 깊이 배우며 실기를 실습하는 도장이다. 대학원은 대학에서 배운 전공분야를 더 좁고 깊게 공부하여 석사·박사학위를 받는데, 학문은 세월보다 더 빨리 발전하여 열심히 공부하지 않으면 현상을 유지하기도 어렵다. 그래서 박사도 노력을 하지 않으면 석사나 박사학위를 받은 시점부터 그 분야에서 뒤지게 된다.

세상을 살아가는 데는 학벌뿐 아니라 인간관계가 그물망보다도 더 복잡하게 형성됨으로 이 중에 조화로운 처신이 요망된다. 이 관계를 연고(緣故)라 하는데 출신지역을 따지는 지연(地緣)・같은 씨족여부를 따지는 혈연(血緣)・동창관계를 따지는 학연(學緣)・같은 종교인가를 따지는 종교연・함께 근무한 적이 있는지 여부를 따지는 근무연 등이 직접 간접으로 많은 영향을 미친다. 연(緣)에 대한 과도한 의존과 기대도 금물이지만, 자력으로 모든 문제를 해결하겠다고 무시하면 거만하다거나 선배도 몰라본다는 등 비난을 받아 예기치 않은 손해를 볼 수도 있다. 그러나 사람을 많이 알고 그들 모두가 나에게 좋은 감정을 갖는 우군으로 만드는 것이 무엇보다 큰 자산이 된다. 스승이나 선후배를 막론하고 옷깃이 스친 가까운 사람부터 내 지지자로 만들어야 한다. 이렇게 하기위해 우선 겸손하고 인사를 잘 해 호감이 있고, 가끔 개인사나 정담도 나누며 그들에게 도움이 되는 사람이란 깊은 인상을 심어 줘야 한다.

확고한 주관과 맡은 분야에서 독보적인 실력을 갖추고, 조직에서 필요한 인물이면 누가 감히 무시할 것인가? 그러나 이 세상은 천사의 마음을 가진 사람만으로 구성된 사회가 아니다. 사람이 사는 세상에는 질투・시기・모략・아첨이 혼재하는 혼탁한 세상이다. 실제로 친하고 가까웠던 사람이 헐뜯고 질투하고 모략하여 큰 손해를 보는 경우를 본다. 그래서 사람은 가려서 사귀어야 하고 아무에게나 속마음을 주면 필경 그것이 독화살로 되돌아와 손해를 볼 수도 있다. 속담에 '열길 물 속은 알아도 한 길 사람 속은 모른다.'고 했다. 믿고 한 말이 나중엔 예기치 못한 부메랑이나 비수로 되돌아와 화를 입을 수도 있기 때문이다. 옛 어른들이 오죽했으면 일생에 진정한 친구 한 사람만이라도 얻으면 성공했다고 하였겠느냐? 나에게 돈과 재능과 권력이 있을 때는 가장 절친한 척, 나를 위해 모든 걸 희생할 듯 접근하지만, 더 이상 이용가치가 없다고 느끼면 빤히 보고도 인사하지 않고 외면하는 것이 세상인심이다. 이는 선후배・남녀노소를 가리지 않는다. 사회생활에 필요한 지침을 몇 가지 말하려고 한다.

신의와 사랑이다. 먼저 말한 것처럼 살아가는데 인간관계의 기본은 신의(신뢰)와 사랑(용서)이니 이 바탕에 사람을 사귀고 성실해야 성공할 수 있다. 그래야 상대도 나를 믿고 포용하기 때문이다.

실력이 가장 큰 자산이다. '아는 것이 힘'이라고 한다. 알지 못하면 일을 처리할 아이디어도 방법도 없다. 새로운 지식을 섭취하여 영양이 되게 해야 한다. 실력이 뛰어나면 누가 무시하며 가는 길에 장애가 있겠느냐. 그래도 오만은 금물이다. 혹시 실패를 해도 그 원인을 규명하여 다시는 실수를 범하지 않을 자산으로 삼아야 하고 낙망하거나 비굴하지 말아야 한다. 실패책임을 남에게 돌리지 마라.

항상 겸손한 자세를 가져야 한다. 겸손은 상대의 벽을 허물어 지지자로 만들고, 실력은 신뢰와 교유의 필요성을 주는 특효약이지만, 오만은 상대를 적으로 만드는 불화의 씨가 된다. 그래서 자세는 비굴이 아닌 당당하면서 겸손하고, 상대를 인정 배려해야 한다.

모르면 묻고 배워라. 몰라서 묻는 것은 창피한 일이 아니고 당연하나, 모르면서 아는 척하는 것은 결국 탄로가 날 것이니 큰 화의 씨가 된다. 전공뿐 아니라 외국어도 2개쯤은 자유자재로 구사해야 한다. 이제 세계는 지구촌이라 하니 자기의사를 요약해서 논리적으로 상대방에게 설명하고 설득시켜야 한다. 그래서 외국어의 자유로운 구사는 필수다. 이를 위해 심도 있는 연구・요약과 브리핑요령・상대의 설득력・조직관리 능력 등은 학식과 함께 연구하고 숙달할 과제다.

맡은 일은 철저히 해결하되 공(功)은 나뿐만 아니라 조직과 상사에게 돌아가게 해야 한다. 모든 성과를 내 공으로만 돌리면 이기적인 소인배로 치부되어 결국 아무 것도 얻지 못한다. '작은 것을 탐내어 큰 것을 잃는다 小貪大失 소탐대실'을 음미하고, '이보전진을 위한 일보후퇴 二步前進 一步後退'라는 말처럼 지금 작은 것을 양보하고 희생하는 것은 다음에 더 큰 것을 얻기 위한 전략이다. 성공할수록 겸손해야 한다.

일이 어렵다고 도중에 포기함은 자살행위이니 그럴수록 칠전팔기(七顚八起=四顚五起)의 끈기와 오뚝이정신을 발휘하라. 세상에 어려움이 없는 일은 없으니 극복하는 과정이 성공으로 가는 과정이라 할 수 있다. 산을 오르다가 어렵다고 중도에서 포기하면 어려울 때마다 포기하고 싶은 강한 유혹을 받고 습관이 생겨 성공하지 못할 수도 있어 그런 사람에게는 중책을 맡기지 않는다.

지금보다 더 잘할 수 있는 진취적인 방법을 모색하라. 그러기 위해 연구하고 노력하고 다른 사례를 내 경험으로 활용하여야 한다. 지금까지 해온 방법만을 고집하면 남의 뒤를 따라갈 뿐 발전이 없다. 작은 실수를 감수하더라도 심사숙고하여 새로운 방법으로 과감하게 도전해야 발전이 있다.

고전과 자서전, 사례연구를 통해 남의 경험에서 지혜를 배워 최대한 내 것으로 활용하라. 사람의 수명은 유한하고, 그 짧은 기간에 많은 것을 배워서 실수 없이 하는 것은 거의 불가능하다. 그래서 남의 경험· 성공과 실패의 원인을 배워 내 것으로 하면 그 배움은 곧 7, 80년 인생 또는 그 이상 여러 사람의 일생을 더 사는 귀중한 자산이 되어 실수를 최소화하는 성공의 길이 된다.

인간답게 살려면 돈이 필요하다. 돈은 생명을 구하고 유지하는 생명수도 되고, 때로는 생명을 앗아가는 독도 된다는 사실을 명심해야 한다. 주위에는 나를 유혹하여 몇 십 · 몇 백배의 이익을 취하려는 흡혈귀같은 무리가 있다. 떳떳하지 못한 돈은 내 것이 아니니 항상 성실하게 일하며 가족과 주변을 깨끗이 해야 한다. 유명인사도 하루아침에 돈 때문에 추락한 사람이 많다. 남에게 가급적이면 베풀고 인색하지 마라. 가급적이면 전문직배우자를 택하라. 성공한 사람들을 보면 부인이 교사, 약사, 의사, 변호사 등 전문직으로 안정된 수입과 여유가 있는 자들이다. 사람들의 친밀한 유대는 생활의 윤활유라 할 수 있다.

능력 있는 배우자를 얻고 좋은 친구를 사귀어라. 가정에는 아내(남편)가, 일에는 친구가 필요하다. 도움이 될 수 있는 아내·남편·친구를 얻어야 한다. 그러기 위해서는 내가 먼저 좋은 아내·남편·친구감이 되어야 한다. 좋은 사람에게 좋은 친구가 모인다. 유능한 자에게 유능한 자들이 몰린다는 사실을 명심하라.

모든 게 마음에 달렸다. 마음가짐에 따라 의욕도 생기고 좌절도 생긴다. 희망은 활력을 주나, 좌절은 무능으로 이끈다. 항상 잘 될 수 있다는 확신과 그를 위해 정진하라. 마음먹기에 따라 같은 사안이라도 즐거울 수도 고통스러울 수도 있다. 보는 관점에 따라 좋게도 보이고 나쁘게도 보이며 전혀 다른 모양이 될 수도 있다. 부부가 힘을 합하면 두 사람의 지혜를 모으니 더욱 자신감 있고 성공할 확률이 훨씬 높아진다. 기왕 해야 할 일이라면 웃으며 즐겁게 해야 일이 잘 풀린다.

흙속에 묻힌 보석은 알아주지 않는다. 아무리 똑똑하여 새로운 아이디어를 갖고 있는 능력자라해도 그 실체를 밖으로 내놓아 실증하지 않으면 무슨 생각을 하고, 무엇을 하고 있는지 알지 못한다. 그래서 자기의 실력을 알리기에 게을리 해서는 안 된다. 지금은 자기 홍보시대라고 말한다. 거기에는 보안문제도 있어 자기의 아이디어를 딴 사람이 가로챌 위험이 있으니 조치를 한 후에 발표해라.

마지막으로 덕을 베풀며 살고 원수를 만들지 마라. 경제적인 여유가 없으면 말로라도 위로와 격려, 방향제시로 갈 길을 밝혀주고, 악행은 작은 것이라도 하지마라. 원수를 만들지 마라.

사랑하는 승연(丞延)·서연(瑞延)·중호(仲鎬)·승호(丞鎬)야! 너희들이 자라면서 초등학교·중·고등학교·대학·대학원과 사회생활에서 어떻게 처신해야 할지 간략하게 몇 가지 교훈을 썼는데 조금이라도 참고가 되었으면 좋겠다. 글의 표현만 읽지 말고, 행간(行間)의 의미를 읽고 이해하기 바란다.

너희는 부모의 후광이나 재력으로 원하는 직장에 들어가지 못하니 목적을 달성하는 방법은 다른 사람보다 성실하고 더 열심히 노력하여 실력을 키우고 주위 사람들로부터 좋은 평가를 받는 일밖에 없다.

항상 너희들의 성공을 기원하며 인도할 것이다. 너희도 어떻게 하면 실력이 늘고 다른 사람의 지지를 받고 목표를 완수할 수 있을지 연구하여 확고한 계획을 밀고 나가야 성공한다. 누구나 성공을 원하지만, 성공하기 위한 노력과 고통은 피하려 하여 성공 못하는 경우가 많다. '공부하라'는 누구를 위한 담금질일까? 노력 끝에 달콤한 성공결과로 그간의 고생이 말끔하게 치유됨을 경험했기에, 또 '너희'를 위해 즐겁게 도전하라고 말한다.

(2006. 12)

그런 것 같아요

요즘, 일상생활에서 튀어 나오는 말을 듣다 보면 '…같아요'라는 말을 너무 자주 사용하여 그렇게 말하는 사람들에 대한 신뢰가 무너질 때가 의외로 많다. 복잡한 이해관계가 얽혀서인지, 주관이 없어서인지 모를 일이다. 말이란 생각과 감정을 전달하는 수단인데 이를 명확히 하지 않으면 의중을 정확히 알 수 없어 혼란이 온다.

단풍이 곱게 물든 내설악풍광이 어떤지 감상을 묻는 질문에 관광객은 "집에만 있다가 오랜만에 나와 곱게 물든 단풍을 보니 기분이 좋은 것 같아요." 하는 게 아닌가? '같다는 추측이나 불확실한 단정을 나타내는 말'인데 단풍에 대해 느낀 주관적인 감정이 없다는 말인지, 모른다는 말인지 감상은 어느 쪽인지 애매하여 어느 쪽인지 판단하지 못해 헷갈린다.

국문학자가 아니어도 이런 표현이 감정의 호·불호에 대한 확답이 없어 잘못되었다는 것을 알 수 있다. 우리의 일상 언어생활은 내면의 생각과 행동을 제약하고 표현하는 수단이기 때문이다. 이런 현상이 왜 일어날까?

우리 역사에 비춰 흐름을 추정해 본다. 우리는 조선왕조의 사색당파, 일제의 식민통치와 광복, 대한민국정부수립과 좌우익대립, 북한의 6·25남침전쟁과 군사정부를 거치면서 주위사람들에게도 운명을 같이 하는 우군과 반대되는 적으로 분리할 필요성이 생겨 생각과 말·행동이 2분법에 자연스레 익숙해졌다고 생각한다.

그래서 광복 후에 독립운동가와 동조자, 일제의 앞잡이로 구분하여 숙청과 포상을 했고, 자유민주주의의 이념 하에 건국한 대한민국에 공산주의 북한이 소련을 업고 6·25남침전쟁을 일으켜 이웃들까지 우군과 적으로 2분되었다. 전쟁과 그 후의 과정에서 적과 동조세력을 색출하여 제거하는 잔혹한 시대를 살아왔다.

전쟁 중에 전선과 점령군이 남과 북으로 자주 바뀌고, 정권이 자유민주주의와 친 공산주의로 바뀜에 따라서, 대패질에 대팻밥이 떨어지듯, 좌·우파의 집권에 따라 지지 동조자들 중에 희생자들이 많이 생겨 자기의사의 명확한 표현을 유보하는 것이 생명과 재산을 보존하는 수단과 방법이 되었다. 이로 인해 이념갈등의 골은 아직까지도 메우지 못하고 매우 깊다. 이 와중에 사상의 자유가 헌법에 보장되었음에도 좌·우의 명확한 구분을 위해 한쪽에 가입 내지 지지는 장래의 출세에 악재가 될 수 있어 의사의 명확한 표현을 삼가는 것이 최상이라는 사실을 터득하게 되지 않았나 생각된다.

이런 어정쩡한 처신을 두고 어른들은 젊은이들이 소신이 없다고 질책하기도 한다. 그러나 젊은이들을 이렇게 만든 장본인은 6·25남침전쟁과 이념갈등을 빚은 기성세대가 기회주의자로 살아 젊은이들이 이를 본받았기 때문이라면 비약일까? 어쨌든 그 근원적 책임이 기성세대에 있는 것만은 부인하지 못 한다.

청소년·학생들은 확고한 주관이 없으니 달콤한 유혹이나 그럴듯한 논리에 이쪽저쪽에 휘둘리기 십상이다. 모든 생각과 판단 그리고 행동은 현실에 근거한다. 이는 청소년·학생들의 생각과 판단이 확실하지 못하고 모호하다는 뜻이 된다. 이렇게 되면, 우리나라를 짊어지고 나아갈 젊은이들이 결정적인 시기에 불확실한 상황을 맞아 가부간의 결심을 하지 못하고 우왕좌왕하며 확고한 대응단안을 내리지 못하게 될지 모른다. 특히 전시나 위급상황이라면 결심이 없으니 방황하게 되어 큰 재앙을 겪게 되리라. 그래서 특히 조직과 집단을 대표하고 이끌어야 하는 지휘·통치자의 위치에 있는 자나, 활동력이 강한 젊은이의 모호한 판단이 큰 문제가 되리라 생각한다.

남녀가 데이트 후에, 남자가 점심으로 갈비를 사고 후식으로 커피를 마시고도 여자친구가 '갈비 맛과 커피 맛이 좋은 것 같다'고 인사한다면, 식사를 하고 체면상 맛이 좋다고 하는 것인지, 실제로 맛이 있다고 하는지 불분명하다. 음식 맛이 자기의 입맛에 맞으면 맛이 좋은 거고 맞지 않으면 없는 것인데, 그 구분도 못하는지 판단력을 의심하게 된다. 다른 면으로 보면, 맛이 좋아도 맛이 있다고 말하지 못하고, 맛이 없어도 좋은 것 같다고 어물쩍 소신 없이 말한 것으로 오해할 수도 있다. 이는 우리가 자기의 분명한 의사를 표현하는데 익숙하지 않은 문화 속에 살아오고 있기 때문인지도 모른다.

적과 대치한 일선에서 눈앞에 갑자기 나타난 물체가 적인지 아군인지는 불과 0.01초 내에 결심하고 처치를 해야 하는데 결심을 못하면 내가 적의 선제공격을 받아 먼저 희생된다. 이런 긴박한 상황에서까지 결심을 못해 행동을 못하는 상황으로까지 발전한다면 큰 문제다. '같아요' 하고 말하는 젊은이들이 많은 것은 단호한 판단과 결심을 하지 못하는 비율이 높다는 증거가 아닐는지? 그 결과 '큰 재앙이 올 것 같아요' 하는 '큰 재앙'에 휩쓸릴지 모른다. 지난 다음에 하는 후회는 무의미하니 미리 대비해야 한다. 일상의 언어생활이 행동을 제약하니, 주요위기상황에서도 명확한 결단과 행동을 못한다면 그런 인간은 짐만 되는 존재가 된다.

우리는 '불확실성시대'에 살고 있다. 젊은 층의 성향을 보면, 의사표시는 유보하면서 열매는 독식하고, 희생은 안 하면서 안전 속에 숨으려 한다. 이는 후세에 대한 기성세대의 잘못된 교육 탓이다. 그에 덩달아 상황판단까지 불확실하게 하고 유보한다면, 우리에게 닥쳐올 피해는 상상을 초월한 대재앙이 될지 모른다. 그래서 '그런 것 같아요'처럼 어정쩡하게 의사를 표현하면 그게 습관과 학습이 되어 애매한 판단과 행동으로 고정화될지 모른다. 이를 해소하기 위해 평소부터 자기의 감정과 의사를 명확하게 표현하는 훈련을 하는 게 발전적 생활을 하는 예행연습이고, 위기 대처를 위한 대비책이란 생각이 든다.

(2011. 11)

동전 두 닢의 행복

'행복이란 욕구를 충족시켜 얻는 만족과 기쁨을 느끼는 상태'라고 한다. 그래서 행복의 평가는 다분히 주관적이다. 객관적인 행복요건은 건강·재산·할 일·배우자나 친구관계·목표달성과 사회적 존경 등을 든다. 이런 요건을 모두 갖추기도 어렵거니와 갖추었다 해도 만족을 느끼지 못한다면 행복하다고 할 수 없다.

행복을 얻는 요소 중에 건강과 돈(재산)은 가장 큰 비중을 차지한다. 요즘, 돈 중에 100원짜리 동전이라면 '그까짓 거!' 하고 콧방귀를 뀌는 사람이 많으리라. 유치원생이나 도움을 청하는 걸인들도 크게 반기는 액수가 아니다.

주일 새벽미사를 마치고 나오다가 가끔 성당휴게실 자판기에 100원짜리 동전 두 닢, 200원을 동전투입구에 넣고 고급커피 한 잔을 뽑아 아내와 나누어 마신다. 한 잔만 뽑는 이유는 두 사람 모두 커피를 그다지 좋아하지 않고, 그렇다고 마음에 드는 다른 음료가 자판기에 없기 때문이다. 자판기커피는 고급커피와 일반커피에 설탕과

프림을 넣은 것과 그렇지 않은 것 등 다양하다. 그 옆 자판기에선 300원하는 냉커피도 판다. 담배를 피우지 않아도 방안에 가득한 '79 파이프담배'나 시가의 구수한 향은 잊을 수 없고, 말을 트고 친밀해지는 매체인 술은 입에 대지 못해도 취하는 분위기에 휩싸이지 못해 한스럽다. 같은 이유로 커피를 좋아하지 않지만 은은한 향(香)에 이끌려 자판기커피를 찾는다.

쌀쌀한 겨울날씨에 뜨겁고 향기로운 커피 한 잔은 우리 부부의 대화를 트는 촉매제이고, 추위를 몰아내는 묘약이다. 부부라고 항상 정이 두텁고, 할 말이 쌓여진 게 아니다. 커피 한 모금을 마시며 향이 좋다거나, 커피를 마시니 뱃속이 따뜻해져 추위를 모르겠다며 통통한 눈꽃을 칭송하기도 하는 등 서로 이야기를 시작하며 권한다.

봄에는 파릇하게 고개를 내미는 새싹과 하찮은 들꽃이나 주변에 만개한 개나리 · 진달래 · 목련 · 봉곳이 부푸는 벚꽃 · 모란과 철쭉 등 화려하고 풍성한 꽃잔치에 찬사를 보내기도 하고, 여름에는 싱그러운 녹음과 햇볕을 가려주는 은행나무가로수 그늘 속에서 들려오는 새소리나 매미소리에 도심을 떠나 단 둘이 산책하는 분위기를 한껏 즐기기도 한다. 가을에는 곱게 물든 단풍과 누렇게 익은 은행에 우리의 삶을 대비시켜 보기도 한다. 어떤 때는 옛 추억 속으로 여행하며 행복을 반추한다. 커피 한 잔 말고 동전 두 닢으로 이렇게 큰 행복을 맛볼 수 있겠는가!

주위에서 200원으로 살 수 있는 게 또 있을지 생각해 본다. 일용품과 간단한 먹을거리 중에서 찾아보기로 한다. 소식을 주고받는 편지를 부칠 때 사야하는 우표도 250원이고, 50%세일을 하는 막대형 빙과류는 350원이다. 사과는 한 개에 천원이고 귤은 500원이며, 푸짐하게 인심을 쓰며 퍼주는 뻥튀기도 한 봉지에 2,000원이니 200원으로 살 수 있는 게 없다. 전철역이나 점포정리 세일 상품도 1,000원 이상이다. 그만큼 물가가 비싸다는 증거도 되지만, 200원의 값어치는 하찮다는 증거일 게다.

전철을 타려고 계단을 내려가다가 계단에 엎디어 있는 장애우를 만났던 기억이 떠올랐다. 그는 다리가 없으니 전철로 내려가 구걸하지 못하고 계단에 엎디어 지나는 사람들의 동정을 구했는가 보다. 주머니를 뒤지니 동전 몇 닢이 잡힌다. 그의 바구니에 넣어주고 가벼운 마음으로 내려왔던 일이 생각났다. 작은 선심이 모여 그의 생을 유지할 밑거름이 될 것이기 때문이었다.

가격이 비싼 고급음식을 먹어야 행복지수가 높아지는 것도 아니고, 싼 물건이라고 맛과 영양이 없는 것도 아니다. 어느 수준이상은 그 물건 값에 거품이 끼어 가격이 턱없이 비싸진다. 유명고급음식점의 음식 값이 비싼 이유는 비싼 집값이나 임대료와 고급 내부장식으로 돈이 많이 들었고, 공들여 음식을 만드는데 인건비가 많이 들며, 좋은 그릇에 담아 그윽한 분위기에서 시중을 하여서다.

그래서 성당이나 전철역등 특별한 장식이나 서비스가 없는 자판기 커피는 200~400원이 일반적이지만, 호텔이나 전문점에서는 10,000원 이상을 받기도 한다. 냉면도 한 그릇에 3,000~5,000원이 보통이지만, 유명음식점에서는 10,000원이 넘는다. "식재료 값의 차이가 그렇게 다를까?" 하는 의문을 갖게 되고 보통사람은 그 맛의 차이를 감지하지도 못한다. 이는 서민의 술이라는 소주 값에서 확인할 수 있다.

값이 비싸면 무조건 고급이라는 생각이 값을 올리는 이유가 아닐까? 그러니 비싼 값은 소비자가 만든 셈이다. 소비자고발 프로그램인 '불만제로'에서 유명호텔이나 음식점 중에서도 위생상태가 엉망이고 남은 식재료를 재사용하는 장면이 방영된 적이 있다. 그러니 비싸다고 위생적이거나 고급식재료를 쓴다고 믿을 일도 아니다.

자판기커피도 청소를 자주하고 믿을 수 있는 재료와 관리에 달렸다. 상호나 가격보다 규정에 의한 양심적인 관리여부가 더 중요해서다. 그런데, 사회가 불신이 팽배할수록 종교단체 등은 더 신뢰하게 되고, 그에 따라 성당자판기관리도 신뢰하여 자주 찾는다. 분위기 있는 고급음식점은 일 년에 한 번도 부담되고 계산 후에 후회하는 경우도 있지만, 값이 부담 없이 즐길 수 있다면 그것이 행복을 더해주지 않을까? 이는 주변에서 손쉽게 찾을 수 있는 행복이어서다.

동전 두 닢, 그 하찮은 200원으로 얻는 행복감을 계산하면 얼마나 될까? 행복감은 단순한 100+100=200원의 덧셈이 아니라, 100원의 자승인 10,000원(100x100원)으로 원가 200원의 50배 이상이라는 계산이 된다. 거기에 커피를 마시며 부부간의 가벼운 갈등을 치유하고 가정의 화합까지 다지는 무형의 행복감까지 합하면 무한대가 되리라. 이렇게 동전 두 닢으로 큰 행복을 한껏 즐겼으니, 이번 주도 즐거운 한 주가 될 성싶다. 행복은 멀리 있지 않고 가까이 있음을 실감하며….

(이학용 수필집 제3권 제목. 2011. 5. 창작수필 74호 111쪽 2009. 12. 창수문인회 동인지 15집 143쪽 2010. 12)

5.

아름다운 동행

가을이 가기 전에
가을이 지나가는 소리
단풍낙엽길을 걸으며
만약에
포도한알에도
성급한 할아비
조금만 더
군바리
불청객과 하나되어
아름다운 동행

가을이 가기 전에

맑고 높은 가을 하늘은 쪽물을 풀어 놓은 듯 푸르고 투명하다. 가을 햇빛은 유난히 밝고 귀밑에 스치는 바람도 시원하고 상쾌하다. 뜨겁고 덥다며 그늘을 찾아다니던 햇볕이 이제는 따뜻하고 친근하게 느껴진다. 가을이 깊어가는 징조인가 보다. 가을은 결실의 계절이라는데 나는 무엇을 이루고 있을까?

집안에 있기가 매우 무료하여 차를 몰고 교외로 나갔다. 도심을 조금 벗어나니 누렇게 익어가는 들녘이 그림처럼 평화롭다. 고향에 온 느낌이다. 벼는 따가운 가을볕에 점점 고개를 숙이며 익어가고, 한편에서는 올벼를 수확하고 있다. 밭에는 무가 땅을 가르며 자라고, 배추도 속이 한창 차고 있다. 농부는 넝쿨을 제치고 굵직한 고구마를 캐어 담는다. 마당에 말리는 빨간 고추가 햇볕을 받아 반짝인다. 보기만 해도 마음이 풍요롭다.

가을이 되면 하늘은 높고 말이 살찐다지만, 살찌는 것은 말만이 아니다. 사람도 가을이면 마음이 여유롭고 풍성한 수확으로 더욱 부자가 되니 일 년 중 마음이 가장 살찌는 계절이다. 도시인들도 바쁜 일상생활에서 벗어나 마음을 가다듬고 책을 벗 삼아 정신적 영양을 섭취하면 얼마나 유익하랴! 이렇게 가을은 정신적 육체적으로 풍성한 영양을 섭취할 수 있게 한다. 그래서 나는 이런 가을을 좋아한다.

가을의 상징인 키다리 코스모스는 고운 자태를 뽐내고, 싱그럽던 가로수는 생기를 잃어 누렇게 변해 가고 있다. 계절은 산이나 들, 도시나 농촌을 가리지 않고 어김없이 찾아온다. 올 여름에 태풍이 쓸고 간 영동과 남해안 일대에 큰 홍수피해를 냈지만, 태풍이 비켜간 지역은 풍성한 수확이 기대된다고 한다. 모두가 땀을 흘린 만큼 정당한 대가를 받았으면 하는 소박한 바람을 가져본다. 뿌린 만큼, 노력한 만큼 거둘 수 있기를 바라는 것이 순박한 농심(農心)이다. 피해를 입은 이재민도 실의를 딛고 희망 속에 재기하기를 하느님께 기도한다.

추석 전 고향을 찾아 성묘하던 생각이 떠올랐다. 산과 들은 예나 지금이나 변함이 없어도, 고향을 지키는 사람들은 나이든 노인들뿐이다. 예부터 집에서 나는 소리 중에 듣기 좋은 소리는 '글 읽는 소리, 다듬이 소리, 아기 우는 소리'라 했는데 지금은 시골에 아기가 드물다. 젊은이들은 산업화로 고향을 떠나 도시에서 직장생활을 하기 때문이다. 또 도시로 나간 젊은이들도 생활비와 교육비가 많이 드니 살기가 버거워 하나 아니면 둘로 만족한다. 우리 집에도 고희가 지난 동생 내외만 고향을 지키고 있다. 이런 현상을 보는 마음은 무겁다. 그래도 고향에는 태풍이 비켜가 풍년이라니 다행이다. 고향에서 살 때는 몰랐으나 가뭄이나 홍수로 전국적인 피해가 일어도 고향에는 피해가 거의 없으니 선택된 고장이란 생각이 든다. 재난도 피해간 고향을 생각하면 부모님도 잠드신 그곳에 언젠가 돌아가리란 생각에 더욱 정겹고 애착이 간다.

지금은 농촌농사도 기계화되어 이앙기(移秧機)로 모를 심고, 기계로 농약과 비료를 주며, 콤바인으로 추수하니 근력이 약한 노인이 농사를 짓는데 도움이 된다. 4, 50년 전에는 모든 것을 손으로 해냈다. 힘은 들어도 능률은 오르지 않아 어려움이 많았다. 농촌이 급격한 변화를 맞아 기계화가 되었다고 그만큼 풍요롭고 살기 좋아진 것만은 아니다.

자유무역협정(自由貿易協定 FTA)과 시장개방으로 외국산 농산물이 물밀듯이 밀려와 풍년이 들어도 기쁘지 않다고 한다. 가격경쟁이 되지 않아 폐농위기에 처했다는 한숨이 가득하다. 우리는 농촌경제를 살리기 위해 일정량의 국산농산물을 소비하여 그들의 생활을 보장해야 하리란 생각이 든다. 농촌경제가 붕괴되고, 외국에서 식량을 전략무기화하면 외국에 철저하게 종속될 수밖에 없으니 걱정스럽다. 맑은 가을하늘 아래 시원한 바람을 쏘이며, 풍성한 들판을 바라보는데도 마음이 무거워지는 것은 농촌태생이기 때문만은 아니다.

돌아오는 길에 가락동 농수산물시장에 들렀다. 시간이 나면 가끔 농수산물시장이나 양재동 하나로클럽을 찾는다. 가락동 시장에는 싱싱한 과일이 많이 쌓여있다. 제철을 만난 사과·배·밤·포도·감·귤에 여름과일인 참외와 수박· 멜론 그리고 외국산 바나나 등 백과(百果)가 쌓여 눈길과 발길을 사로잡는다. 이들 풍성한 과일은 소담하고 향이 그윽하여 구미를 돋우고, 팔고 사는 사람들의 눈가에도 즐거운 웃음이 가득하다. 시장에서 하는 흥정은 상인들의 선심으로 싱겁게 끝나고, 덤으로 한두 개를 더 얹어주는 인심이 풍성한 가을의 징표다. 시장은 무미건조한 백화점의 정찰제보다 인정을 느낄 수 있고, 웃으며 에누리하는 시장이 인간적이어서 좋다.

갑자기 기온이 뚝 떨어져 전방고지에는 서리가 내리고 물이 얼었다고 보도되었다. 가로수도 조금씩 누렇게 물들어 간다. 성급하고 영양이 좋지 않은 은행나무 잎은 벌써 노랗게 물들어 시선을 끈다. 잎 사이로 누런 은행이 숨바꼭질하듯 숨어있다. 한 차례 바람이 몰아치니 노란 은행잎이 아쉬운 작별을 고하며 우수수 떨어진다. 담장에 피어있는 빨간 넝쿨장미와 나팔꽃은 가을햇살에 오히려 쓸쓸하고 애처롭다. 신록과 풍요, 개화와 결실, 단풍과 낙엽, 백설과 나목이 서로 대비되며 마음을 사로잡는다. 그래서 가을은 사물의 변화가 많아 사색의 계절이라 하는가!

떠들썩한 하루가 지나고 온 세상은 어둠과 적막 속으로 빨려 들고 있다. 베란다로 나가 하늘을 바라본다. 해가 진 어둠 속에 초승달이 떠 있다. 달은 소원을 빌고 결의를 다지는 대상으로, 기쁘고 슬픈 사연을 하소연하던 친근한 이웃으로 자리 잡았다. 그 달이 소원을 담아 변치 않고 이룰 희망을 비춘다. 귀뚜라미 울음 속에 가을 밤이 깊어간다. 나도 가을을 노래하고 싶다. '어릴 적에 부르던 반달부터 시작할까?' 그런 다음에 마음이 진정되면 책을 읽고….

가을은 선물을 주고 간다는데 좋은 글을 읽으며 깊은 사색에 빠져 풍성한 영양을 섭취하고 싶다. 그래서 이 가을이 가기 전에 마음에 드는 한편의 글을 쓸 수 있으면 얼마나 좋으랴.

(창작수필 66호 122쪽 2007. 12)

가을이 지나가는 소리

구름 한 점 없는 하늘이 높고 파랗다. 오염물질이 바람에 모두 씻겨 갔는지 맑고 상쾌하다. 들판은 누렇게 물들고 초록을 자랑하던 짙푸른 나무 잎은 생기를 잃고 누렇게 변색되고 있다. 그중에 단풍나무는 빨갛고, 노란 색을 띠는 은행잎도 늘어나고 은행도 누렇게 익어 떨어진다. 요즘, 날씨가 좋아서 유방암으로 투병중인 아내와 함께 운동하느라 개포공원을 드나들며 열심히 걷고 있다.

주말농장으로 분양받은 딸네 텃밭을 들러보니, 이번 가을에 풍성한 선물을 주고 지나가노라고 바람결에 속삭인다. 지금은 큰 기쁨이 이는 풍성한 추수의 계절이다. 텃밭의 무와 배추가 탐스럽게 자라고, 무밭은 하루가 다르게 커가는 무를 감싸 안기가 버거운지 모래흙이 사방으로 쩍 쩍 갈라졌다. 탐스러운 무는 밭이 수용하지 못할 만큼 매일 매일 크게 자란다는 증거이다. 배추도 속이 꽉 차고 탐스럽다. 비닐터널지붕을 쳐다보니 여러 통의 흰 박 사이로 하얀 박꽃이 마지막 기품을 지키고 있다.

지붕에 올라가 바늘로 박을 찔러보고 안 들어가는 여문 놈을 골라 따서 톱으로 박을 타고 박나물을 해먹던 추억에 입에는 군침이 돈다. 풍성한 인심이 묻어나던 고향의 모습이다. 지붕개량사업에 초가지붕이 없어지고 값싼 나일론바가지가 보급되어 이젠 박과 바가지를 보기도 힘들다.

시골 마당에는 빨간 고추를 말리는 광경이 정겹다. 허리가 굽은 노파가 앉아서 고추를 뒤집고 있다. 햇볕이 좋아 잘 마른 고추는 뒤집을 때마다 고추씨가 굴러 사각 사각 소리를 낸다. 이는 고향을 떠난 아들과 딸에게 줄 생각에 만족스런 풍요의 소리요, 기쁨의 소리다. 어디 고추뿐인가. 마늘은 이미 손질하여 묶묶으로 챙겨놨고, 들깨 · 참깨 · 녹두 · 콩 그리고 김장감도 나누어 주리라 계획하고 있다.

마당에서 탁탁하는 둔탁한 소리와 알갱이 구르는 맑은 소리가 번갈아 들린다. 말린 참깨와 들깨를 나뭇가지로 터는 소리와 깨알이 쏟아지는 소리다. 할머니는 깨를 털며 연신 미소 짓는다. 금년엔 풍작으로 아들과 딸네에 넉넉히 줄 수 있고, 손자손녀들이 밥에 기름을 넣고 비벼 맛있게 먹을 광경을 그려본다. 이런 맛에 힘이 들어도 농사를 포기하지 못한다. 깨를 터는 소리는 가을이 지나가며 행복을 쏟아내는 소리다.

귀농한 젊은 아낙은 어린 아이를 업고 가을걷이를 하고 있다. 바쁜 가을에는 부지깽이도 거든다는데, 어린 아이가 업힌 것이 불편해 칭얼대는데도 쉬지 못하고 추스르며 하던 일을 계속한다. 젊은이 모두가 도시로 직장을 찾아가 어린아이가 없는 이 마을에 귀농댁 아이가 유일한 귀염둥이다. 모두가 아이에게 주라며 수확한 곡식과 과일을 얼마씩 건네며 푸근한 농촌의 정을 표한다. 가을걷이에 바쁜 가을 낮은 아이의 칭얼대는 울음소리와 함께 하루가 저문다. 가을이 지나는 농촌에 희망의 소리다.

뒷동산에 입을 벌리고 있는 밤나무가 검붉은 알밤을 토해낸다. 6월 달 느지막하게 길쭉한 밤꽃이 피었다가 벌써 알밤이라니 성급하기도 하다. 밤나무를 올려다보니 누렇게 익어 벌어진 밤송이에 알밤 세 톨이 의좋은 삼형제처럼 어깨동무를 하고 있다. 알밤이 서로 정담을 나누다가 지나는 바람에 놀라 후드득 소리를 내며 떨어진다. 성급한 아이들은 양푼을 들고 밤밭을 돌며 알밤을 줍는다. 밤을 까서 날로 먹든가 쪄서 주전부리로 먹거나 별미인 밤밥을 하기 위함이다. 가을은 먹을거리가 풍성한 계절이어서 부지런히 몸을 움직이면 풍족히 먹을 수 있고, 얼마는 저장할 수도 있다. 밤이 떨어지는 소리는 가을이 지나가는 추억의 소리다.

길가 가녀린 코스모스가 빨갛고 노랗거나 흰 꽃을 안고 차가 바람을 가르며 지날 때마다 허리를 굽혀 인사하며 입을 한껏 벌려 웃는다. 얼굴은 입만 보인다. 코스모스는 무엇이 그렇게 기분을 좋게 하여 한껏 웃으며 허리를 굽혀 인사하는 것일까? 따가운 햇볕일까, 덜덜거리는 고물 차량일까? 아니면 꽃에 앉은 벌 나비나 잠자리의 유머 때문일까? 바삐 달리는 찻소리에서 가을이 지나는 소통의 소리를 듣는다.

곱게 물든 단풍이 가끔 몰아치는 바람에 꼭 잡았던 손을 놓고 빙빙 돌며 뿌리위로 떨어진다. 잎은 여름내 싱그러운 녹음으로 나무를 생장시키고 열매를 맺고 익혀 후대를 위한 임무를 성실히 수행하고 단풍이 들어 유유히 뿌리가 있는 땅으로 떨어져 썩어 영양이 되는 자연 순환과정을 따르니 뿌리에 대한 보은인가. 식물이지만 완벽한 임무완수에 존경심이 인다. 쏴~ 하는 바람소리에 단풍이 지는 소리는 준비한 군장을 지고 훈련을 떠나는 병사처럼 의연하다. 가을이 지나가는 아쉬운 소리다.

머리가 허연 노인이 늙은 소를 몰고 경운기로 갈 수 없는 비탈진 밭으로 향한다. 경사(傾斜)로 인해 경운기가 사람과 함께 넘어져 크게 다칠 우려가 있기 때문이다. 여름에 낳아 살이 오른 암송아지가 어미 뒤를 따르며 젖을 달라고 보챈다. 그림 같은 농촌풍경이다. 노인은 기운이 부쳐 올해까지만 농사짓겠다고 다짐하지만 공염불일 게 뻔하다. 벌써 몇 년을 그렇게 지냈다. 해가 지기 전에 밭갈이를 마치려고 소를 모는 소리가 힘겹다. 바쁜 가을 해가 아쉬움을 남기며 넘어가는 약속의 소리다.

바쁜 일이 끝난 소는 풀밭에서 풀을 뜯고 있다. 소는 가을이 지나면 풀을 먹을 수 없다는 사실을 아는지, 낫으로 풀을 베는 것처럼 풀밭을 지나가며 '싹 싹' 풀을 뜯는다. 송아지는 어미 소를 따라다니며 젖을 빨고, 어미 소도 부르며 한없이 큰 모정을 표한다. 어미 소가 송아지를 부르듯 가을이 지나가는 사랑의 소리다.

트럭타로 벼를 베며 탈곡하여 벼부대에 담는다. 4, 50여 년 전엔 벼를 베어 논둑에 쌓아 말리고, 등짐으로 집까지 옮겨 바심을 하던 때에 비하면 얼마나 수월하게 농사를 짓게 되었는가. 벼가 덜 말랐으면 건조실에 옮겨 말려서 찧는다니 상상도 못했던 꿈같은 세상이다. 수확량이 예상보다 많아 검게 타고 주름이 깊게 팬 얼굴에 저절로 만족한 웃음이 넘친다. 풍년을 맞아 가을이 지나가는 풍요의 소리이다.

모두가 일 년간 수고한 보람으로 풍년을 이루었으니 만면에 웃음꽃이 핀다. 풍작은 농부의 노력뿐만 아니라 자연의 도움도 컸다. 가뭄과 장마가 농부의 속을 태우고 밤잠을 설치게 했으나 다행히 큰 피해 없이 풍작을 이루었다. 이제 떡을 하고 술을 빚어 풍년을 축하하며 서로 노고를 위로하는 마을잔치를 해야겠다. 풍년가와 신나는 농요가 가을이 지나가는 마지막 다짐과 감사의 소리가 될 게다. 그간 땀 흘리고 맘 졸이며 가꾼 노고에 걸맞은 농산물 가격이 되면 시름도 없어지련만….

(창작수필 90호 66쪽 2013. 12)

단풍낙엽 길을 걸으며

산과 들엔 꽃보다 더 고운 단풍이 한껏 아름다움을 뽐낸다. 양재천둑길 좌우로 3, 40여 년 된 벚나무가지가 얽혀 터널을 이뤘다. 봄엔 벚꽃터널, 여름은 녹색터널, 가을은 단풍터널, 겨울엔 눈꽃터널이 된다. 둑길과 공원사이는 단풍나무·은행나무·느티나무·메타세쿼이아가 빨간색 노란색으로 곱게 물들었고, 소나무·잣나무·버드나무는 아직 초록색을 자랑한다. 공원과 둑길 단풍은 유명 단풍관광지 못지않다.

우리 내외는 아내의 요양을 위한 건강법으로 가능하면 매일 30분~1시간씩 둑길과 공원을 걷는다. 같은 길을 걸으면서도 아내는 매일 변하는 아름다운 풍광에 소녀처럼 감탄한다. 단풍은 하루 최저기온이 5도 내외로 떨어지면 나뭇잎이 더 이상 광합성작용을 중지하여 엽록소가 파괴되고 자가분해가 진행되어 붉은 색이나 노란 색 등으로 물든다고 한다.

단풍은 9월 하순에 설악산과 오대산에서 시작하여 하루에 약 25㎞

씩 남쪽으로, 산 정상에서 표고 약 40m씩 아래로 내려와 10월 상순에는 중부 이북, 10월 중·하순에는 중부이남, 11월 상순엔 남해안지방과 한라산까지 물든다.

단풍 색은 붉은색·노란색·갈색의 조합이다. 가을에 기온이 떨어지면 나무는 겨울을 나기 위해 잎자루에 떨켜(離層)가 만들어지는데, 이는 병균의 침투를 막고, 물이나 양분이 빠져나가지 못하게 보호하는 코르크층이다. 나무는 뿌리에서 흡수한 수분과 영양분이 떨켜로 인해 나뭇잎에 전달되지 못하고, 잎에서 동화작용으로 만들어진 양분이 떨켜에 막혀 뿌리로 보내지 못해 잎 속에 쌓이니 양분이 안토시아닌(anthocyanin) 등으로 바뀌어 단풍이 든다고 한다. 떨켜가 없다면 나무는 잎이 떨어지지 않아 얼어 죽을 것이다.

잎이 붉게 물드는 것만을 특별히 단풍이라 하기도 한다. 붉은색 단풍은 잎 속에 안토시아닌이라는 색소가 만들어져 잎 속의 엽록소가 점점 줄어들면 비로소 물들기 시작한다. 가을의 문턱에 들어서면서 햇볕이 많고 맑은 날씨에 아침습도가 높고 기온이 천천히 내려갈 때 아름다운 단풍을 볼 수 있다. 집에서 키우는 분재도 아침저녁으로 분무하여 습도를 높여주면, 단풍은 곱고 아름답게 물든다. 구름이 낀 날이 많고 건조한 가을에는 단풍이 들지 않고 말라 볼품이 없다. 단풍나무에는 단풍나무·당단풍·복자기나무·신나무 등이 있고, 붉은색으로 물드는 나무는 단풍나무를 비롯하여 산벚나무·화살나무·붉나무·옻나무·산딸나무 등이 있다.

은행나무는 잎이 필 때는 엽록소로 초록색을 띠지만, 가을엔 기온이 떨어져 엽록소가 파괴되어 노란색으로 물든다. 노랗게 물드는 나무는 은행나무 · 고로쇠나무 · 느릅나무 · 포플러 · 피나무 등이다. 잎이 갈색으로 물드는 것은 타닌(tannin)이 많이 만들어지기 때문인데, 느티나무 · 참나무 · 떡갈나무 · 칠엽수 · 플라타너스 등이 있다. 갈색 잎 속에도 카로티노이드와 안토시아닌이 함께 만들어져 여러 가지 색을 조합한 색깔의 단풍이 든다고 한다.

오늘도 방한복에 마스크를 하고 산책에 나섰다. 단풍잎이 수북이 쌓인 산책로는 쿠션이 있는 매트 위를 걷는 듯 푹신하다. 아내의 손을 잡고 50여 년간 함께 겪은 옛 일을 회상하며, 모든 걸 슬기롭게 감내한 아내에게 위로와 감사를 표했다. 지난날을 되돌아보니, 잘못되고 후회스런 일이 왜 이리도 많은가? 조금만 더 참고 배려했으면 좋았으련만…. 융통성 없는 외고집으로 얼마나 큰 스트레스와 상처를 안고 살았고 이로 인해 유방암에 걸린 게 아닐까하는 생각에 가슴이 멘다. 공원 중간에 있는 긴 나무의자에 앉아 말없는 아내 얼굴을 바라본다. 노란 은행잎과 빨간 단풍잎이 바람을 타고 빙빙 돌며 아내의 모자에 사뿐히 앉는다. 곱게 물든 단풍잎을 보니 초등학교 때, 노란 은행잎을 주워 책갈피에 꽂던 일이 생각난다. 단풍씨앗은 한쪽에만 날개가 있어 가을을 축하하듯 회전하면서 날아간다.

주위를 둘러보니 은행잎 · 단풍잎 · 메타세쿼이아잎 · 벚나무잎 · 솔방울 등이 널려있다. 여름동안 푸르던 잎은 기온이 떨어지자 단풍이 들어 나뭇가지에서 미련 없이 손을 놓고 뿌리가 있는 땅으로 돌아왔다. 여름동안 비바람과 병충해와 싸우느라 찢겨 생긴 흉한 상처가 있는 낙엽은 훈장을 단 개선용사처럼 자랑스럽게 보인다. 단풍낙엽을 보며 여러 가지 상념에 사로잡히는 것은 철학자로 변한 때문인가?

모진 풍수해를 이긴 잎이 아름다운 단풍으로 마무리하고, 나무는 눈보라와 강추위를 견디고 희망찬 새해를 준비하는 것처럼, 우리도 나무를 본받아 암을 이기고 건강을 되찾기를 기대한다.

이들 나무는 30여 년 전에 심을 땐 팔뚝보다 더 가늘었었다. 해를 거듭할수록 찌는 듯이 무덥고 목이 타는 가뭄을 견디며, 여름 장마와 태풍을 이기고, 매서운 추위를 겪으면서 나이테를 하나씩 더하여 이들 나무 중 메타세쿼이아는 키가 10여m가 넘고 굵기는 한 아름이나 되는 거목으로 자란 것도 있다.

아내는 아들딸에게 좋은 것만 골라 나눠주고, 사랑을 듬뿍 주며, 부족함이 없이 키우려고 희생했으니 면역력이 떨어지고 쇠약해져 병이 든 것은 무리가 아니다. 나뭇잎은 하늘을 향해 조금이라도 더 많은 햇볕을 받아 양분을 만들어 나무를 키우고, 후세를 위해 열매를 익혀 임무를 다한다. 추위에 나무를 보호하기 위해 떨켜로 영양분의 이동을 차단시켜 단풍이 들어 나무 밑으로 떨어져 추위를 막아준다. 단풍잎은 썩어서 나무의 양분이 되는 순환과정이 얼마나 숭고한가! 그런데, 아내는 이런 나뭇잎보다 더 값진 희생물이란 생각이 든다.

의자에 앉아 즐겁고 힘들었던 지난 일을 회상했다. 서울의 방 한 칸 전셋집에서 소꿉놀이 같은 신접살림을 시작으로 전후방 부임지를 따라 16번의 이사 끝에 서울에 정착했다. 그간 궁핍과 추위에 고생이 많았으나 내색하지 않았고, 새벽부터 밤늦게까지 하는 근무로 가사를 도운 적이 없는데도, 아이들 교육과 뒷바라지를 도맡아 잘 키웠으니 감사할 뿐이다. 부끄럼 없는 남편, 아비가 되겠다고 열심히 살면서 아내의 고생은 외면했었다. 아이들은 어릴 땐 재롱으로 피로를 풀어주고, 희망을 주며 효를 다했는데, 이제는 성장하여 제 갈 길을 가고 있다. 안정된 생활을 하며 손녀 손자들의 재롱 속에 여생을 즐기려는데 건강이 나빠졌으니 신의 심술인가 하는 원망과 후회가 인다. 노년을 맞은 우리는 자식들에게 어려움을 극복한 삶의 교훈을 주어 우리보다 더 낫게 살도록 도와주며, 건강이 허락하는 한 즐겁게 살자고 다짐했었다.

단풍잎이 나무를 키워준 고향인 땅에 떨어져 비료가 되어 보답하듯, 나도 영육의 고향에서 아름답게 마감했으면 하는 바람을 갖는다. 식물은 기온이 떨어지면 추위가 다가올 것을 알고 '떨켜'라는 세포층을 만들어 안전하게 겨울을 나고 희망찬 새봄에 대비한다. 허허벌판 야지에서도, 붙잡을 때와 버려야 할 때를 아는 나뭇잎은 가장 고운 단풍으로 마지막 혼을 불태운다. 계절과 결행시기를 아는 나무들이 얼마나 총명한지 감탄하게 한다.

단풍과 우리의 삶을 비교하며 많은 대화를 나누다 보니 어느덧 해가 져 어둑해 온다. 가을이 가고 눈보라치는 겨울을 이겨야 희망찬 새봄을 맞을 수 있다는 생각을 하며 서둘러 아내의 손을 잡고 가로등에 비친 단풍낙엽길을 따라 집으로 향했다. 찢겼으나 곱게 물들어 제 할 일을 다한 한 낱 단풍잎처럼, 하느님은 참고 견뎌 소임을 완수할 수 있을 수 있을 만큼만 시련을 준다고 한다. 오늘 우리가 당하는 고통은 가족애를 시험한다고 생각하며 우리도 희망의 끈을 놓지 말고 내일을 기약하자는 굳은 결심을 되뇌면서 집으로 발길을 옮겼다.

(창수문인회 동인지 18집 26쪽 2014. 12)

만약에…

공상은 모든 시름을 잊고 잠시나마 행복하게 한다. 그 공상의 근원은 '만약에….'이다. 사람은 누구나 현실의 어려움이 닥쳤을 때 "…무엇을 했었으면, 어떻게 되었을 텐데…." 하고 생각한다. 현실이 있게 한 갈림길에서 다른 길을 택했다면, 지금 당하고 있는 어려움을 겪지 않았으리라는 아쉬운 가정(假定)이다.

텔레비전의 가전제품광고에 '순간의 선택이 십년을 좌우한다.'고 선전하지만, 평생을 좌우하기도 한다. 그러니 선택에 따라 성공과 실패, 기쁨과 고통으로 갈려 운명을 좌우하는 분수령이 된다.

눈을 감고 엉뚱한 상상을 해본다. 내가 고등학교를 졸업하고 공대나 법대로 갔다면 어떻게 되었을까? 50년대에 나일론이 등장하여 섬유공학과가 상종가를 치던 시절이다. 유행했던 신비의 섬유 나일론을 더 연구하여 좋은 성과를 얻을 수 있었을까? 연구성과가 인정되어 명예와 부를 누렸을 상상도 해본다. 이런 상상은 자유이고 돈이 들지 않으며 잠시나마 복잡한 현실을 떠나 즐길 수 있어 좋다.

또 일본의 식민통치와 광복, 6·25남침전쟁을 거치면서 부패한 사회상을 바로잡겠다고 법대를 지망했으면 소신을 펼 수 있었을까? 하는 생각이 꼬리를 문다. 전쟁은 생존을 위해 무엇이던 하게 했던 처절한 시기였다. 살아남기 위해 자식들을 해외에 입양시키거나 식모로 보내고, 젊은 여인 중엔 웃음을 파는 수모도 감내했다. 그래도 어려운 여건을 벗어나지 못해 도둑이 극성을 부렸었다.

도덕과 법규는 배부른 자들의 한가한 외침으로 들리던 시기다. 피난민들은 좌판을 깔고 장사를 하고, 농민들은 가뭄에 시달리며 겨우 연명하는 정도여서 인심은 매우 각박했다. 소나무를 베지 못하도록 철저히 통제하여 산에서 솔잎을 긁거나 풀을 잘라 취사와 난방을 겸용하며 추위에 떨었다. 때로는 잡목을 자르고 뿌리까지 캐어 땠다. 식량이 부족하여 죽으로 연명하고, 춘궁기인 봄에는 부황(浮黃)이 나서 일을 못하는 자들이 많았다.

이렇게 어려운 시기에 육사에 들어간 것은 국민개병주의로 어차피 군에 입대해야하니 군 생활을 하면서 학업도 계속할 수 있겠다는 기대 때문이었다. 그래서 우리 집에서 두 사람을 대학에 보낼 수 있는 경제적인 여유가 있었거나, 고집을 피워 고학도 불사했다면 지금보다 더 나은 생활을 할 수 있었을지 생각해 본다. 이는 '만약에….'라는 가정 하에 모든 게 뜻대로 되었을 때의 결과다. 그러니 상상은 한이 없고 달콤하게 마련이다. 그 반대로 더 혹독한 시련을 겪지 않았으리라는 보장도 없다.

만일 대학을 졸업하고 사회정의를 위해 부정부패를 없애겠다고 신문기자가 되었다면, 정의감과 까칠한 성격으로 군사정부에서 많은 어려움을 겪고 부모님께도 많은 염려를 끼쳐 불효했으리란 생각이 든다.

이런 상상이 절정에 이르면 눈이 번쩍 뜨인다.

아내와의 결혼도 우연이 아니었다. 아내는 경기도이고 나는 충청도인데 우리 마을의 초등학교 선생님이 아내의 형부다. 우리 집과는 몇 십년간 자별하게 지낸 터였다. 그 선생님의 어머니는 할아버지의 외가 분이었다.

선을 주선한 분들은 당숙모와 아내의 언니였는데 산에서 땔감으로 솔잎을 긁으며 서로 장가들여야 할 당질과 시집보내야 할 여동생 얘기가 나와서 혼담이 시작되었다고 한다. 우리 집과 인연이 있는 아내의 언니와 형부가 나를 소개했고, 우리 집에서는 아내의 언니를 보고 아내 될 사람의 가정교육과 됨됨이를 가늠했다고 한다.

60년대 초, 전방 대성산 밑에 근무할 때라 외출 외박이 자유롭지 못하고 훈련과 비상 등으로 약속이 두어 번 연기된 다음, 봄에 서울에서 만나 한 달에 겨우 한 번 정도의 만남이 계속되어 연말에 결혼했다. 후배부인이 소개한 임실아가씨와는 2월에 서울에서 만날 약속까지 잡았는데 연분이 없었는지 아가씨 얼굴에 뾰루지가 나서 나오지 못해 무산되었다. 상식적으로 될 것 같은데 안 되고, 안 될 것 같은 일이 성사될 때 연분이라 말한다. 그 많은 사람 중에 아내와 결혼 한 것은 결혼할 운명이었다고 설명함이 더 타당하리라.

이렇듯 '만약에….'라는 가정은 많은 상상을 하니 지루하지 않고 잠시나마 공상을 만끽할 수 있어 좋다. "만약에, 지금 젊음과 부와 권세가 주어진다면…?" 하고 새롭게 펼쳐질 미지의 생애를 그려본다. 그때는 후회 없는 삶을 살 수 있을까? (2008. 12)

포도(葡萄) 한 알에도

가을이 되니 시장에는 싱그러운 햇과일이 수북이 쌓여 결실의 풍성함을 과시한다. 장마와 수해로 많은 피해를 겪었으면서도 넉넉한 수확에는 마음이 한결 가벼워진다. 과일시장에 그득한 갖가지 과일향이 발길을 잡는다. 무더위가 물러가고 초가을에 접어들면서 참외와 수박을 대신하여 가장 흔한 과일은 포도다.

포도는 사람에게 필요한 영양소가 골고루 포함되어 있어 다이어트 식품으로도 각광을 받고 있다. 며칠 전 텔레비전에 각 지방 포도작목반의 특산포도품평회장면이 방영되었다. 농산물직매장인 '하나로클럽' 양재점에 다양한 품종의 포도가 쌓여 구미를 끌었다.

먹을 것이 부족하던 때에는 맛보다는 양(量)을 위주로 생산하고 구매하였다. 그러나 경제가 안정되고 생활이 여유로워진 요즈음은 양보다는 질(質), 특히 맛과 향, 색과 모양이 주요한 선택기준이 되었다. 거기에 더하여 다이어트에 관심이 많은 사람들은 먹어도 살이 찌지 않는 것을 더 좋아한다. 상품은 수요와 공급에 의하여 가격이 형성

되는 것이 일반원칙이니 소비자의 입맛에 맞는 좋은 품질의 과일을 남보다 일찍 생산해야 높은 값을 받을 수 있다. 소비자의 취향에 맞는 상품생산이 성공의 비결이다.

포도를 생산하는 농민들은 남보다 며칠이라도 앞당겨 출하하려고 꽃샘추위가 채 물러가지도 않은 이른 봄에 포도넝쿨에 비닐을 씌워 보온하여 움이 트고 꽃이 피게 한다. 꽃이 피어도 벌과 나비가 없으니 인공수정으로 열매를 맺게 하고 봉지를 씌워 병충해를 예방한다. 비닐 막을 쳐서 햇볕을 조절하며 당도를 높이고 수분을 조절하여 알이 터지지 않도록 주의한다. 일손은 좀 많이 들어도 노지(露地)에서 생산하는 포도보다 2~3주정도 빨리 수확하여 좋은 품질로 시장에 나가니 높은 값을 받을 수 있다고 한다. 이렇게 아이디어와 노력의 차이가 곧 수익의 차이이다.

매장(賣場)에는 포도상자가 가득 쌓여있어 맛과 향, 크기와 가격을 비교할 수 있었다. 판매대의 시식코너에서 맛을 보고 잘 익은 '거봉'과 '캄벨'을 샀다. 저녁을 먹고 온 가족이 둘러앉아 담소하며 깨끗이 씻은 포도를 먹었다. 큼직한 포도 한 알을 따서 입에 넣고 깨무니 달콤한 물과 향이 입안에 가득 퍼졌다. 이렇게 맛있는 포도를 먹게 한 농부의 정성이 고맙게 느껴졌다.

우리는 일상의 범사에 감사할 줄 모르는 경향이 있다. 주변에 있는 많은 사람들의 노력으로 맛있게 먹고, 좋은 옷을 입으며, 편안하게 살지만, 그들의 고마움을 지나쳐 버리기 일쑤다. 밥 한술, 과일 한 쪽이 하찮을지라도 씨를 뿌려 가꾸고 거두어 복잡한 유통과정을 거쳐 식탁에 오르기까지 많은 사람들의 손길과 땀이 배어 있다는 사실을 애써 외면한다.

남보다 머리를 쓰고 땀을 많이 흘려야 더 싱싱하고 맛있는 포도 한 알을 생산할 수 있다. 차별화된 연구와 재배가 품질과 수확량을 결정하고 그에 따라 수익이 결정된다. 그래서 다른 사람과 똑같이 하면 평범을 벗어나지 못한다는 산 교훈을 얻는다. 맛있는 포도 한 알에서 세상을 살아가는 기본과 행복을 키우는 비법을 배운다.

(1998. 9)

성급한 할아비

닭띠 해(乙酉) 선달 그믐날(양 2005.2.8) 제왕절개수술로 손자를 봤다. 평소에 아들 딸 구분 말고 잘 키우면 된다고 했지만, 한 둘만 낳는 세상이라 첫째 아이는 손자이기를 은근히 바랐다.

몇 달 전, 아들 내외는 소리오행으로 이름을 짓는 작명책까지 주면서 태어날 아기의 이름을 지어 달라고 부탁했다. 사실, 이름은 성(姓)과 항렬자(行列字)가 고정되었으니 한(一) 글자만 넣어 지으면 된다. 쉽게 생각하면 부르기 좋으면 되고, 이것저것 따져서 지으려면 발음과 획수를 따져야 하니 매우 까다롭다. 남자와 여자의 이름은 어감부터 차이가 있다. 소리오행 작명법과 형님 댁에서 빌려 온 획수를 풀어 짓는 전래의 작명법 등 두 권의 작명책을 보며 내 딴에는 부르기 좋고 좋은 뜻이 담긴 이름이라고 아들내외에게 보여주었다. 그 이름은 태호(泰鎬)와 광호(光鎬)였는데 태호가 좋다는 의견이었다. 발음이 쉽고 뜻이 좋으며 무게가 있다는 것이 그 이유였다.

아들 이름은 선친께서 지어주셨다. 이름 둘을 지어놓고 선택하라고 하여 재명(栽明)으로 출생신고를 했다. 아들은 언제 사주를 보았는지, 이름을 대고 사주를 보면 매우 좋게 나온다고 자랑삼아 말한다. 듣기 싫지 않은 말이다. 그런 말을 들을 적마다 선친을 떠올리며 감사하게 된다. 이름은 얼굴과 함께 평생 붙어 다니며 대변하니 잘 지어야 한다고 생각해 작명에 부담을 느꼈다.

손자를 봤으니 출생신고 전에 내가 지은 이름 태호가 어떤지 전문가에게 한 번 알아 봐야겠다는 생각이 들었다. 한 달 전에 쌍둥이 손자 손녀를 본 손아래 동서가 작명소에서 이름을 지었다는 말이 마음속에 맴돌았다. 내가 지은 이름이 왜 좋은지 사주에 맞춰 설명할 수 없고, 혹시 나중에라도 사주를 보고 이름이 안 좋다고 하면 어쩌나 하는 생각이 들었기 때문이다. 아들은 선친이 지으신 이름으로 호적에 올렸지만, 손자는 내 의사보다 아들내외를 의식하게 되고, 사주를 믿지 않던 소신까지 흔들렸다.

우리 내외는 서울에서 꽤 유명하다는 작명소를 찾았다. 평생 처음 찾은 작명소 분위기가 어색하게 느껴졌다. 접수대에 아들 내외와 손자의 생년월일시, 내가 지은 이름을 적어 넣고 기다렸다. 차례가 되어 작명가 앞에 앉으니 잠시 손자의 사주를 풀어보고 매우 좋다고 말했다. '손자는 부모와 잘 맞고 건강하며 재능이 있어 주위에서 도와주니 원하는 분야에서 능력을 발휘하고 부귀를 겸비한 좋은 사주'라면서 단지 음악은 피하라고 주문했다. 작명가가 듣기 좋게 설명했으리라 생각하면서도 기분이 좋았다. 그런데 내가 지은 이름은 손자의 사주에 맞지 않으니 중호(仲鎬)라고 하기를 권했다.

모든 걸 최고로 해주고 싶은 할아비 심정인데, 왜 두 번째라는 뜻이 담긴 버금 중(仲)자를 써야 하는지 불만이었다. 클 태(泰)자나 으뜸 원(元)자라면 몰라도…. 작명가는 '손자의 사주가 좋고 주위에서 잘 한다고 칭찬을 받아 우쭐댈 염려가 있으니 버금 중자(仲)를 써서 아직도 부족하여 더 분발해야 한다고 일깨워 주는 것이 화합하고 지지를 받아 더 크게 발전하게 될 것'이란 설명이었다. 그런 뜻에서 중호(仲鎬)로 지었다면 일리가 있는 듯도 했다.

출생신고에 쓸 이름을 결정해야 한다. 작명소에 갈 때는 단지 참고만 하리라고 생각했었다. 아들 내외에게 내가 지은 이름 태호(泰鎬)가 작명소에서 지은 중호(仲鎬)보다 더 좋다고 설득할 자신이 없다. 그래서 아들 내외에게 손자의 사주를 설명하고, 작명소에서 지은 이름을 알려주며 그렇게 지었다는 이유를 설명했다. 이름의 획수가 운명을 결정한다는 원격(元格), 형격(亨格), 이격(利格), 정격(貞格) 등 복사한 수리까지 읽어 보라고 주었다. 아들내외는 작명소에서 지은 중호라는 이름에 만족해하는 눈치다. 마음 한 구석으로는 좀 서운하기도 했지만, 그들이 좋아하는 것을 보니 내 소신은 자취 없이 사그라지며 편해졌다.

병원에서 발급한 손자의 출생증명서를 들고 동사무소에 가서 출생신고를 했다. 조급한 마음에 손자의 주민등록이 제대로 되었는지 그 자리에서 주민등록등본을 신청했다. 등본에는 손자의 이름과 주민번호 생년월일이 들어 있었다. 이제 손자 중호는 완벽한 우리 가족구성원이 되었다. 가벼운 발걸음으로 집에 와서 며느리에게 보여줬다. 아기가 우리 식구가 되었다며 신기해하고 만족해했다. 2주 후에는 호적도 떼어 보리라 마음먹었다.

매사를 소신껏 처리한다고 자부했는데, 미신이라고 무시하던 사주도 따르게 되었으니 나이 탓인가 보다. 고집을 부리고 모나게 부딪치며 사는 것보다 조화롭게 어울려 사는 것이 현명하다는 평범한 이치를 터득한 때문이리라. 지금은 양보하고 버리기를 잘해야 어른의 권위와 가정의 평화를 얻을 수 있다는 사실을 알기에 손자 중호(仲鎬)가 건강하게 자라기만 기도한다.

그러면서 학교에 들어갈 때 학용품을 살 적금을 들려고 은행문 열기를 서성이며 기다린다. 내가 사준 가방을 메고 큰소리로 "할아버지!" 하고 부르며 팔을 벌리고 달려오는 손자를 그려본다. 나도 모르는 사이에 모든 것을 다 해주고 싶어 하는 성급한 할아비가 되어 가고 있는가 보다.

(창작수필 56호 179쪽 2005. 6)

조금만 더…

우리는 생활하면서 "조금만 더 있었으면, 조금만 더 예뻤으면, 조금만 더 컸으면, 조금만 더 잘했으면…." 하는 아쉬움을 가질 때가 많다. 이는 현실적으로 조금 부족하여 목적한 결과를 달성하지 못했을 때 갖는 아쉽고 아린 심정의 표현이다. 현재보다 조금만 더 많거나 크거나 좋았으면 목표에 이를 수 있었으리란 아쉬운 생각이 들기 때문이다.

그러면서 조금만 더 했으면 성공하여 결과에 만족하는 행복한 삶을 살리란 상상을 한다. '조금만 더…' 하는 아쉬움은 어린이부터 노인까지 갖지 않는 사람이 없을 듯하다. 유치원에 다니는 원아와 부모는 조금만 더 키가 크고 힘이 셌으면, 조금만 더 영리했으면, 조금만 더 편식 없이 잘 먹었으면, 조금만 더 병치레 없이 건강하게 자랐으면… 하는 등 아쉬움은 한이 없다.

초등학교와 중·고등학교·대학을 거쳐 사회에 진출하고도 조금만 더 공부를 열심히 했으면 원하는 좋은 대학에 진학하여 지금보다 더 좋은 직장을 가졌으리란 생각에 공부를 게을리 했던 아쉬움이 남는다. 직장생활을 하고 정년퇴직을 한 후에 지난 삶을 되돌아보며 조금만 더 하는 아쉬움을 회고록이나 자서전에 쓰는 경우도 흔하다. 직장생활을 하면서 왜 조금만 더 배려하고 베풀지 못했을까, 왜 조금만 더 숙고하여 더 좋은 결정을 하지 못했을까, 왜 더 좋은 인간관계를 유지하며 관리를 못했을까하는 아쉬움을 갖는다. 그러고 보면 인간은 항상 자기가 이룬 일에 만족하기보다 조금은 후회하며 아쉬움을 갖는 게 통상적이라 하겠다. 그렇게 빈자리가 있는 것이 더 보편적이고 인간적이라는 생각이 든다. 오죽하면 이집트왕좌의 클레오파트라(Cleopatra)의 코가 조금만 더 높았으면 세계역사가 달라졌을 거라 하지 않던가.

모든 게 뜻대로 되면, 불만과 아쉬움이 없어 발전이 없고 점점 오만해진다. 그래서 고난을 겪으며 깊은 사고를 한 자가 유명한 철학자가 되고 성공하는 학자・정치인・사업가가 된다고 한다. 깊은 사유의 철학은 고통을 감내한 결과이고, 성공한 사업은 실패한 교훈을 활용한 열매라 할 수 있다. 제한된 능력만 가진 인간이 겁 없이 오만해지면, 모든 게 다 된다고 믿어 불손하게 되어 아무 거리낌 없이 인류에게 큰 잘못을 저지르게 된다. 독일이나 일본・북한의 독재자들이 걸어온 길과 인류에게 끼친 막대한 폐해가 이를 증명한다. 큰 잘못을 저지른 다음에 땅을 치며 후회의 눈물을 흘리는 자도 있고, 그 잘못을 깨닫지 못하는 불쌍한 족속도 있다. 잘못을 반성하고 후회하는 자는 발전하고, 잘못을 모르면서 자기정당화에 바쁜 자는 외면당해 쇠락과 멸망의 길을 걷게 된다.

그러고 보면 하는 일이 잘 안되어 조금은 좌절하고 주위로부터 냉대와 핍박받는 경험이 자극이 되어 그 어려움을 이기려고 더 분발하고 발전하는 계기로 삼는 경우가 흔하다. 신(하느님)은 인간이 견딜 수 있는 만큼의 고통을 주며 시험한다고 한다. 그런 고통을 극복하는 힘은 면역력을 키우는 예방주사와 같아서 실패를 교훈삼아 자신을 다지고 더 완벽한 계획과 과감한 실천으로 계획한 일을 성공으로 이끌게 한다. 이렇게 조금 부족해 이를 극복하려는 노력을 하는 과정이 행복을 주는 복(福)이어서 다행이란 생각이 든다.

계획했던 목표를 달성하지 못해 실패했던 사람들이 원인을 분석하면서 '조금만 더 잘 했었으면…' 하는 아쉬움을 갖지 않는 사람은 없으리라. 그래도 달성했던 일의 정도, 그 정도가 그 사람이 갖고 있는 최대능력이고 힘의 한계가 아닐까 하는 생각을 한다. 전력 질주하는 경기에서 있는 힘을 남겨놓고 2, 3등을 하는 사람은 없기 때문이다. 그래서 더 큰 목표달성을 위해 이에 상응한 노력을 하고 힘을 키워야 한다.

제 처지와 능력도 모르면서 몸에 어울리지 않는 옷을 사거나 큰 감투를 원하고, 하는 일마다 실패를 거듭하여 비난을 받으면서도 그 원인을 알지 못하고 자기 멋에 도취되어 살아가는 가련한 자도 있다. 사람은 생애말년에 선해진다는데 그렇지도 못해 큰 잘못을 한 채 생을 마감하여 사후에 부관참시당하는 경우도 있다.

거짓을 덮고 잘된 것만 겉에 펼쳐놓아 현란한 포장으로 선하고 능력 있는 인사로 위장하여 넘어가려는 자는 부와 권력·명예를 갖고 영화를 누렸던 자들이다. 세상은 점점 비밀이 없어지고 생애의 평가는 높은 도덕성을 요구한다. 자기행적을 제대로 노출하지 않고 가렸던 자들 중에 잘 잘못을 솔직하게 내놓지 못하는 이유는 내놓는 순간 지금까지 누렸던 모든 영예와 부, 권력을 잃게 되어 맨 밑바닥으로 추락할 것이 두려워서이다. 일생을 그렇게 위선으로 살았으니 나락으로 떨어질 것을 두려워한다.

많은 국비를 들여 양성한 공무원과 일반공무원을 같은 잣대를 적용하여 도덕관과 업무수행의 잘 잘못을 가리고 평가한다면, 그 자(尺)는 정당하다고 평할 수 있을까? 예산이 몇 배 많이 들고 장기간 교육하여 배출한 공무원이 일반공무원과 별 차이가 없다면, 그런 고가 국비교육기관을 존속시킬 필요가 있는지, 그 근본 원인이 무엇인지 의문을 제기하지 않을 수 없다. 국민은 국비과정출신에게 일반공무원이나 대학졸업자보다 한 차원 높은 도덕성과 위국헌신의 희생으로 정치 · 경제 · 안보의 최후보루역할을 기대하며 성과에 주목하고 있음을 명심해야 한다.

조금만 더는 명예와 권력 · 부를 얻는데만 생각하지 말고, 높은 도덕성을 갖고 위국헌신하는 희생으로 국민과 국가를 위한 봉사도 조금만 더 하는 생각을 가졌으면 하는 기대를 가져본다. 기억력이 좋다고, 성적이 좋았다고 위국헌신과 희생정신도 더 투철하고 국가나 회사경영도 잘 하는 게 아니다. 이기심만 더 투철하여 사익 챙기기에 급급하지 않나 하는 생각이 불쑥불쑥 날 때도 있는 것은 나만의 생각일까?

(2013. 11)

군바리

모처럼 방콕(방에만 콕 틀어박힌 자)에서 벗어나 외출을 했다. 시간이 많은 사람의 외출이 대수로운 게 아니나, 거리엔 눈부신 햇살로 봄기운이 돌고 거니는 사람들의 발걸음도 훨씬 가볍고 발랄하다. 외출을 나왔음직한 병사가 저쪽에서 바쁜 걸음으로 지나간다. 안보정세가 어지럽고 한미합동훈련중이라는데 고생이 많겠다고 위로해 주고 싶다. 군은 위기에 목숨을 내놓고 나라를 지키는 안보역군이지만, 군에 대한 국민의 평가는 부정적인 면이 더 많은 듯하다. 심지어 '군인'을 얕잡아 부르는 '군바리' '워카'란 말까지 쓴다.

군인은 하나밖에 없는 생명을 내놓고 국가안보를 책임지는데 국민은 군인에게 감사와 존경은 표하지 못할망정 왜 군바리' '워카'란 비하명칭이 붙여졌을까? 그 근원을 알아봐야겠다.

우리나라는 헌법과 병역법에 의해 일정한 연령이 된 남자는 누구나 정해진 기간 동안 군에 복무해야 할 의무가 있는 국민개병제도국가(國民皆兵制度國家)이다.

그런데 군바리는 군인을 비하하기도 하고 일반호칭으로도 쓰이는데, 그 비하하는 어원은 ①일본어 시다바리(したばり=하수인, 조수)처럼 특정직업을 비하하는 바리가 군(軍)자 다음에 붙어 '군바리'가 되었다는 설이 있고, ②군인들이 스스로 자조적으로 비하하거나 또는 군에 안 갔거나 군을 시기하고 비하하는 사람들이 부른 명칭이라고도 한다.

다른 면으로, 국립국어원은 제주도 방언에 젊은 청년을 동바리, 젊은 처녀를 비바리, 결혼한 남성을 왕바리, 결혼한 여성을 냉바리, 학생을 학바리라 하여 '~바리'는 '젊은 사람'이란 뜻을 가진 제주도 방언이라 한다. 그런데 6·25전쟁 중 신병의 훈련과 보충을 위해 1951년 1·4후퇴 후에 제주도 모슬포에 제1육군훈련소(强兵臺)를 설치하였다. ③육지에서 젊은 장정들이 제주도 훈련소에 와서 훈련을 받게 되어 제주도 사람들이 군인들에 대한 호칭으로 '군(軍)'자 다음에 '젊은 사람들'을 뜻하는 방언의 접미어 '~바리'를 붙여서 '군바리'로 부르게 되었는데 이것이 표준어로 정착되어 속어화되면서 점차 비하적인 뜻으로 쓰이게 되었다는 설이다. 그래서 '군바리'는 한편에서는 일반명칭으로, 다른 한편에서는 군을 비하하는 명칭으로 불리고 있다.

그러면 왜 군에 대한 국민의 신뢰가 무너졌을까? 광복 후 6·25 남침전쟁을 맞아 국민개병주의로 젊은이들이 모두 군에 동원되었는데 관련 공무원과 장병의 부정으로 돈 없고 빽 없는 청장년이 전선에 배치되어 많은 희생을 당했다. 주로 배우지 못한 농어촌출신 장병의 피(血)로 조국을 지켜 정전을 맞았다. 장교는 광복 후 왜군 근무경력자와 월남한 청년 중에서 장교로 임관한 자들이 6·25전쟁을 맞았고, 전쟁 중에 6년제 중학교 4·5·6학년 중에서 단기교육을 받고 소위로 임관하여 소대장을 맡았으니 희생이 매우 컸다. 심지어 소모소위라 했다. 전 후에 이들은 대간첩작전이나 대국민활동, 그리고 제대 후 취업한 민간직장에서도 실력과 합리적인 절차로 설득하고 지휘하기보다 업무를 알지 못하면서 강압적으로 밀어붙여 군인은 무식하다는 평과 멸시를 받았다.

일부 고급하사관과 장교들은 인사부정으로 축재하고, 군수품을 팔아 착복하였으며, 부대장은 휘발유·군수품·쌀과 부식을 암시장에 팔고, 차량을 대여하여 돈을 받고, 부대내 PX에 비인가 조달품을 판매하는 등 소위 후생사업을 하였다. 이 대금의 일부는 부대 운영비에 쓰고 나머지는 착복하거나 유흥비에 쓰는 게 일반화되었었다. 그래서 군인 모두가 부정집단으로 오해받았으며, 군인가족은 어렵던 시절에도 군수물자로 호의호식한다고 믿었다. 가난한 군인과 그 가족은 오히려 요령없는 무능력자로 치부했다. 부대에 나오는 주부식을 암시장에 팔아 병사들이 배를 곯고, 간부들이 치부한다는 이야기를 들은 가족과 국민이 군을 신뢰했겠는가? 당연히 불신하고 비하하는 군바리란 말이 유행했다.

휴전으로 인사정체가 계속되어 8년 중위 10년 대위가 보통이었는데 개중에 능력이나 인품보다 진급을 위해 뇌물을 쓰는 자가 발탁되고, 군 내부에서 은밀히 자금을 만들어 경영(?)을 잘하는 자가 부대장의 신임과 각광을 받았다. 이런 부정과 비리풍토는 군내 독버섯이지만, 갖가지 방도를 써도 근절되지 않고 더 은밀하게 끼리 끼리로 번졌다.

1961년 박정희 소장의 군사혁명으로 안보를 튼튼히 하면서 서독에 광부와 간호사파견, 중동과 월남건설참여, 월남전에 2개 전투사단 파병으로 한국안전보장과 국군현대화, 파월장병의 전투수당과 광부·간호사·근로자 등의 봉급송금으로 경부고속도로와 산업공단을 건설하여 국민경제와 국가발전의 기틀을 마련했다. 새마을운동으로 보릿고개가 없어지고 농촌에 전기가설과 냉장고 TV보급, 지붕개량과 도로확장 등 살기 좋은 변화를 가져와 박정희 대통령이 독재자라면서도 역대대통령 중 최고의 인기점수를 얻었다.

4년제 육사출신에 갖는 국민의 기대는 매우 높았다. 초급장교 시에는 원칙장교로 칭찬을 받았지만, 계급이 높아짐에 따라 기성장교에 물들어 구분하기 힘들어졌고 기대에 미치지 못했다. 무슨 회니 무슨 부대출신이니 하고 회장을 중심으로 끼리끼리 파당을 만들어 국가보다 개인숭배가 횡행했고 줄서기가 보직과 출세의 첩경이 되었다.

10·26 박정희 대통령의 시해사건 이후, 전두환 소장을 중심으로 한 소위 신군부세력은 12·12사태로 군을 장악하고 5·18사태로 정권을 장악하였다. 군사정부는 부정적인 여론을 의식하여 이를 만회하려고 기성정치인들과 차별화하려고 노력했다. 대통령의 현장확인정치와 전문 인력의 사심 없는 장관채용으로 열심히 국정을 운영하여 오일쇼크와 물가가 진정되고, 치안과 안보를 공고히 했으며, 무역흑자로 국민경제생활을 안정시키고, 88서울올림픽을 유치하여 공산국가들도 참여시켜 성공리에 마쳤으며, 국민과의 약속대로 대통령 단임을 실천하고, 대통령직선제를 실시하는 등 괄목할 업적을 남

졌다. 국민들은 치안이 유지되고 경제가 안정되어 살기가 좋다고 칭찬했었다. 일부 부정적인 시각을 가진 자들이 군사독재니 민주주의 후퇴니 군바리독재니 하고 비판했다.

그런데 김영삼 정부의 문제제기에 사법부는 12·12가 정상절차를 밟지 않은 하극상이고, 5·18이 불법적인 정권찬탈이라고 판결했다. 전두환·노태우 두 전직대통령이 재임 중 각각 수천억 원의 부정한 비자금을 조성 은닉했다며 환수명령이 내려졌고 여론도 냉혹했다. 부정과 함께 은밀한 사조직도 면모를 드러내어 국민은 실망하고 분노했다. 육사출신의 급성장을 우려하던 군 내외부의 집단으로부터 많은 비하와 비난이 쏟아졌다.

고래로 권력이 있는 곳에 돈이 모이고, 절대 권력은 결국 썩는 게 권력과 부(富)의 공식인데 이 틀을 벗어나지 못했다. 만일 이런 부정이 없었다면, 안보위기에 국가보존을 위한 군의 정권장악의 평가도 재판이 아니라 후세에 사가(史家)가 업적과 정당성으로 평가할 문제였다. 먼 앞날을 내다보지 못하고 왜 눈앞의 달콤하게 가당된 사탕을 취해 업적은 쓰레기통에 팽개치고 부정축재자로 낙인 찍혀 불행을 자초했는지 매우 애석한 일이다. 모든 악의 뿌리는 냄새나는 돈에 있고, 부정축재적발은 국민의 공감 속에 권력을 분해 매장 탈락시키는 가장 빠르고 효과적인 방법임은 역사가 증명하고 있다.

군인은 한눈팔지 말고 오직 군 본연의 길을 우직하게 가야한다. 광복 후 2번의 군사쿠데타로 정치맛을 본 일부 정치군인으로 인해 전(全) 육사출신을 범죄집단인 양 비난받게 했다. 그래서 군에 대한 국민의 신뢰를 잃게 되었고 군은 민주주의를 퇴보시킨 주범이고 부정축재자들이며 군을 '군바리 또는 워커'라고 비하하며 혐오하게 했다.

최근에는 GOP 김병장 총기난사사건과 윤일병 구타사망사건의 어설픈 처리에, 군사령관의 만취추태와 사단장의 성추행사건, 연이은 방산비리사건 등으로 인해 군 위상은 더욱 추락했다. 군이 신뢰를 회복하기까지 수십 년이 걸릴지 모른다.

군바리란 말을 어떻게 쓰이는지에 따라 칭찬일 수도 있고 비하일 수도 있다. 어느 일정부분의 군 과오를 인정한다 해도, 군은 국민의 자제로 구성되었으니 가족처럼 애정을 갖고 잘한 점은 칭찬하며, 잘못은 지적하여 고치게 하는 게 정도이고 순리이다.

군인은 지난 사건을 거울삼아 군 본연의 임무인 위국헌신과 희생에 충실하고 안보를 튼튼히 하여 국민의 절대적인 신뢰와 지지를 회복해야 한다. 이것이 '군바리'란 군 비하를 막고 국민의 신뢰를 얻어 안보강화와 평화통일의 주역이 되는 지름길임을 명심해야 한다.

(육사총동창회보 80호 50쪽 2004. 11)

불청객과 하나 되어

네 살 된 손자 '중호'의 작은 손을 잡고 어린이집으로 가는데, 손자는 나를 올려다보며 뜬금없이 "할아버지!, 할아버지는 왜 머리가 하얘? 아빠 엄마는 안 그런데…." 하고 묻는다. 어떻게 설명해야 할지 잠시 망설여진다. "할아버지는 오래 살아서 그래, 나이가 많아지면 머리가 희어지는 거야…." 하고 대답해 주었다.

머리카락이 희어지면 얼굴에 주름이 없어도 늙어 보이고, 전철이나 버스, 모임에서 어른대접을 받는 경우가 흔하다. 직장에서도 퇴물 취급받기 일쑤다. 머리가 일찍 세는 것은 유전적 영향이거나 신경을 많이 쓴 때문이라고 한다.

내 머리가 일찍 희어진 것은 유전적 영향 때문이다. 어머니는 40대 후반에 앞머리가 허옇게 반백이 되었다. 그때 외할머니는 60대 후반이셨는데 보기 좋은 은백색으로 곱게 늙으셨다는 인상을 주었다.

내 머리카락은 40대 초반부터 하나 둘 세더니 몇 년 사이에 반백이 되었다. 불청객인 흰머리가 많은 것은 어머니의 아들이라는 명백

한 증거이고 내력이지만, 머리가 세어서 황당한 일을 당하여 고심한 적이 여러 번 있었다.

한번은 사백(舍伯)과 동행하여 모임에 나갔는데 흰머리를 보고 나를 형으로 오인하여 해명하느라 난처한 경우가 있었고, 처음 만난 사람이 나이보다 훨씬 많게 보며 "고생을 많이 해서 그런가." 하는 토를 달아 기분이 상하기도 했다.

백발은 산전수전을 다 겪은 자랑스러운 인생역전의 상징이기도 하다. 40대의 젊은 재벌총수는 나이든 임원들 앞에서 노련미를 갖추려고 앞머리는 은발로 부분염색을 한다고 한다. 지위에 걸맞지 않는 내 흰머리는, 고의는 아니지만, 선배 앞에선 좀 송구스러웠다. 그래서 염색을 하게 되었는데 매주 한 번씩 하는 염색은 손수 할 수 없으니 아내의 도움을 받아야 했다. 골고루 염색약을 발라야 함은 기본이고, 피부에 묻으면 피부도 검게 물들어 여간 신경이 쓰이는 게 아니었다.

그런데 염색을 한 다음부터 머릿속이 가렵고 긁으면 빨간 반점이 생겼다. 처음에는 반점이 머릿속에만 생겼다가 얼굴과 목 주위로 번졌고, 나중에는 몸도 가렵고 좁쌀만 하게 생기더니 가슴 배 등 쪽으로 확장되었다. 그래서 서울에서 꽤 유명하다는 피부과에 들렀는데, 머리와 몸을 자세히 본 의사는 염색약에 함유된 옻(漆)때문이라고 진단했다.

"피부가 예민한 편이라 옻 성분이 없는 비싼 염색약을 쓰고 있습니다."는 설명에, 의사는 빙그레 웃더니 "염색약에 옻이 들어가지 않으면 검게 염색이 되지 않습니다. 옻성분 없는 염색약을 만들 수 있으면 떼돈을 벌 것이고, 계속 사용하면 몸속에 옻이 스며들어 암까지 유발할 수 있어 즉시 중단하십시오!" 하고 경고했다.

실은 주변에서 자연스런 염색이 더 좋겠다고 귀띔했던 터라 매우 난감하게 되었다. 차선책으로 "가발을 해 볼까?" 하고 서울의 가발가게를 뒤졌다. 그런데 70년대 후반은 가발이 일반화되지 않았던 때라 인상이 변하지 않고 자연스러운 기성가발은 없고, 맞춤가발을 주문해야 한다는데 그 값은 예상보다 훨씬 더 비쌌다.

숱이 많은 머리 위에 가발을 쓰고 벗기를 수차례 시험한 끝에 가발을 쓰지 않기로 결심했다. 가발을 쓰니 부자연스럽고, 내 순수성을 버리고 공작원이나 특수임무자로 분장한 기분이 들고, 코미디영화나 첩보영화에서 본 배우가 연상되었기 때문이었다.

오랫동안 염색을 한 K군은 염색하면서 삼계탕을 먹고 국물을 바르면 가려움증과 반점이 생기는 부작용이 없어진다고 비법을 알려주었으나 실천하진 않았다.

그래서 불청객인 흰머리는 나의 첫인상이 되었고, 근무하면서 머리가 센 값을 톡톡히 한 때도 있었다. 특히 기관장을 대신해서 외부인사를 만나거나, 국회에서 예산결산과 예산안을 설명할 때다. 같은 내용을 설명해도, 머리에 서리가 내린 설명자에게 신뢰를 더해 주었다. 설명에 걸맞은 용어를 선택하고 억양과 속도를 조절하면 권위를 더해 주어 외양이 매우 큰 영향을 준다는 사실을 실감했다.

40대에는, 같은 연배들 중에 흰 머리가 가장 많았으나 더디 세어 지금은 평균쯤 될 듯하다. 머리가 세는 속도도 충청도 완행기질로 더디게 세는가 보다. 역설적으로, 무엇을 먹어야 흰머리가 검어지느냐는 질문을 자주 받는다. 요즘은 양위분께 감사드린다. 벗어지지 않아 모자를 써서 머리를 보호하는 수고를 안 해도 추위를 견딜 수 있고, 모자와 가발 값을 별도로 지출하지 않아도 되기 때문이다. 머리숱이 많아 이발할 때마다 솎아내니 오히려 자랑스럽다.

흰 머리든, 가발을 쓴 검은 머리든 같은 사람이다. 가발은 좋은 의미로 보면 분장이고, 다른 면으로는 위장(僞裝)이다. 염색이나 분장한 가발처럼 약점을 가리고 완전으로 가장하는 경우가 얼마나 많은가. 이는 목적에 따라 선(善)이 될 수도 있고 악(惡)일 수도 있다. 주름없이 팽팽한 얼굴, 조화롭고 준수한 이목구비, 쭉 뻗은 다리 등은 현대적 성형수술로 미인 쾌남으로 만든 긍정적인 경우도 있다.

또 흑심을 감춘 유혹, 청렴을 가장한 부정축재, 선행을 가장한 사기, 정도를 가장한 불의 등 많은 범죄행위가 선으로 포장되는 경우를 본다. 이렇게 위장과 변장으로 겉과 속이 다른 자들이 많다. 그래야 잘 사는 세상이어서인지 외양만 고치는 자들이 많지만 세월은 위선(僞善)을 비켜가지 않고 진실은 밝혀지게 마련이다. 생긴 대로 사는 게 내 주장이니 가발을 쓰지 않고 지내기를 잘 했다고 생각한다. 솔직한 자기노출과 약점을 보완하려는 노력을 계속해왔기 때문이다.

불청객과 하나가 된 흰 머리털을 감추기 위해 "부분가발을 할까, 맞춤가발을 할까?" 하고 망설인 적도 있지만, 백발이 오히려 나의 삶에 정체성(正體性)을 대변했으니 감사하게 된다. 위장이나 은폐보다 적나라하게 노출시켜 살아온 게 잘했다고 생각한다. 오늘도 거울에 비친 백발, 불청객을 보며 일찍 여읜 어머니를 그리워하며 불청객과 하나가 된 삶을 감사하게 한다.

(이학용 수필집 제2권 제목. 2009. 7)

아름다운 동행

사람은 사회적동물이라 한다. 이는 신의 섭리이니 남의 도움 없이 혼자 살아갈 수 있으랴. 그래서 약할 때는 힘 있는 자의 도움을 받고, 힘 있는 자는 힘없는 자를 도와 서로 협력하며 살아가는 게 세상살이다. 이렇게 돕고 도움을 받는 모습은 아름답다. 부부라고 예외가 아니다.

아이가 자라서 결혼하고, 노후를 맞는 과정이 모두 동행의 과정이 아닐까 한다. 어린 아기는 자라면서 부모의 보살핌을 받는다.

아기가 자라서 아장아장 걸으면, 엄마는 걱정스럽고 대견스런 눈으로 지켜본다. 놀이터 미끄럼대에 오르는 아들을 바라보는 아빠도 불안하여 넘어지면 받을 각오로 함께 계단을 오른다. 미끄럼틀을 타고 무사히 내려온다. 이런 호기심과 모험이 발전의 원동력이다. 부모의 눈길 속에는 사랑이 가득하고, 아기는 큰일을 해냈다는 성취감과 과시가 역력하다. 이 얼마나 큰 도전이고 성취인가. 부모와 아기가 함께 이룬 성과다.

아이는 엄마 맘마 등 일상용어부터 행동까지 부모와 동행하면서 전수한다. 부모는 보호자이고 친구이며, 교사이고 동행자다. 유치원이나 초·중·고등학교를 거쳐 대학을 졸업하고 취업해도 부모의 생활 교육과 동행은 계속된다.

자식이 결혼해야 계속하던 동행은 며느리에게 이전된다. 아내는 애인이고 친구이며 운명을 같이 하는 동반자다. 아내와 동행할 때, 남자는 차도 쪽에서 아내를 보호하고, 발을 헛디디거나 넘어질 때 받쳐주고 부추겨주는 것은 자연스런 보호행위다. 부부는 정보를 공유하면서 가정의 행복을 위해 서로가 합심하고 희생한다. 그 결과 얻는 작은 결실에도 만족하고 행복을 느낀다. 그래서 몸이 으스러져라 아낌없이 일하고, 일이 끝나면 집으로 달려간다. 가족은 가장을 반기고, 아내는 정성들인 저녁상으로 남편을 맞는다.

남편이 짐을 가득 실은 손수레를 힘겹게 끌고, 아내는 뒤에서 밀다가 잠깐 쉬면서 남편의 이마에 흐른 땀을 수건으로 찍어주는 정겨운 모습을 보면 가슴이 뭉클해진다. 여기에서도 서로 사랑하고 열심히 일하는 이유를 읽는다.

어쩌다 여유가 생기면 가족이 손잡고 공원을 거닐고, 영화구경을 하며 외식하는 사치도 즐긴다. 또 마음에 맞는 친구와 의기투합하여 회포를 풀고 즐기는 게 곧 행복이 아닌가. 행복이란 게 별거던가. 행복감을 느끼지 못하는 것은 우리 주위에 널려 있는 게 행복인데 손이 닿지 않는 높은 곳에서 크고 화려한 것만 찾아 실망하고 느끼지 못하기 때문이 아닐는지….

여생을 그려본다. 부부가 서로 의지하고 도우며 가려운 곳을 긁어주는 심정으로 살아야겠다고…. 노부부에게 사랑이란 말은 이제 진부한 표현이다. 가끔 아들 딸 며느리 사위 손자 손녀와 함께 위안과 재롱을 즐기련다.

그래도 이 세상에 가장 스스럼없고 믿을 사람은 아내가 아닌가. 자식에겐 몸이 아프다고 말하기가 부담스럽지만, 아내에겐 모든 걸 다 털어놔도 포용하니 스스럼없고 미덥다. 집안을 치우다가 소파에서 낮잠을 즐기는 아내의 손을 가만히 잡아본다. 따뜻하다. 내 손임을 아는지 꼭 쥔다.

예쁘고 곱던 얼굴에 주름이 가득하다. 굵은 손마디, 거친 손을 보는 마음이 짠하다. 자식을 키우며, 집안의 궂은일을 도맡아 열심히 일한 고마운 손이다. 깊은 주름과 굵은 손마디는 거친 세상살이의 증거이고 희생의 훈장이 아닐까?

우리 부부는 아직 건강하다. 그래도 헤어져야할 시간은 점점 가까워지고 있으리라. 건강하게 살다가 내가 먼저 가기를 입버릇처럼 기도한다. 젊어서는 왜 그리 이해심이 없고 쌀쌀했는지 후회스럽다. 그래서 옛 어른들도 조강지처(糟糠之妻)에 삼불거(三不去)를 강조했는가?

서로가 지팡이가 되고, 손도 되고 발이 되어 세상 끝날 때까지 함께 행복을 꾸미며 살리라 다짐한다. 그러면 아름다운 동행으로 복된 노후를 장식하여 조금은 보답할 수 있지 않을까.

이런 다짐에 화답하듯, 창밖에 곱게 물든 아름다운 저녁노을이 유리창에 반사되어 아름다운 동행을 축하하듯 우리부부를 발그레 하게 물들이고 있다. 이보다 더 사랑스럽고 멋진 축하장면이 있었던가?

(창수문인회 동인지 제목으로 선정. 13집 278쪽 2008. 10. 월간문학 41권 475호 232쪽 2008. 9)

6.

헝그리정신

사랑과 이별 그리고
내 맘속의 내비게이션
추석차례는 어느 신에게
녹차 한 잔 앞에 놓고
커피향의 유혹
아내의 손
어머님 탄신 100주년 추모
달걀 하나
한마디라도 바르게
헝그리정신

사랑과 이별 그리고…

이 글은 2010년 7월 17일 미국 샌디에고에 있는 아들네를 방문하고 LA공항 귀국탑승대기실에서 읽었던 기사내용이다. 무료함을 달래기 위해 신문을 뒤적이다 다음 기사를 읽고 가슴이 찡해옴을 느꼈다. 부부는 서로 의지하며 산다지만, 이런 부부가 행복한 부부가 아닐까 하는 생각이 들어서다. 그 내용은 대략 다음과 같다.

이 부부는 결혼하여 62년을 해로하며 떨어지지 않고 항시 함께 생활했다. 남편은 식품점에서 장을 봐오고, 부인은 그 식재료를 이용하여 맛있는 요리를 했다. 부인은 남편의 말 한마디가 없어도 어떤 생각을 하고, 무엇을 먹고 싶어 하는지 정확히 가려내어 남편이 원하는 음식을 차렸는데, 그들에게는 식기세척기가 없었다. 그들이 세척기를 살 여유가 없어서가 아니라 식기세척기로 힘 안들이고 간편하게 설거지를 하기보다, 식사 후에 함께 대화를 나누며 설거지를 하는 재미가 더 좋아 긴 대화시간에 더 큰 비중을 두었기 때문이었다고 한다.

부부는 점점 노쇠하여 건강이 나빠지자, 지금까지 살던 '일리노이주'에서 딸이 살고 있는 '라마사'로 지난달에 이사했다. 거기에는 딸과 사위·외손자들이 살고 있었는데, 그들은 부모를 문병하기 위해 방문했다. 그 부인은 만성적인 파킨슨병·백혈병·당뇨병으로 고생하여 자주 입원했다. 남편은 심장병과 폐렴으로 입원하였지만, 차도가 있어 퇴원하여 집에서 간병인의 보살핌으로 요양 중에 있었다.

집에 있던 남편은 6월 27일 부인을 문병하기 위해 구급차를 불러 타고 입원중인 부인을 찾아갔다. 이들의 각별한 부부애를 잘 아는 간호사들은 부인 침대 옆에 남편의 자리를 마련해주었고, 그들 부부는 침묵 속에서도 미소를 지으며 손을 잡고 눈으로 서로 의사소통을 하였다.

부인은 60여 년을 함께한 남편에게 "나는 당신을 영원히 사랑합니다. 그리고 다른 세상에서 또 다시 만나기를 바랍니다."고 고백했다. 그 부인은 회복될 기미가 없어 이들의 애틋한 사랑을 지켜본 간호사들까지 눈물을 훔쳤다. 남편은 그날 밤에 귀가했으나, 아내의 사랑과 영원한 사랑고백을 되뇌며 잠을 이루지 못했다.

다음날(6.28) 아침, 급기야 부인의 산소마스크가 제거됐다. 6월 28일 오후 1시 20분에 그 부인은 잠자듯 편안한 얼굴로 하늘나라로 떠났다. 가족들은 한 시간쯤 지나서 이 슬픈 소식을 남편에게 전하기 위해 남편이 살고 있는 집으로 달려갔다. 그러나 그 남편은 의식이 없었다. 간병인은 오후 1시쯤에 그의 호흡이 갑자기 불규칙하게 변했고 그에 더하여 의식을 잃었는데 그 이유를 모르겠다고 설명했다. 아마도 남편은 부인과 텔레파시가 통한 게 아닐까. 남편은 의식을 회복하지 못하고, 그 아내가 떠난 지 5시간 반 만인 오후 6시 45분에 사망선고를 받았다.

이들 부부는 다시 한 번 병원에서 만날 수 있게 되었다. 부부의 강한 결속을 종말로 한 이야기를 쓰는 작가 '잔'은 하느님이 이 부부에게 주신 '기적 같은 선물'이라 말했다.(주:Sandiego Union Tribun-2010.7.17.OUR REGION B1면)

이상은 신문기사를 풀어 쓴 내용이다. 정신까지 상통하고 공유하며 서로를 이해하고 아끼는 부부의 삶이 가장 행복한 삶이라고 생각하여 이 부부의 사랑에 감명 받아 이 글을 쓰게 되었다. '간절한 소망과 소원은 이루어지고, 서로 마음이 통하는 게 아닐까?' 하는 생각을 하게 된다. 텔레파시가 통해 서로의 정신을 연결시켜주었기 때문일 게다.

'이승만 초대 대통령'의 영부인 '프란체스카여사'나, '레이건 미대통령'의 영부인 '낸시여사'처럼 지극정성으로 남편을 보필하고 돌보아 큰 업적을 남기고 생을 마감하게 한 이도 있고, '소크라테스'나 '톨스토이'처럼 악처로 인해 유명한 철학자나, 불휴의 명작을 남긴 작가도 있다. 아내나 남편은 평생 동안 서로에게 가장 큰 영향을 주며 살기 때문이다.

젊어서 직장생활을 할 때는 경제적으로 안정이 되지 않아 아내나 가족에게 소홀했고, 고생을 많이 시키면서도 위로하거나 도와주지 못했다. 남성위주의 전통과 가부장적 가정에서 보고 배운 대로 내 주장이 강했으니, 아내는 내가 감정을 억제하지 못하고 절제 없이 내뱉은 언행으로 인해 몹시 서운했을 때도 많았을 게다. 남자의 행동이나 가사(家事)결정이 여자의 의견에 좌지우지되는 것은 못난 놈으로 치부했었다. 그런데 퇴직하여 집에 있으면서 오직 '남편과 가족'을 위해 헌신적이고 희생적인 봉사를 하는 아내의 바쁜 생활과 곱던 얼굴에 굵게 패인 주름살, 나날이 굼떠가고 힘겨워하는 아내를 보면서 많은 것을 생각하며 지난날을 되돌아보게 했다.

이래서 사람은 후회하며 사는 동물이라 했는가? 이제부터라도 바쁜 아내를 도와주려고 조금씩 가사를 거들고 심부름도 해준다. 196,70년대를 살면서 경제적인 어려움과 고생을 하지 않은 사람들이 얼마나 될까마는 자기가 겪은 고생이 가장 크게 느껴지게 마련이다. 모든 게 자기중심으로 생각하고 행동하기 때문이다. 내 고생은 내가 선택했으니 누구를 탓할 수도 없다. 그러나 아내와 자식은 남편과 아비를 잘못 만났기 때문이라는 생각에 마음이 편치 않았다.

그래서 늦었지만, 앞으로 아내의 노고를 조금이라도 보상하는 삶을 살리라 다짐한다. 늦게 철이 드는 증거인가 보다. 오늘 아침, 아내에게 이 부부의 이야기를 해줬더니 이들을 매우 부러워했다. 우리 부부도 서로 사랑하고 의지하며 건강한 가운데 이 세상을 행복하게 살다가 함께 다음 세계로 여행했으면 하는 바람을 갖는다.

'하느님, 저희에게도 이 부부처럼 사랑하며 살다가 이별하고, 다시 함께 할 수 있는 복을 주소서….' 하고 두 손을 모아 간절히 기도한다. 이런 이야기에 귀를 기우리고 부러움을 느끼는 것은 되돌아보는 삶이 많기 때문이 아닐까? 아름다운 마지막 장면을 그려본다.

(창작수필 81호 108쪽 2011. 9)

내 맘속의 내비게이션

내비게이션(Navigation=자동항법장치)은 찾아가려는 목표물의 주소나 지번(地番) 또는 건물명을 입력하면 인공위성을 이용하여 현 위치에서 목적지까지 이동할 가장 빠른 도로와 이동소요시간을 알려주며 찾아가는 기술이다. 이는 항해・항공・육상에도 적용된다. 내비게이션이 최초로 개발되었을 때는, 자동차에 사용하도록 고안된 범지구위성항법시스템(Global Positioning System)이었다.

몇 십 년 동안 살았던 서울골목이나 음식점을 찾아가려고 해도 재건축과 도시정비로 건축물과 도로망이 달라져 그 위치를 찾기가 쉽지 않아 자동항법장치의 안내가 절실하다. 내비게이션의 도움을 받으면 모르는 곳도 수월하게 찾을 수 있기 때문이다.

내비게이션이라는 용어는 자동항법장치(Automotive naviga tion system) 또는 차량항법장치(Car navigation system)에서 비롯된 말이다. 내비게이션은 1983년에 일본 혼다에서 처음으로 개발하였고, 범지구위치결정시스템인 GPS가 실용화된 후에 내비게이션회사와 사용자가 급격히 증가하여 오늘에 이르게 되었다.

사람뿐만 아니라 동물들도 고향이 그리워 찾아가기는 사람과 같은가보다. 여우도 죽을 때는 '고향이 그리워(思鄕之心) 머리는 태어난 굴을 향한다(首丘初心)'고 하지 않던가. 사람들은 고향과 부모를 그리워하며 명절이 되면 10여 시간에서 20여 시간 동안 도로에서 교통체증과 허기에 시달리면서도 고향을 찾는 긴 귀성행렬을 보면 귀소본능의 위대함을 실감한다. 그러면서도 고향에 도착하면 피로한 기색도 없이 활짝 웃는 모습에서 부러움을 느낀다. 고향엔 반겨줄 부모님이 안 계시어 가지 않기 때문이다.

연어는 태어난 모천에서 치어(稚魚)로 수만리 떨어진 바다로 나가 살다가 자기장을 따라 태어난 고향개울에 돌아와 종을 번식시킬 알을 낳고 생을 마감하는 것을 보면 숙연해진다. 연어는 수만리를 헤엄쳐 오느라고 몸이 지치고 상처투성이지만 암놈이 흐르는 물속의 돌과 풀에 알을 낳으면 수컷은 그 위에 정액을 뿌려 수정시킨다. 이는 본능이라지만 수만리 떨어진 고향을 찾아가는 내비게이션이 없다면 가능할까?

또 우리가 익조(益鳥)로 알고 있는 작은 날짐승인 제비도 봄이 되면 살든 남쪽나라(태국)에서 우리나라에 찾아와 알을 낳고 새끼를 키워 가을이 되면 다시 남쪽으로 날아간다. 제비는 전년에 찾아와 새끼를 키웠던 고향집에 다시 찾아온다니 얼마나 감사하고 신기한가. 제비와 우리민족이 얼마나 끈끈한 인연이 있으면, 제비집에서 떨어져 다리가 부러진 제비새끼를 고쳐준 흥부에게 다음 해에 박씨를 물어다 주어 그것을 심은 결과 큰 박이 열렸고, 박에서 나온 금은보화로 부자가 되었다는 '흥부와 놀부이야기'는 비현실적이지만, 자연과 어울려 살아가는 권선징악을 표현한 자연친화적인 전래동화가 아닌가! 기러기나 철새들도 캄캄한 밤에 무리지어 내비게이션으로 고향에 찾아간다고 생각된다.

내비게이션의 도움으로 생소한 목적지를 쉽게 찾아가는 것처럼, 마음속에 항상 그리는 부모님을 찾거나 인생의 목표를 찾아가는 내비게이션은 없을까? 마음속의 내비게이션이 작동한다면 쉽게 찾아 가슴앓이를 하는 사람들도 훨씬 줄어들 텐데…. 6・25남침전쟁과 IMF사태의 후유증으로 가정형편이 어려워져 자식을 키울 수 없자, 밥이라도 배불리 얻어먹으라고 남의 집이나 외국에 입양시킨 쓰라린 시절이 있었다. 어려서 입양되어 능력 있고 성실한 청년으로 성장한 후에 부모를 그리워하며 텔레비전 프로에 나와 부모를 찾는 모습을 보면 안쓰럽기 그지없다. 그들에게 부모・자식 간을 연결하는 내비게이션이 있다면 구태여 아침마당 '그 사람이 보고 싶다' 프로에 나와 눈물로 호소하지 않아도 되지 않을까? 부품처럼 필요할 때 간단하게 탈착(脫着)되는 내비게이션은 없을까? 이는 인간에겐 내비게이션이 없다는 증거인가?

사람은 나이가 들면서 철이 들고 이치를 파악하게 된다. 나이가 들면서 우리의 마음과 행동을 지배하는 것도 일종의 내적 내비게이션이 아닐까?

사람은 살아가는 과정에서 자기 인생목표와 그에 도달하기 위한 중간목표를 세우고 이를 달성하기 위해 부단히 노력한다. 이때 목표를 입력하면 '현 위치에서 목표까지 도달할 수 있는 진로와 소요시간, 소요자금을 알려주고 가는 도중에 맞게 되는 장애의 극복 방법과 전진방향을 바로 잡아주는 내비게이션이 마음속에 있다면 얼마나 좋을까?' 하는 엉뚱한 생각도 갖게 된다. 또 선과 악, 부정과 정의, 참과 거짓 등 생애에서 맞게 되는 각종 사안에 대해 양심과 이성의 선택이 마음속에 자리한, 제한적이고 부분적이긴 하지만, 일종의 대용내비게이션에 의한 선택이 아닐까?

나름대로 세운 목표와 가는 길은 고민하는 과정을 거쳐 정확하다고 판단하여 결정하지만, 과연 그 목표와 성취과정이 맞는지는 불확실하다. 그렇다고 주위에 허심탄회하게 속마음을 터놓고 장래를 상의하고 조언을 구할 사람도 마땅치 않다. 친절히 안내해줄 아군의 분별도 어렵고, 나이가 많다고 장래에 대한 조언이 모두 올바르고 다 도움이 되는 것도 아니어서다.

목표에 달성가능한 길과 방안제시는 시행자의 능력에 맞아야 한다. 능력보다 너무 높은 목표를 설정하면, 힘만 들고 결국 성취하지 못하고 실패할 확률이 크기 때문이다. 목표는 열심히 하면 달성할 수 있을 정도로 조금은 버거운 것이 좋다. 그래야 발전할 수 있다. 목표는 수행자의 정신적 육체적 능력, 경제적 조건, 사회의 여건, 달성 후 사회의 기여도 등을 고려하여 설정해야 한다.

사람은 같은 학교나 같은 과를 졸업해도, 졸업 후 노력하는 정도에 따라 시간이 흐를수록 능력은 현저한 차이가 생긴다. 졸업은 어느 수준에 합격하여 출고시킨 규격품이지만, 그 후에 다루고 길들이는 정도에 따라 좋아질 수도 나빠질 수도 있어 수명과 질이 다른 것과 같다. 그래서 인생은 장거리경주이니 쉬지 말고 매진하라고 하지 않던가?

내비게이션은 목표에 찾아갈 도로에만 국한하지 않고, 잘잘못을 판단하는 양심, 이익을 둘러싼 정의와 불의, 인생목표의 설정과 성취, 건강을 좌우할 문제 등도 내비게이션의 안내를 받을 수 있다면 훨씬 힘이 덜 들고 실패확률도 줄어 시간과 노력·자원의 낭비도 없으련만…. 내비게이션은 어렸을 때, 모르는 것을 질문하면 척척 대답해 주시던 선생님처럼 만능 길안내자로 여겨진다. 그런데 사람들이 나름대로 목표를 세워 열심히 하라고 사람의 마음속에는 내비게이션이 없는 건 아닐까? 텔레파시는 영적으로 통한다는데, 꿈에 나타난 부모님의 계시로 사고를 모면한 경우는 있다.

길을 물을 때 바르게 가르쳐주는 고마운 이도 있고, 모르면서 아는 척 엉뚱한 길을 알려주는 경우도 있다. 모든 걸 내 일처럼 적극 도와주려는 이와 웃음 뒤에 예리한 칼을 숨기고 상대의 실패를 즐기는 사람 등 다양하지만, 이에 대한 판단과 선택은 본인 몫이다.

내 목표와 그에 따른 행로를 결정할 내 마음 속의 내비게이션은 양심과 심안(心眼), 이성으로 판단하고 결행함으로 성공과 실패는 전적으로 내 책임이라는 사실을 명심해야 한다. 주요결심은 모든 욕망을 내려놓고 자기 능력과 위치를 정확히 파악한 후 목표를 향해 할 일을 선정·매진하는 객관적이고 신중함이 필요하다. 그래서 내 맘속의 내비게이션은 양심과 이성에 의한 능력의 판단이면서, 한편으로는 마음속에 그리는 그리움과 목표, 상상의 날개란 생각이 든다.

(이학용 수필집 제4권 제목. 2013. 5. 육사총동창회보 75호 46쪽 2013. 8)

추석차례는 어느 신에게

사람의 능력은 한계가 있어 하는 일이나 하려는 일에 능력이 미치지 못함을 느꼈을 때 스스로 보잘 것 없는 존재임을 깨닫고 신세를 한탄할 때가 많다. 이때 전지전능한 신의 힘을 빌려 소망하는 일을 성공적으로 마칠 수는 없을까 하는 엉뚱한 생각을 갖기도 한다. 이는 인간능력에 한계가 있고 절대자의 능력을 차용해서라도 소원을 이루려는 욕망의 표현이다. 그래서 대자연이나 역사상 위인 또는 절대자의 힘을 비는 종교가 탄생하지 않았을까하는 생각이 든다.

우리민족은 대대로 조상신과 자연신을 믿으며 위기에는 그의 힘을 빌려 지혜와 염력을 얻어 위기를 극복하고 목적을 달성하려 매달려 왔다. 고목이나 성황당, 바위나 바다, 해와 달 등 현대인의 눈으로 보기엔 유치할지 몰라도 대자연에 소원을 빌거나, 조상신에게 뜻한 일을 이루게 해달라고 빌어 성취의 만족과 위로를 받았다. 이를 위해 평소 착하게 살아야 신이 도와준다고 믿었다. 이런 생각과 행위가 우리에게 전통화되어 신을 섬겨왔고, 명절과 기일의 제례가 되고 기원제가 되었다.

추석은 서양의 추수감사절과 같은 농경의례인데, 자연의 모진 풍파를 이기고 풍성한 수확을 얻은 것은 조상신의 음덕이라며 햇곡식과 햇과실로 감사의 제를 올리고 음복으로 돌아가신 조상신이 드신 음식을 살아있는 후손이 들며 일체감을 갖는다. 이는 햇곡식으로 조상신에게 제를 올리며 앞으로도 계속하여 잘 보살펴달라는 감사와 소원을 빌며 조상의 은덕을 잃지 않겠다는 의식이다.

삼국사기에 따르면, 신라 유리왕 때 6부의 여자들을 두 편으로 나누어 7월 16일부터 8월 15일까지 한 달간 매일 뜰에 모여 밤늦도록 베를 짜게 했다. 8월 보름이 되면 그동안의 성적을 가려 진 쪽에서 이긴 쪽에게 술과 음식을 대접하면서 노래와 춤을 추며 놀았는데 이를 가배(嘉俳)라 하고 추석(秋夕)의 전통으로 유래했다고 한다.

그런데 우리의 현실을 보면, 추석뿐 아니라 소원성취를 빌고 감사하는 일에 조상신보다 외래신에 의존하는 사람이 점점 더 많아지는 듯하다. 외래신과 조상신 중에 어느 쪽의 효험이 더 크냐를 논하려는 게 아니다. 여기에 생각해 볼 것이 있다. 종교란 영혼불멸과 내세관으로 사람의 능력에 한계가 있음으로 현실에서 소원성취가 뜻대로 이룰 수 없음을 자각하고 절대자의 힘에 의존하여 현실뿐만 아니라 사후 미래의 소원성취를 확약하려는 나약한 인간심리의 표현방식이다. 그래서 종교는 오랜 역사를 통해 합리적인 이론체계를 유지해왔으나, 우리 민속신앙은 순수한 우리의 소박한 소원을 기원하는 형식으로 전래되어 단순하고 순박한 형태로 오늘에 이르렀다. 불교나 기독교가 우리나라에 정착하는 과정에서 우리의 토속적이고 뿌리 깊은 기복사상이 가미되었다. 우리나라의 미신적 토속신앙을 수용한 것은 외국종교의 아이러니(모순)이다.

그런데 '조상신과 외래신 중 누가 우리 사정을 더 잘 알고, 후손을 더 사랑하며, 더 잘 되기를 바랄까?' 하는 의문을 갖게 된다. 영혼이 존재한다면, 조상신 중에 부모님의 영혼이 나를 가장 사랑하고 걱정하며 잘 되기를 기원하면서 바른 길로 인도하려 노력하실 것이다. 나도 부모님을 가장 존경하고 사랑한다. 이 세상을 하직한 후에 피붙이에 쏠리는 간절한 마음을 누가 막을 것인가?

요즘, 보편화된 종교인 기독교·불교·이슬람교에서 전지전능한 하느님이나 부처님은 내 기도에 응답하여 간절한 기원을 들어주는 효험이 조상신보다 많으니 외래신에 의존해야 한다는 신자들이 많아지는 게 사실이다. 전지전능한 하느님이라 해도 너무 많은 인간들의 개인적인 기원을 부탁받아 전부 들어주기에는 부모님 영혼에 미치지 못할 것이라는 게 내 속 좁은 생각이다. 흔히 말하기를 기도는 개인과 가족의 건강과 성공, 부귀영화의 성취보다 이웃과 인류, 세계평화를 위한 기도를 해야 한다고 하는데 범인으로서 개인사를 뛰어넘는 기도가 쉬운 게 아니다.

되돌아보면, 암울한 조선시대와 식민시대를 거쳐 8·15광복이 되었지만, 6·25남침전쟁의 참혹한 피폐로 인해 미국 등에서 지원해준 밀가루와 옷을 비롯한 구호물자로 배고픔과 추위를 참으며 겨우 생존했었다. 그래서 미국을 포함한 외국은 천사의 나라요 동경의 나라로 느껴져 그 나라의 제품을 선호하게 되었다. 그래서 품질 좋은 외제라고 자랑하는 말로 '메이드인제야' 하는 말이 유행했었다.

그와 동시에 우리 정신세계에 깊숙이 파고들어 지배한 것이 외래 종교다. '굴러온 돌이 박힌 돌을 빼낸다.'고 외래종교가 우리 토속신앙과 조상숭배정신을 초토화했다. 일단 전교가 되면, 사람도 토지와 함께 따라온다고 소위 선진제국은 종교를 침략의 선제도구로 활용하여 선교사를 파견한 후 식민지를 건설했었다. 이것이 외국에서 전래한 종교의 뼈아픈 단점이고 교훈이다. 지금도 좌와 우, 진보와 보수로 갈려 전 평시를 가릴 것 없이 이념분쟁을 일삼고 있다.

우리 것은 낡은 것으로 생각하여 모두 쓸어버리고 외국 것을 무분별하게 받아들였다. 우리에게 맞지 않는 것은 버리면서 점진적인 수용으로 바람직한 변화를 가져왔어야 했는데 급속하고 무조건적인 문화수용으로 가치관의 혼란을 겪고 있다.

그래서 외래 종교계의 종교창시자의 족보는 달달 외워도 자기 할아버지와 증조부의 이름과 행적은 캄캄한데 이를 잘하는 짓이라 할 수 있겠는가? 외래 종교교주보다 할아버지·할머니·아버지·어머니로 인해 내가 이 세상에 있으니 우선 내 조상께 감사를 드려야 하지 않겠는가? 예수나 석가의 탄신일이나 행적은 꿰뚫고 있으면서도 자기 할아버지 기일이나 부모의 생일을 모르고 외면하는 아들과 며느리, 딸과 사위가 얼마나 많은가? 그러고도 부끄러운 줄 모른다.

나의 잘잘못으로 인해 행불행이 결정되고 천당과 지옥이 내 마음속에 있는데 '잘못되면 조상 탓이고 잘되면 내 탓'이라 할 수 있는가? 요즘, 고교의 역사교육이 새로운 논쟁거리가 되었다. 역사는 잘한 것은 물론 잘못한 점에서도 교훈을 배워 아프고 부끄러운 역사를 반복하지 않고 튼튼한 안보 속에 더 잘사는 민주적인 복지국가, 평화롭고 발전하며 재능을 발휘하는 통일된 나라가 되기 위해 역사배우기를 강조한다. 그래서 역사를 모르면 장래가 없다고도 말한다.

차례상 앞에서 절을 하던, 기도를 하던 그건 그리 중요한 게 아니다. 정말 자기 부모 조상께 감사하며 정성껏 차례(茶禮)를 모시는지, 기도를 하는지, 우선순위가 조상인지 외래종교 창시자에 두는지가 근본적인 문제라 생각한다. 차례가 번거롭다거나, 종교를 핑계대어 안 지내거나, 명절증후군의 스트레스를 구실로 삼거나 가족해외여행을 구실로 차례를 지내지 않으면서 차례대행을 의뢰하는 사람들도 많아지는 추세라고 한다. 추석을 통해 나를 있게 해주신 조상님께 감사를 드리는 게 도리가 아닐까? 조상이 고관대작을 지내지 않았다 해도 나를 있게 한 조상인 것만은 틀림없고, 그들의 교육과 헌신으로 오늘 내가 있는데…. 그래야 아들딸 손자손녀도 본받아 뿌리에 관심을 갖고 나에게도 감사하지 않을까?

이제 우리는 노욕에서 벗어나 후손들에게 우리의 아름답고 자랑스러운 전통을 하나하나 가르치고 발전시켜 나가야 하지 않을까? 모든 일의 성패는 신의 섭리에 접목시켜 합리화함으로서 자기만족을 얻는 자기최면에 걸리는 세상에 사는 게 아닌가 하는 생각이 들 때가 많다. 외래종교에 도취되어도 자기 뿌리에 대한 올바른 이해와 확고한 신념이 필요하다는 생각을 갖는 게 나만의 편견일까?

(2014. 9)

녹차 한 잔 앞에 놓고

술을 못하니 가끔 녹차를 즐긴다. 가장 인기가 있다는 대표 기호음료인 커피도 가급적 피한다. 의사는 커피가 건강에 좋지 않다고 금하라지만, 향이 좋아 유혹을 뿌리치지 못하고 일주일에 한 번 미사가 끝난 다음 성당휴게실 자판기에서 뽑아 아내와 나눠마신다.

녹차하면 보성을 들지만, 이제 우리나라 최남단 제주도와 경남·전남해안에도 녹차나무를 재배하여 제주・보성・하동・화개・구례 등 녹차를 생산하는 곳이 여러 곳으로 늘었다. 통상 위도 32도까지 재배할 수 있으나, 온난화와 품종개량으로 북상하는 추세이다. 특히 제주도 자갈밭에서 한라산 설원의 정기를 먹고 자란 설록차(雪綠茶)는 그 맛이 일품이고, 담양일대의 무성한 죽림에서 대나무 이슬을 먹고 자란 찻잎을 채취한 죽로차(竹露茶)는 유리아미노산과 글루탐산, 데아닌 성분이 일반차보다 높아 부드럽고 감칠맛 나는 명차라 한다.

녹차는 찻잎을 채취하는 시기에 따라서 명전차(明前茶 = 4월 4,5일 경 청명이전 채취), 우전차(雨前茶 = 4월20, 21일 경 곡우전 첫물)로, 세작(細雀 두물

차, 5월말 경부터 6월에 채취), 중작(세물차 3번차, 7월에서 8월경 채취), 대작(大雀 끝물차, 8월 하순에 나는 차)으로 분류한다. 대작은 8월 하순 무렵에 무성한 찻잎을 채취하여 가격이 저렴하니 대중화가 되었다. 채취하는 계절에 따라 춘차(春茶)와 추차, 입동차로도 구분한다. 말린 찻잎 모양에 따라, 참새의 혀를 닮은 작설차(雀舌茶), 매의 발톱을 닮아 응조차(鷹爪茶), 보리알을 닮은 맥과차(麥顆茶) 등이 있다.

가공법에 따라 새순이 나올 때 그늘 막으로 햇빛을 차단시켜 재배한 차를 옥로차(玉露茶)라 하는데, 이 차는 떫은 카테킨 성분이 줄고 감칠맛 나는 아미노산 성분과 엽록소의 조화로 차맛이 부드럽다. 증제차(蒸製茶)는 차 잎을 100도의 수증기로 30-40초 찌면서 산화효소를 파괴시키고 녹색을 그대로 유지시키는데 생엽의 풋내가 적으며 형상이 침상형(針狀形)이다. 말차(抹茶)는 옥로차와 같은 방법으로 재배·채취한 찻잎을 증기로 찐 다음 건조시켜 맷돌로 갈아 만든다. 말차는 특히 물에 녹지 않는 비타민 A나 토코페롤, 섬유질 등을 그대로 섭취할 수 있다.

그런데 명전차는 온실재배를 하지 않는 한, 제주도 이외의 지방에서는 명전차를 기대하지 못한다. 4월 초순이전엔 제주도에서만 채취할 수 있기 때문이다. 2010년 겨울에 이상한파로 혹한이 계속되어 차나무가 많이 얼어 죽어 봄에 잎이 나지 않아 질 좋은 차는 기대하기 어렵다고 한다. 차밭은 습도가 높고 배수가 잘되어야 하는데 보성은 아침에 안개가 끼고 햇빛이 많아 적지다.

녹차를 만드는 방법은 연한 잎을 따서 묵은 잎·꼭지 등을 선별 제거하고, 다듬어 뜨거운 가마솥에서 찻잎을 비벼가며 덖기를 한다.

이를 9번 하는데 뭉친 것을 떼어주는 털기를 거쳐 건조실에서 말려 수분을 완전히 증발시켜 맛내기를 한 후 포장한다. 덖기와 털기・수분의 정도에 따라 녹차의 맛이 좌우된다. 이런 수제(手製)절차를 거쳐 상품화되니 값이 비싼 편이다. 즉 녹차제조과정은 잎채취→덖음(익힘)→유념(揉捻 비비기)→건조(말리기)→열처리(완전건조)→포장의 단계를 거친다.

찻잎을 이용해 가루녹차・티백을 만들기도 하고, 녹차가루를 떡이나 국수・빵에 섞어 효능과 상품을 다양화하며, 사료에 포함시켜 녹차한우나 녹차돼지로 차별화하기도 한다. 찻잎을 발효시켜 홍차나 우롱차를 만들어 기호에 따라 녹차나 홍차로 음용한다.

이렇게 만든 녹차를 우려 마시기 위해서는 다기(茶器)가 있어야 한다. 물을 끓이는 다관(茶罐), 차를 떠 넣는 다시(茶匙), 차를 우리는 숙우(熟盂), 차를 젓는 다선(茶筅), 차를 따를 때 찌꺼기가 들어가지 않게 하는 거름망, 차를 따라주는 찻잔과 받침인 개반 등이 필요하다. 이 다기세트는 한국의 중요 도요에서 생산하여 차와 함께 팔고 있다. 중국· 일본 등 외제도 많다. 이 다기세트를 갖춰 마시면, 차 맛이 더 좋고 품위가 더 있어 보인다.

차물은 미네랄이 녹아있는 단물(軟水)이 좋다. 철, 석회 등 광물질이 많은 센물(硬水)은 침전물로 인해 차 맛을 변화시킬 수 있다. 소독약이 든 수돗물은 10분 이상 끓여야 소독약이 증발한다. 녹차는 끓인 물을 섭씨 80도 정도로 식혀 3분 내외를 우려야 제 맛이다. 오래 둘수록 떫어진다. 그런데 다도(茶道)교육의 행태를 보면, 차문화는 중국에서 한국을 거쳐 일본으로 전파되었다지만, 일본은 모방・섬세성이 다예(茶藝)쪽을 훨씬 발전시켜 다도의 원류를 의심할 정도다. 다도는 정신수양의 과정이면서 품위 있는 선비의 멋이다.

녹차의 효능은 동맥경화와 고혈압을 예방하고 콜레스테롤을 저하시키며 스트레스를 완화하여 암을 억제한다고 한다. 또 다이어트와 피부노화방지에 효과가 있어 녹차팩은 미용에도 한 몫을 한다. 당뇨억제와 식중독예방, 니코틴과 알코올해독이나 중금속 체외배출과 해독, 감기예방효과가 있는 등 장점이 많다. 이런 녹차도 커피처럼 카페인이 들어있어 약과 함께 마시거나 약을 복용한 후에 들면 부작용이 있으니 주의해야한다. 커피와 함께 마시면 카페인 과잉으로 다리에 힘이 없고 가슴이 두근거리며 소변이 잦고 밤에 잠이 오지 않을 수 있다. 빈혈약과 녹차를 함께 마시면, 타닌이 빈혈약의 철분을 산화시켜 최소한 30분 이후에 녹차를 마셔야 한다고 경고한다.

중국 서태후(西太后)의 별장 이화원(頤和園)에 들렀을 때 경내의 궁정다장(宮廷茶莊)에서 중국 각종 전통차의 효능과 끓이는 방법을 설명하는 시음회를 하며 차를 판매하고 있었다. 친숙한 우롱차・자스민차・황국차・계화(桂花)차를 비롯하여 보이(普耳)차・떡차・일협(一叶)차 등을 맛보았다. 지금까지 차는 한번만 끓여 마시고 버렸는데 종류에 따라서는 3회에서 10회까지 끓여 마시면 머리가 맑아지고 소화가 촉진되며 변비가 없어진다고 한다. 수십 년을 발효시킨 보이차는 고급명차지만 이렇게 비싼 차엔 가짜가 많다고 한다.

중국 안휘성(安徽省)은 예로부터 산세가 좋아 문관이 많이 배출되고 살기 좋은 고장이라 하여 '천하제일장원현휘령(天下第一壯元縣徽寧)'

이라 자부심이 대단했다. 이는 농경사회 때 살기 좋은 고장이라고 했으나, 지금은 산지가 많고 개발이 되지 않아 가난한 성으로 전락했다. 그래서 경사진 산은 차 재배단지로 특화하고 있었다. 안휘성은 안개가 많이 끼고 습도가 높아 가옥은 2층으로 지어 1층은 가축을 키우거나 창고로 쓰고 2층에 거실과 침실이 있다. 이렇게 습도가 높은 안휘성 황산의 특산인 모봉차(毛峰茶)는 명차로 소문났다. 특화상품은 좋은 관광상품이고 국가의 주요관광수입원이 된다.

우리는 외국, 특히 중국과 일본, 동남아 지역의 베트남・태국・말레시아 등의 엽차(녹차나 홍차), 미국・유럽 등의 커피문화를 따라간다. 식후에 차를 즐기기보다 밥을 푸고 노릇한 누룽지 솥에 물을 부어 끓인 숭늉을 좋아했다. 그러나 요즘은 국산차가 많이 개발되었다.

잎을 재료로 한 녹차・오가피차・쑥차・민들레차・솔잎차・연잎차・감잎차・뽕잎차・진달래잎차・두충차 등이 있고, 찻잎을 발효시킨 홍차와 우롱차, 꽃을 재료로 한 국화차・백련차, 열매를 재료로 한 보리차・현미차・구기자차・오미자차・결명자차・메밀차・옥수수차・대추차・매실차・레몬차・유자차・모과차 등이 있으며, 뿌리를 재료로 한 둥글레차・칡차와 인삼차・홍삼차, 나무줄기를 이용한 마가목차 등 매우 다양하고 그 맛과 효능 또한 각기 다르다. 잎과 꽃, 열매와 뿌리의 향과 약효 그리고 우러난 찻물의 빛깔에 따라 좋은 차가 결정된다. 기혈을 보하고 피로회복에 좋다는 한방쌍화차(雙和茶)도 인기가 높다.

차는 술이나 담배처럼, 처음 대하는 사람과도 말문을 트고 어색한 분위기를 없애는 장점이 있다. 그래서 친교를 더하는 장소에서 각자의 기호에 맞는 차를 대접한다.

성인병예방과 정신을 맑게 해주는 녹차가 전래된 시기는 신라 선덕여왕 때인 7세기경으로 추정하나, 직접 재배하게 된 것은 흥덕왕(興德王) 3년(828년) 사신 김대렴(金大廉)이 당(唐)나라에서 소엽종(小葉種) 종자를 가져와 지리산 산록에 심으면서부터라고 전한다. 당의 선승 종심(趙州禪師)의 끽다거(喫茶去: 茶한잔 마시고 스스로 깨달으시게)이후 사찰의 선승을 중심으로 점차 확대되었다고 한다.

또 특이한 차를 만드는 법과 우리는 법, 다기에 대한 설명도 차를 마시면서 말문을 트게 하는 주요 요소가 되고 대화의 품격(品格)을 한층 높이게 한다.

차를 만들고 우리는 법과 마시는 법도를 배워 정신수양에 기여하고 품위를 더하여 생활을 윤택하게 한다. 실학의 대가 다산 정약용(丁若鏞)도 강진에 유배되었을 때 초당에서 차물에 쓸 약천(藥泉)과 차를 끓이는 다조(茶竈)를 만들어 놓고 차를 즐기며 마음을 다스리지 않았는가? 우리 차 문화를 궤도에 올린 분은 다산 정약용과 그를 찾아가 유학을 논하고 차를 지도하며 심취한 초의(草衣)선사다.

추사 김정희(金正喜)는 제주 유배 길에 해남 대흥사에 들러 초의선사를 만나 친구가 되었고, 추사는 초의로부터 차를 받아 제주에 보급했다고 전한다.

교유(交遊)의 매개이며 선(禪)의 요소인 차향이 실내를 가득 채우고도 넘쳐 갖가지 즐거운 상상으로 큰 행복감 속에 갇힌다. 찻물이 끓는 반가움, 차를 따르는 청아한 소리, 찻물 색과 피어나는 김, 코를 자극하는 그윽한 다향, 따스하고 부드럽게 넘어가는 감촉, 신비스런 다기에 무념무상까지…. '…달을 떠서 찻잔에 담고 은하수 국자로 찻물을 떠 차 한 잔으로 명상에 잠긴다….'

초의는 '독철왈 신(獨啜日 神), 홀로 앉아 고요 속에 마시는 한 잔의 차는 신비로운 경지'이고, '이객왈 승(二客日 勝), 한두 손님을 맞이한 고요한 차 자리가 최고이다.'라 했는데 초의선사(草衣禪師)가 아닐지라도 뉘라서 이런 차 맛과 멋을 마다하리요.

(창작수필 82호 157쪽 2011. 12. 월간문학 521호(7월호) 221쪽 2012. 7)

커피향의 유혹

커피는 세계인이 가장 좋아하는 기호음료일 게다. 나는 의사의 주문으로, 향이 좋아 유혹을 받지만, 별로 가까이 하지 않는다. 그런데 커피전문점이나 고속도로 휴게소에 걸린 다양한 메뉴는 생소하나 호기심을 일으킨다. 한말(韓末)에 유길준이 쓴 『서유견문(西遊見聞)』에 커피가 소개되고 고종황제가 애용했다지만, 한국전쟁이후 미군부대에서 나온 봉지커피와 깡통커피가 퍼지며 대중들이 음용하게 되었다.

1960, 70년대까지만 해도 커피는 다방아가씨가 아침에 엷게 타주는 모닝커피와 분말커피에 설탕과 크림 양으로 맛을 조절해주는 일반커피로 구분했었다. 다방에 가면 으레 커피를 주문하고, 이 커피를 마셔야 문화인인 양 하는 허세가 깃들여졌고, 오래 앉아 있어도 자리 값을 냈으니 눈치가 보이지 않고 안도했었다.

커피는 커피열매를 볶아 가루로 만들어 더운물이나 증기로 내려 마시다가, 이태리에서 미세하게 분쇄한 커피가루에 9~15기압의 고압・고온의 물을 가해 고속으로 추출해내는 고농축 커피를 에스프레소(Espresso)라 했다. 이 에스프레소는 '고속의' '빠른의' 의미가 있으며, 다양한 커피를 만드는 기본재료가 된다.

생활이 안정되고 경제적인 여유가 생기면서 기호가 다양화됨에 따라 커피에 대한 개인의 요구도 다양하여 커피를 전문적으로 다루는 바리스타(Barista)가 출현하게 되었다. 바리스타는 커피에 대한 높은 수준의 지식과 경험을 가지고 커피의 종류와 로스트 정도·품질·장비의 관리·에스프레소·라떼아트 등의 다양한 커피를 만들어 내는 숙련된 사람을 말한다. 라떼(latte)는 우유를 말하는데 라떼아트(latte art)는 라떼 또는 핫초콜릿 등의 음료를 만들 때 표면에 여러 가지 무늬나 그림을 만들어 내는 바리스타의 기술이다.

우리가 마시는 커피의 다양한 종류를 보면, 커피의 핵심이 되는 것은 에스프레소(Espresso)이고, 카페라떼(Caffe latte)는 에스프레소에 우유를 섞은 커피다. 카푸치노(Cappuchino)는 에스프레소에 우유를 섞고 그 위에 우유거품을 얹은 후 계피가루를 뿌린 커피다. 마키야또(Macchiato)는 에스프레소에 우유로 점을 찍듯이 넣은 커피를 말하고, 캐러멜 시럽이 들어가면 캐러멜 마키야또가 된다. 카페모카(Caffe Mocha)는 에스프레소와 우유와 초콜릿을 첨가한 커피로 휘핑크림을 올린 후에 초콜릿 가루나 시럽을 뿌린 것이다. 아메리카노(Americano)는 에스프레소에 물을 더 넣어서 연하게 만든 것이고, 비엔나커피(Vienna)는 다크로스트 커피 위에 휘핑크림을 띄운 커피다. 아이리쉬 커피(Irish Coffee)는 커피에 위스키를 넣은 커피이고, 헤이즐넛은 개암나무에서 추출한 향인데, 헤이즐넛 커피는 달콤한 맛이 난다. 이 정도의 상식만 있어도 커피의 종류와 제조법을 대강 알게 되어 당황하지 않고 기호에 맞는 커피를 주문할 수 있을 것이다.

전통적으로, 우리는 커피나 녹차보다 숭늉에 더 친근하다. 한국전쟁 시 커피를 얻어 마셔본 맛은 쓰고 마신 후에 잠도 제대로 잘 수 없어 배척했었다. '레이션 박스'에서 통조림과 과자만 빼먹고 커피는 버렸던 일이 생각난다. 휴전이후 커피수요가 급증하고 커피를 구하지 못하니 미군부대에서 나온 커피찌꺼기를 끓여 더 우리기도 하고, 담배꽁초를 끓인 물에 계란껍질을 넣어 담배냄새를 없애어 파는 불량 커피가 판을 쳐 신문에 크게 보도된 일도 있다. 외국인처럼 행동하려고 헛 멋을 내려는 사람은 많은데 정상적인 수입(輸入)이나 미군 PX에서 유통되는 커피를 구할 수 없으니 가짜가 판쳤던 세상이었다. 물건이 귀하고 수요가 많으면 가짜를 만들어 충족시키는 한국인의 재능은 알아주어야 한다. 한국 사람은 얼마나 유별난가?

또 미 군사학교에 교육받으러 갈 때, 비행기에 타자마자 진짜 커피를 마실 수 있겠다고 커피를 주문하는 장교도 있었고, 아침 식사 시간에 미군이 하는 대로 큰 종이컵에 커피를 가득 채워 마시다가 비위에 맞지 않아 고생한 장교도 있었다. 월남전에서 'A레이션'을 먹던 한국군은 커피와 우유를 많이 마셨고, 귀국하면서 커피를 가져와 커피가 없는 집이 없었다. 커피 맛도 모르면서 커피를 숭늉마시 듯 들이키던 시대였다. 그때에 비하면 지금은 커피의 종류와 내려먹는 방법이 다양하다.

커피를 마시면 잠이 안온다고 해서 공부하며 커피를 마셨어도 잠이 와서 낭패를 본 일도 있고, 접대를 위해 하루에 10여 잔을 마시고 잠이 안와 고생한 적도 많다. 전쟁은 우리의 기호품에 대한 패턴까지 완전히 바꿔놓았다. 요즘, 커피전문점의 커피 값은 백반 값과 맞먹어, 커피내리는 기계를 애용하는 사람들도 늘어가고 있다. 우리 집도 딸이 거금을 주고 캡슐 커피머신을 구입했다.

커피는 심장부정맥과 뇌졸중, 골다공증과 고관절 골절, 신장과 신장결석, 고혈압 환자, 미네랄결핍증 환자 등에겐 건강에 해롭다고 한다. 그 반면에 뇌 속의 혈관을 확장하여 혈액순환이 좋아지고, 피로독소의 일부가 제거되며, 심장을 자극하여 심장박동을 빠르게 하고 근육의 컨디션도 좋게 한다고 한다. 커피는 장(腸)의 활동이 빨라져 배변이 원활하고, 위액분비가 활발하여 영양가 높은 음식의 소화를 촉진시키며, 피부암을 예방하는 장점이 있다고도 한다. 그래서 아침의 커피는 신장을 자극하여 밤사이 축적된 노폐물을 배출하고, 점심 커피는 위를 자극해 소화를 돕고, 저녁 커피는 근육의 피로를 풀어준다고 한다. 그래도 커피의 과음은 금물이다.

이제 모방에서 벗어나 우리의 정체성을 살려 우리에게 맞는 전통음료를 개발하여 애용할 일이다. 우리나라에서도 커피를 재배하고 있지만, 그 양이 얼마 되지 않아 막대한 외화(2008년 3억 3천만불)를 커피수입에 쓰고 있다. 경제가 발전하고 생활이 안정되면, 건강에 대한 관심이 많아져 기호품과 건강보조재의 소비가 폭발적으로 증가한다고 한다. 우리나라도 이 단계에 온듯하다. 커피 내리는 구수한 향이 거실에 가득 퍼져 폐 깊숙이 파고들며 유혹하니 안 마시겠다던 결심이 점점 흔들린다.

(2011. 9)

아내의 손

누구나 손이 있다. 이 손은 일상생활에서 음식을 먹고, 물건을 잡고 일을 하거나 글을 쓰는데 쓰인다. 결혼 후 아내의 수고로 생활에 많은 변화와 활력을 가져왔다. 이는 아내 손의 수고로 얻은 결과다.

서울에서 결혼하고 아내는 근무지를 따라 경북 영천·강원 철원·경남 진해·강원 원주·서울·경기 문산·서울·강원 현리 등 전후방을 1, 2년이 멀다고 이사하면서 많은 고생을 했고, 그동안에 웃고 울던 일들이 시리즈처럼 이어졌다.

서울에서 소꿉장난 같은 신접살림을 시작하여 경북 영천으로 이사했다. 결혼 3년 만에 우리 내외는 아들을 얻었는데 돌이 되기 전 철원 화지리로 이사했다. 살을 에는 황소바람이 제집처럼 드나드는 헛간 같은 방과 한데 같은 부엌에서 강추위와 맞서 떨어야 했다. 방안엔 외풍이 심하여 바람소리에 따라 방안에서도 찬바람이 파도를 쳤고, 연탄난로가 있었으나 늙은이 콧김만도 못하여 수은주를 영하로 끌어내려 아들은 추위로 항상 퍼렇게 얼어 감기를 달고 지내야 했다.

기압이 낮아 구름이 낮게 깔린 날엔 빤히 보이는 오성산의 인민군확성기에서 들리는 대남방송이 또렷이 들려 군인가족과 주민들은 언제 전쟁이 날지 모른다는 불안감에 떨었다. GOP부대 지원을 위해 남방한계선 밑까지 추진 배치된 포대장은 보름에 한 번 또는 한 달에 한 번의 외박만 허락되던 시기였다. 북한의 도발과 우리의 대응태세는 1·21김신조 일당의 청와대 기습공격시 최고조에 달해 포반원은 적 도발에 즉각 대응하기 위해 포상(砲床)에 포탄을 까놓고 교대로 잠을 자며 한편으로 대피할 동굴을 팠다. 아내는 나무를 잘라 밥을 짓고 군불을 때고 방엔 연탄난로를 피워 아이를 키우면서도 더운물을 제대로 쓰지 못해 아내의 손은 사포(砂布)처럼 트고 거칠어졌다.

아들딸에게 진자리 마른자리 갈아 뉘며 기저귀를 빨고 삶아 뽀송뽀송한 자리를 만들어 쾌적한 환경에서 아이들을 정성들여 키운 부지런한 손, 아이들이 밖에서 받은 마음의 상처를 두 손으로 꼭 보듬어 사랑으로 녹여 치유해 주고 꿈을 키워준 희망의 손, 초등학교 입학에 낯선 선생님·학생·교실·화장실·운동장 등 새롭고 불안한 미지의 세상에 대해 갈 길을 안내해 주고 자신감과 용기를 북돋아준 자상하고 부드러운 손, 숙제를 같이하면서 모르는 것은 쉽게 일깨워주고 기를 북돋아 자신감을 심어준 척척박사의 손, 갖고 싶은 장난감이나 옷을 사달라고 조를 때 그것을 확인하고 적절히 통제하여 사주고 먹고 싶은 간식을 맛있게 만들어준 손맛의 비밀이 밴 요술방망이 손, 대학까지 매학기 필요한 등록금을 기일 내에 준비해 주던 금융가의 검소하고 대비하는 절약의 손…, 이렇게 아내의 손은 자랑스럽고 품위 있는 사랑의 손이고 안되는 게 없는 요술방망이 손이었다. 아내의 거친 손은 우리 가정을 지키고 생동시키는 보물이었다.

아내는 나이가 70대 중반에 들면서 부쩍 기력이 쇠했는지, 시골에서 가져온 배추와 무로 아들과 딸네에 줄 김장까지 담그느라 힘에 겨웠는지, 소파에 누워 곤히 낮잠을 자고 있다. 마늘·생강·갓 등 조미료는 가락시장에서 구입하고, 새우젓과 생새우·굴 등 젓갈은 인천 연안부두 어시장까지 가서 구매하여 며칠을 두고 다듬으며 쉬지 못하고 김장을 했으니 기력이 부치기도 할 게다. 가슴에 얹은 손에 굵고 깊은 주름이 가득하고 마치 소나무 고목에 붙은 껍질처럼 거칠다. 얼마나 피곤한지 손을 잡아도 아무 반응이 없다. '여자는 두레박신세'라 하는데, 나에게 시집와 고생을 많이 시켰다는 자책감에 마음이 무겁고 미안하다.

아내는 돈이 부족해 꾸어 쓰고 짜증이 나도 살림하기에 힘겹다고, 잦은 이사에 아이들이 셋이라고 방을 안 준다고 자존심이 상해도, 어려워 못살겠다고 불평한 적이 한 번도 없고 모든 걸 긍정적으로 수용하며 인내했다. 아내는 현실을 이해하며 최대한 절약하고 성실히 저축하며 아이들을 키웠다. 그래서 밥 짓고 빨래하고 청소하며 아들 딸 셋을 키우면서 해온 살림에 아내의 손은 거칠어져만 갔다. 이는 우리 가족을 위한 수고의 결과물이고 훈장이란 생각이 든다. 이는 전적으로 융통성 없고 주변머리 없는 남편으로 인해 정신적인 고통과 경제적인 어려움에서 헤어나지 못했기 때문이다.

그래도 알량한 남자의 자존심 때문에 아내는 의당 그렇게 해야 하는 것으로 알고 힘겨워 하는 아내를 돕지 않고 지냈다. 조금은 까다롭고 소갈머리 없다고 하겠지만, 아내가 해주는 식사나 반찬·청소와 정돈이 마음에 들고, 다른 사람이 만지면 마음에 들지 않아 짜증이 났다. 이는 오랫동안 아내의 손끝에 길들여진 습관 때문이었으리라. 퇴직하여 아내와 생활하는 시간이 많아짐에 따라 아내의 수고를 이해하고 미안한 생각이 들어 이제야 가끔 가사를 돕고 있다.

다음 세상에 태어나서 결혼한다면, 아내와 다시 결혼하여 젊어서 못해주고 마음에 상처를 주었던 일들을 반복하지 않고 위로하며 살리라 다짐한다. 그러면 아내의 마음과 얼굴과 손이 지금보다 조금은 더 고와지지 않을까? 지금은 이렇게 생각해도 나중에 또 무슨 변덕이 일어 달라질지 모른다고 생각하면서도 굳게 마음을 다진다.

잊지 않으려면, 마음 속 큰 돌 판에 지워지지 않게 굵은 글씨로 깊게 새겨 붉은 색을 넣어 모든 사람들이 어디에서나 볼 수 있게 해야겠다. 광고효과로 변심을 못하게….

무념무상의 맑은 마음으로 사물을 보면 진실된 면을 볼 수 있다. 지금, 아내의 손은 비록 악마디가 지고 굵은 주름에 휩싸여 거칠지라도 우리 가정의 행복을 설계하고 일궈낸 고맙고 아름다운 손이다. 고생의 흔적인 악마디와 반지가 들어가지 않는 손가락도 아름답게 보인다. 아내의 거친 손에 무한 감사하며 마음속으로 아내를 꼭 품어준다. '예쁜 마음으로 사물을 보면, 모든 게 아름답다'고 한 말이 사실인 듯하다. 굵게 주름진 얼굴과 악마디 진 손이 아름답게 보이는 것을 보면, 콩 꺼풀이 아직까지 벗겨지지 않은 분명한 증거인 듯싶다.

(창수문인회 동인지 17집 200쪽 2012. 12.

어머님 탄신 100주년 추모

어머님, 얼마나 불러보고 싶은 이름인지 모릅니다. 어머님께서 1959년 2월 13일(음) 하늘나라로 가신지 어언 쉰 새해가 지났고 탄신 100주년이 되었습니다. 그간 어머님이 그리우면 어머님을 조용히 불러보고, 눈물을 삼킨 적이 얼마나 많았는지 모릅니다.

어머님은 강릉김(金)씨 태(泰) 자 경(卿) 자 어르신의 고명따님(金振喜)으로 1912년 7월 그믐날 당진 감골(시곡리-柿谷里)에서 태어나시어 엄격한 가정교육과 큰 사랑을 받으시며 성장하여 신평이씨 병(秉)자 관(灌)자씨와 결혼하여 위로 4형제와 끝으로 고대하시던 고명딸, 이렇게 5남매를 두셨습니다.

저희 5남매는 부모님의 은덕으로 건강히 자라서 가정을 이루어 성실히 잘 살고 있습니다. 당시 초등학교 입학 전이었던 막내 정숙이가 어려움을 많이 겪었으나 어머님께서 떠나실 때 어머님 연세보다 훨씬 많은 환갑이 되었습니다.

저희 5남매에게서 부모님의 손자 손녀가 13명이나 되고, 증손자 증손녀도 18명이나 됩니다. 저희 5남매도 어머님, 아버님처럼 자식을 위해 모든 것을 내주는 자랑스러운 부모가 되려고 노력하고 있습니다.

눈을 감으면, 일 년 내내 9식구의 식사준비와 힘겨운 농사일을 하시던 모습이 눈에 선합니다. 낮에 농사일을 마치시면, 밤엔 길쌈으로 삼을 째서 한 올 한 올 삼고, 베와 모시를 짜서 시원하게 여름옷을 짓고, 봄과 가을에 누에를 처서 명주를 짜시며, 가을엔 목화를 따고 목화 실을 뽑아 무명을 짜고, 옷에 솜을 두어 추위를 이기게 하셨습니다. 명절에는 밤을 낮 삼아 조시며 바느질을 하시다가 바늘에 찔린 적이 한두 번이 아니셨습니다. 할아버지와 할머니께 찾아오는 세배꾼들을 접대하시느라 쉴 틈도 없으셨던 파리한 어머님의 얼굴이 떠오릅니다. 쉴 틈이 없어도 팔자려니 긍정적으로 받아들이고 불평없이 성의를 다하셨습니다.

조금이라도 절약하기 위해 이른 봄에 산에 올라 갈을 베어 논에 뿌려 거름으로 쓰고, 뙤약볕아래 모내기와 보리타작을 하고 김매기에 허리가 끊어져도 계속하셨고, 짬을 내어 한 장의 누에를 치며 잘 익은 곡식과 농작물은 따로 모아서 팔아 학비로 준비하셨습니다. 지금은 농기계와 농약으로 농사를 짓지만 그때는 하나하나 직접 손으로 일해야 했습니다. 주변에서는 그런 고생하지 마시고 농사를 자식들에게 맡기시라고 해도 부모님은 농사의 모든 어려움을 떠안고 지내셨습니다.

시부모님을 성심으로 모시고 부부간에 화목하며 자식들 5남매를 엄격히 교육하고 가정사를 원만히 처리하며 이웃과 화합하고 모범이 되어 1956년 5월 8일 어머니날에 서산군으로부터 '모범어머니표창'을 받으셨습니다. 이는 저희들도 큰 자랑으로 여기고 있습니다.

우리 집 형편에 두 명을 대학에 보내는 것은 너무 무리였습니다. 그래서 어머님이 대학을 가라했어도 육사를 택했는데 어머님은 대학에 보내지 못한 것을 자책하시며 매일 우셨습니다. 그렇게 하여 위암이 발병했고 퇴교하여 간호를 해야 할지 고민을 하는 중에 어머님은 고생만 하시다가 힘들여 보낸 자식들의 졸업을 보시지 못하시고 1959년에 48세의 젊으신 연세에 눈을 감으셨습니다. 그래서 함께 찍은 사진이 없습니다. 큰 아들은 군복무후 사범대학 졸업 6개월, 작은 아들은 사관학교 졸업 1년을 남겨놓은 시기였습니다. 저희들은 부모님이 영하 20도의 혹독했던 추위를 이길 따스한 내복과 옷 한 벌 해 드리지 못했고, 조부모님과 생활하여 정성이 깃든 생신상을 차려 드리지 못했습니다. 이는 저희가 성장하여 생활이 안정되면서 큰 한으로 남았습니다. 저희가 환갑상과 7순상을 받을 적마다 아이들의 성의를 무시할 수 없어 상(床)을 받았으나 마음속으로는 부모님 생각에 우울했습니다.

그래서 어머님 탄신 100주년을 맞이하여 자손들이 모두 산소에 모여 제를 드리고 사당 앞에 30여 년생 주목으로 기념식수를 하고 표지석을 세우고 기념사진을 촬영했습니다. 그리고 생존해 계신 막내 외숙님과 셋째 외숙모님, 내외종들과 재종들, 그리고 부모님을 기억하는 동네 어른들을 모시고 식사를 대접하려 합니다. 이렇게 제를 모시고 식사를 대접해도 부모님이 오셔서 한 술도 뜨시지 못하신다는 사실을 잘 알고 있지만, 부모님의 영혼을 위로하며 자손들에게 부모님의 교육열과 희생정신을 알리는 도리를 다하려는 것을 갸륵하게 여겨주시옵소서. 어머님을 위한다지만, 사실은 불효의 한을 풀기 위해 살아있는 저희를 위한 행사입니다.

저희 5남매가 서로 의지하고 위로하며 잘 지낼 수 있도록 도와주소서. 넷째 상용이와 막내 정숙이가 건강한 몸으로 경제적 어려움을 이길 수 있는 용기와 지혜를 주시고, 자손들이 어머님과 아버님을 흠숭하며 각자의 직장에서 성실히 생활하여 뜻하는 일을 이루게 하소서.

저희 5남매가 우애를 나누며 바른 길을 갈 수 있도록 붙잡아 주시고, 어머님과 아버님께서 이승의 염려 다 내려놓으시고 천상복락을 누리시기 간절히 비옵니다.

- 5남매 일동 올림(학용씀)

*이 글은 어머님이 48세에 하늘나라에 가실 때 8살이었던 막내 정숙이가 읽은 추모사이다. 추모행사는 후손들이 제를 올리고 사당 앞에 기념식수를 한 후 기념사진을 촬영했다. 당진 설악가든으로 이동하여 5남매는 손님영접, 인사말・천의교회목사님의 기도・뷔페・기념품 증정・배웅 순으로 성공리에 행사를 마쳤다.

*아버님도 2014년 10월 19일 전 가족 후손들이 묘역에 모여 가족행사로 제를 올리고 아버님의 한없는 사랑과 희생을 기리고 추모했다. (2012. 3. 31)

달걀 하나

달걀은 백 여원이면 살 수 있는 값싼 식재료인데, 각종 영양분이 골고루 들어있는 완전식품이다. 아침 밥상에 오른 계란찜을 보니 달걀에 얽힌 추억이 떠오른다. 시골 우리 집에는 닭 10여 마리가 마당이나 텃밭, 집 근처 풀밭에서 벌레와 나락 등 먹이를 찾아 먹도록 내놓고 키웠다.

암탉은 둥지에 밑알을 넣어주면 알을 낳았고, 알을 품으면 모아뒀던 알 20여 개를 넣어 주었다. 어미닭은 하루 종일 꼼짝하지 않고 알을 품다가 하루나 이틀에 한 번씩 둥지에서 나와 물과 모이를 먹고 다시 둥지로 들어가 알을 품어 21일이 되니 병아리와 어미닭이 함께 껍질을 쪼는 졸탁동기(啐啄同機)로 노란 병아리가 알을 깨고 나왔다. 노란병아리는 잡으면 따스하고 보드라운 감촉과 터질 듯한 탄력이 있었다. 병아리는 어미와 함께 싸리바지게 속에 가둬 키웠다.

밖에 내놓으면, 병아리는 어미를 따라 다니며 스스로 먹이를 찾아 먹거나 어미가 "꼬꼬 꼬~" 하며 찾아준 먹이를 먹었고, 병아리를 건드리면 어미가 잽싸게 달려와 쪼아 병아리를 보호했다. 한번은 밖에 내놓은 병아리가 하도 귀여워 병아리 한 마리를 잡아들고 감상하는데 언제 쫓아왔는지 어미닭이 달려들어 쪼는 통에 기겁을 해 병아리를 놓아주었다. 그때 손등에 입은 상처에서 피나고 아물지 않아 고생했지만, 어미사랑이 한없이 큼을 알았다.

암탉이 알을 낳았다고 "꼬꼬댁~꼬꼬댁~" 하며 울 때 닭장둥지나 보금자리로 가서 알을 잡으면 따끈한 온기가 손을 통해 전신으로 번졌다. 그 알 한 개가 나를 즐겁고 기쁘게 했다. 이 달걀은 어머니께서 반찬도 하고, 모았다가 장날에 팔아 찬거리를 사거나 운동화를 사는 가용 돈 구실을 했다. 어머니는 어쩌다 온기가 가시지 않은 달걀을 나에게 주시며 먹으라고 하셨는데, 달걀을 오른 손으로 잡고 입을 벌려 아래 송곳니에 부딪치면 구멍이 났다. 양쪽에 구멍을 내어 빨면 비릿한 냄새와 함께 따스하고 고소한 액체가 목을 타고 넘어갔다. 보약을 먹은 것보다 더 큰 힘이 솟는 것 같았다.

지금은 달걀찜이 평범하지만, 어른의 진지상이나 귀한 손님이 오셔야 계란을 풀고 새우젓과 파를 썰어 넣고 불에 올려놓아 끓였다. 이렇게 만들어 내놓으신 계란찜은 매우 맛이 좋았고, 외가나 고모님댁에 갔을 때 계란찜을 해 놓거나 닭을 잡아주면 대접을 매우 잘 받았다고 자랑했었다.

삶은 계란은 나들이할 때 간식이고 점심대용이었다. 고향에서 버스로 서울로 올라 올 때면 삶은 계란 몇 개를 주머니에 넣어 주시며 가다가 시장할 때 먹으라고 하셨다. 먹을거리가 풍부하여 먹을 것이 넘치는 요즈음엔 그런 푸근하고 순박한 정을 느끼지 못한다. 계란만 먹으면 목이 메니 함께 싼 소금을 찍어먹었다. 당진에서 서울까지 7시간여가 걸렸는데, 버스는 정류시간이 일정치 않아 카스텔라나 삶은 계란과 우유로 점심을 때워야했다. 생각하면, 아득한 옛일이지만 정겹게 회상된다.

내놓은 닭들은 제 세상을 만났다고 마당이나 밭을 헤집어 벌레나 지렁이를 잡아먹고 채소밭을 망가트리며 무럭무럭 자랐다. 그러고 몇 달이 지나면 작은 알을 낳기 시작했다. 암놈은 달걀을 낳게 키우고, 수놈은 수정을 위해 큰 놈으로 한 마리만 남겨 놓았다. 나머지는 생일이나 귀한 손님이 오셨을 때 한 마리씩 잡아서 영양보충을 했다.

생신이나 특별한 날에 닭을 잡아 미역국을 끓이면, 노란 기름이 떠서 식욕을 자극했다. 알을 낳던 암탉을 잡으면 자라던 노란 알이 줄줄이 이어져 아깝다는 생각이 났다. 어떤 때는 닭을 팔기 전에 배를 만져보아 알이 잡히면 살살 밀어서 알을 빼내기도 했는데 그러면 큰 횡재를 한 느낌이었다. 닭을 잡으면 물을 끓여 털을 뽑은 다음 간을 꺼내 소금에 찍어 먹고 기름덩이라고 지금은 먹지 않는 닭 꽁지는 내차지였다. 아마 지방보충 기회가 없던 때에 학생을 위한 특별배려였을 게다. 이렇게 잡은 닭은 국을 끓이고 여러 가지 찬을 준비하여 동네 어르신들을 초대하여 매년 할아버지의 조촐한 생신잔치를 했다.

어쩌다가 닭을 잡으면 으레 국 한 그릇을 주전자에 담아 약 600여미터 떨어진 큰 할아버지댁에 가져다드렸다. 이는 할아버지께서 큰 할아버지에 대한 우애요 어른 섬기기였다. 그때는 심부름이 귀찮아 불평했지만, 지금 돌아보면 아름다운 정의 표시였다. 형님이 계시지만 나는 그렇게 못한다.

요즘엔, 한사람이 통닭 한 마리씩이나 삼계탕하나씩 먹는 게 보통인데, 미역국에 닭고기 몇 점이 들어갔어도 국맛은 비할 데 없이 좋았었다. 아마도 귀해야 맛이 더 있는가 보다. 모든 게 풍족한 지금은 삼계탕이나 통닭에서 그때 그 맛과 정을 느끼지 못한다.

매나 산짐승이 많던 시대라 소리개가 빙빙 돌다가 풀밭에서 먹이를 찾는 병아리를 채가고, 밤에 족제비가 어미닭을 물어가기도 하며, 여우가 큰닭을 물어가는 것은 가끔 있는 일이었다. 어떤 때는 늑대가 나무를 촘촘히 박아 만든 돼지우리를 뚫고 돼지새끼나 중돼지를 물어갔다. '도둑을 맞으려면 개도 안 짖는다.'고 흔적도 없이 조용히 잡아가는 통에 개도 짖지 않아 전혀 눈치를 채지 못했다. 아침에 먹이를 주려다가 없어진 것을 알고 주위를 살펴보면 털이나 핏자국 등이 우리 주변에 널려있고 침입한 흔적이 있었다.

요즘은 모두가 살림형편이 피어서 물건 귀한 줄을 모르고 식당에서 음식을 주문하고도 먹다말고 그냥 가버린다. 이럴 때는 아까운 생각이 든다. 어른들은 쌀미자(米)는 위아래에 팔자(八)가 있고 가운데에 열십자(十)가 있어 八十八번 손이 가야 쌀 한 톨을 얻게 되니 귀하게 여기라고 가르치셨다. 표의문자가 가진 깊은 뜻이다. 가족과 함께 쇠고기 구이나 삼계탕을 시켜 먹으려면 50여 년 전에 돌아가신 부모님 생각에 가슴이 먹먹해질 때가 있다. 일 년 중에 명절이나 생신 또는 특별한 날에 국으로만 드시던 기억에 너무 풍족하게 먹고살아 죄스럽기 때문이다.

요즘, 우리가 계란은 콜레스테롤이 많다고 먹기를 꺼리지만, 계란 프라이를 해먹은 것도 얼마 되지 않는다. 이런 풍족한 살림은 197,80년대 이후이니 이제 40여년 밖에 안 되었다. 일반국민이 잘 살아도 과거사를 모르면 허영과 방탕에 휩싸이기 쉽고, 국가와 국민이 역사를 모르면 안일에 빠져 사치와 허영으로 놀기만 좋아하고 발전이 없어 망하기 쉽다. 이를 교훈삼아 앞날을 대비해야 한다.

삶은 계란을 볼 때만이 아니라, 오늘 우리가 누리는 부(富)와 편리함이 지금은 늙어 볼품없는 노인세대의 피땀으로 이뤄졌음을 후손들에게 알리고 싶다. 올바른 가치관에 근면성과 한강의 기적을 이룬 새마을정신을 심어주고, 발전과정의 역경을 극복한 역사를 이해시켜야 한다. 돌아보면, 강인한 정신은 육체를 규제하고 육체는 정신을 따른다는 말이 맞는 다고 생각되기 때문이다. (2014. 9)

한마디라도 바르게

우리말을 배우는 어린이나 외국인들은 존칭어와 유사어 사용에 매우 큰 혼란을 겪는다고 하소연한다. 웃어른이나 아이들에게 똑같은 단어를 쓰는 서양에 비하면 우리말은 상대에 따라 써야하는 경칭어에 차이가 있으니 어려운 게 사실이다. 어떤 때는 어른인 나 자신이 팔십년 가까이 살아왔으면서도 좀 생각해 봐야 할 때가 있다. 이는 외국인뿐만 아니라 토종 한국인에게도 어렵다는 증거이다.

특히 존칭어 사용은 일상 쓰는 말이라고 대수롭지 않게 생각하지만 더욱 신경을 써야 한다. 존칭어는 어떤 대상을 높여서 쓰는 말인데, 나이가 많으신 어른에게 밥을 '진지', 집을 '댁', 주다를 '드리다', 잠을 자다를 '주무시다' 등으로 쓰는 경우와 '-시-',나 '-요' 따위 높임의 어미를 쓰는 경우가 있다. '눈을 감고'를 '눈을 감으시고…', '나에게 달라'를 '저에게 주시지요'로 써야 하는 등 매우 어렵다.

물건에 마구 존칭어를 붙이는 사람이 있는데 예를 들면, 백화점 판매점원이 "오늘은 그 물건이 다 팔리셨습니다."라거나 "그 물건은 세일이 안 되시고요."라고 말하는 식이다. 이는 "…다 팔렸습니다." "…안됩니다."로 해야 한다. 존칭어는 적절한 곳에 붙여야 그 말을 하는 사람의 품격이 올라가고, 들을 때도 거북하지 않다. 그런데 모범을 보여야 할 방송이나 서비스업계에서도 존칭어를 남발하고 있어 그것을 보고 듣는 사람, 특히 어린이들이 따라할까 우려된다.

또 정확한 의미를 전달하지 못하고 혼란을 주는 경우이다. 예를 들면, '가렵다 '와 '간지럽다'를 혼돈하여 사용함을 종종 본다. '가렵다는 피부에 긁고 싶은 느낌이 있다.'의 뜻이고, '간지럽다는 무엇이 살에 닿아 가볍게 스칠 때 자리자리하게 느껴지다.'의 뜻으로 사용한다. 그 예로, '상처나 알레르기로 인해 긁고 싶은 것은 가려운 것'이고, '잠을 자는 친구의 콧속에 장난삼아 부드러운 크리넥스나 깃털을 잘라 넣어 자리자리하게 느끼게 하는 것은 간지러운 것'이다.

또 '빌리다'와 '꾸다'의 혼돈이다. '빌리는 것은 남의 물건을 돌려주기로 하고 갖다 쓰고 쓴 물건을 되돌려주는 것'이고, '꾸는 것은 화폐나 물건을 얻어 쓰고 그와 같은 액수 또는 같은 종류 같은 양의 물건으로 대신 주는 것'이다.

또 있다. '가르치다와 가리키다'이다. '가르치다는 상대방이 모르는 일을 알도록 일러주다'의 뜻이고, '가리키다는 손가락이나 지시봉 따위로 지시하거나 알리다.'의 뜻인데 이들을 혼용하는 경우이다. 그 예로 "하늘을 날아가는 비행기를 가르치며 비행기가 높이 떠서 빨리도 지나간다."고 말한다면 가르치다가 비행기를 가리키는 말로 알아듣게 되어 '가르치다를 가리키다'로 오해하게 된다.

또 '연기'와 '김(水蒸氣)'에 대한 잘못된 표현이다. '연기는 물건이

탈 때 나오는 검거나 뿌연 기체'를 일컫는데 공장굴뚝에서 나오는 흰 기체 또는 아침에 밥을 짓느라 땐 불로 농촌마을에 엷은 띠를 이루는 정겨운 기체를 들 수 있다. 그리고 '김은 액체가 높은 열을 만나서 기체로 변한 것이거나, 수증기가 차가운 물체에 닿아 생기는 작은 물방울 덩이'로 차가운 날에 입에서 나오는 김을 볼 수 있다. 이런데도 연기와 김을 혼돈하여 사용하니 아이들이 잘못 알아들을까 걱정이다. 방송진행자도 온탕에 연기가 가득하다고 표현한 적이 있으니 더 말해 무엇 하랴!

또 수필을 읽으며 '산길에 갈대꽃이 많이 피어 가을의 정취를 만끽했다'는 글을 읽고 깜짝 놀랐었다. '갈대는 습지나 물가에 사는 다년생 풀'이고, '억새는 일반적으로 산이나 높은 둔덕에 사는 다년생풀로 가을에 하얀 꽃이 핀다.' 억새와 갈대를 구분하지 못하는 글을 읽을 때 작가가 누구든 글에 대한 신뢰가 뚝 떨어진다.

'다르다'와 '틀리다'를 혼용하는 경우도 있다. '다르다'는 '같지 않다'거나, '특별히 표 나는 데가 있다'의 뜻으로 사용한다. 그러나 '틀리다'는 '셈이나 사실 · 이치 따위가 맞지 않다, 사이가 틀어지다, 마음이나 행동이 올바르지 않고 비뚤어지다'의 뜻으로 사용한다. 그래서 '다르다'의 반대말은 '똑같다'이고, '틀리다'의 반대말은 '맞다'이다.

어느 고위직에 있었던 분이 안보상황을 설명하면서 '저희나라'라고 표현하는 것을 보고 귀를 의심했었는데, 그 뒤에도 여러 번 '저희나라'라 했다. 이는 '우리나라'로 표현해야 한다. 개인이 아닌 우리나라를 왜 저희라고 낮춤말을 써야 하는가? 얼마 전, 모 대통령이 북한 김ㅈㅇ위원장과 회담하면서 '저는…' '…보고 드리며' 등 비하와 굴종하는 용어로 국가 품위를 떨어트리고 국민의 자존심을 잃는 표현을 썼다고 문제시한 일이 있다. 국가를 대표하는 대통령은 대한민국과 5,000만 국민을 대표하여 당당하게 말하고 행동해야 한다.

우리가 일상생활에 영어를 비롯한 외래어를 많이 쓴다. 무슨 뜻인지 이해하지 못하는 경우도 드물지 않다. 외국어를 섞어 써야 유식한 부류에 속한다는 우월의식이 우리말을 오염시켜 사대적 사고에 젖게 했는지 모른다.

이런 말들의 정확한 사용은 어른들이 솔선수범하고 어린이들이 잘못 사용하면 바르게 가르쳐야 한다. 가정에 영어사전은 있어도 국어사전이 없는 집이 많다.

이렇게 쓰고 보니 일상 쓰는 우리말이 쉬운 게 아니다. 아나운서가 아니라도 우리는 표준어를 쓰고 정확히 발음하며, 논리적으로 말하여 우리말과 글을 다듬어 가야 하리라. 국민 모두가 이런 생각을 갖고 행동할 때 우리말과 글이 더 다듬어지지 않겠는가? 비슷한 말이나 경칭어사용은 외국인뿐만 아니라 한국에서 생활하는 한국인도 매우 어렵다. 그래서 새로 배우고 확인하는 자세로 하나하나 배우고 실천하여 한마디라도 가볍게 하지 말고 바르게 쓰는 훈련이 일상화 되어야겠다. 그러기 위해 가정에 국어사전을 비치하고 애매한 단어를 찾아 확인하는 습관을 가져야겠다.

(창작수필 94호 117쪽. 2014. 12)

헝그리(Hungry) 정신

생물은 살기 위해 먹고, 절박한 놈이 가장 절실하여 용감하게 먹이사냥을 한다. 이는 살아가는 과정에서 터득한 생존법칙이다. 인간뿐만 아니라 동물도 매 한가지이다.

사람도 배가 고파봐야 생명을 바칠 각오로 열심히 일하여 먹고 살 목표를 달성하는데, 이를 헝그리(Hungry)정신이라 한다. 이 헝그리정신이 목표를 달성할 동기를 부여한다. 격투기인 권투・레슬링・유도・태권도를 비롯하여 기계체조・육상・구기, 머리를 싸매고 앉은뱅이가 되도록 열심히 준비하여 목표를 달성하는 고시합격생 등 이루 말할 수 없이 많다. 육체적인 한계를 넘나드는 운동선수뿐 만아니라 정신노동자도 제한시간 내에 문제를 해결하려고 많은 스트레스를 받는다.

우리가 한문의 입문서로 널리 쓰는 천자문은 자연현상부터 인륜도덕에 이르는 넓은 범위의 글귀를 수록하였다. 양무제의 명을 받은 주흥사(周興嗣)가 하룻밤 사이에 사언(四言) 고시(古詩) 250구(句)로 모두 1,000자(字)를 만들어야 했으나 마지막 4자를 짓지 못하여 고심하고 있었다. 홀연히 신령이 나타나 어조사 '언재호야(焉哉乎也)'의 마무리를 알려주어 완성하고 보니 밤사이에 머리털이 하얗게 세었다고 하여 '백수문(白首文)'이라는 별칭이 붙었다고 한다. 이렇게 심한 스트레스를 받으면 병이 날 수도 있고, 머리가 허옇게 센다고도 하고, 암에 걸린다고도 한다.

나는 40대부터 백발이 되었는데 스트레스보다 유전적 요인이 더 크다. 상황에 따라 머리카락을 희거나 검게 염색하는 경우도 있다. 젊은 기관장이나 사장이 부하직원들에게 권위 있게 보이려고 백발로, 중·노년층 간부가 경영진에게 젊게 보여 명퇴를 면하려고 검게 염색하는 경우도 있고, 스트레스와 관련이 없이 멋으로 노랑·파랑·빨강머리로 염색하는 젊은 연예인도 많다.

내가 고향에서 열심히 공부한 것도, 대학이 아닌 육사를 택한 것도 농촌에 있는 우리 집 경제형편이 두 아들을 대학에 보낼 형편이 안 되어, 부모님의 한없는 피땀을 덜어드려야 하였기에 학비를 내지 않는 국비학교를 택한 것이다. 이것도 헝그리 정신의 하나다. 육사 2학년 때 어머님은 아들을 대학이 아닌 육사에 입학시켰다는 자책으로 발병한 병이 위암으로 판정받아 어머님 간호를 위해 퇴교를 해야 할지 갈등하는 사이 3학년말에 하늘나라로 가시어 모든 일에 관심과 의욕이 없는 큰 갈등을 겪으면서 임관했다. 그 후 조금씩 정신적인 안정을 찾아 국비로 육사를 졸업하고 국록으로 생활하니 신명을 바쳐 복무해야 하고 어떤 일이든 남보다 최상으로 해야 한다는 자세로 임했다. 국가정책이나 산업분야의 발명품도 생사를 넘나드는 절박한 상황, 정신적 헝그리상태에서 완성한 경우가 많다.

1970년대, 한국의 새마을운동은 근면·자조·협동정신을 바탕으로 생활환경 개선과 소득증대를 목적으로 한 범국민적인 개발운동이었다. 이 운동은 매년 연례행사처럼 겪던 춘궁기의 보릿고개의 굶주림과 낙후된 지역사회를 개발하고 산업을 발전시키기 위한 범국가적인 경제부흥을 목표로 박정희 대통령의 제창으로 시작되었다. 이 새마을운동도 가난을 벗어나려는 헝그리정신을 바탕으로 우리나라는 한강의 기적을 이루어 오늘날 세계10위권 안의 경제대국이 되었다.

노자(老子)는 '사람에게 물고기를 주는 것은 물고기 잡는 방법을 가르쳐주는 것만 못하다.(授人以魚, 不如授人以漁)'고 했으나, 최근엔 경험을 통해 '사람에게 물고기 잡는 방법을 가르쳐주는 것은 굶겨서 바닷가로 보내는 것만 못하다'고 한다. 배가 고파야 적극적으로 고기를 잡는 기술을 연구개발하고 실천하여 물고기를 잡는다는 뜻이다.

권투선수인 홍수환은 콩나물 장수의 아들로 1974년 7월 3일 남아프리카공화국 더반(Durban)에서 세계복싱협회(WBA) 밴텀급(53,520kg↓) 챔피언으로 등극했다. 그때 홍수환은 어머니와의 통화에서 "엄마, 나 챔피언 먹었어!" "그래, 대한민국 만세다." 이렇게 모자가 주고받은 대화가 유행되었던 승리의 감격은 지금도 우리의 뇌리 속을 떠나지 않고 있다.

또 1977년 11월 26일 홍수환은 파나마에서 헥토르 카라스키야와 접전에서 2회(2R)에 4번 다운되고도 다시 일어나 3회(3R)에서 통쾌한 KO승을 하면서 4전 5기(四顚五起) 신화를 창조했다. 홍수환 선수는

KO승으로 WBA 주니어 페더급(57,150kg↓) 챔피언을 획득하여 밴텀급과 페더급 2체급을 제패한 4전 5기신화의 주인공이 되었다. 홍수환 선수는 스포츠계뿐만 아니라, 공부하는 학생·기업가·정치인·운동선수·장애우 등에게 '재기의 불굴의 국민정신을 보여준 전설적인 인물'이다. 이 4전 5기도 헝그리 정신의 발로이다.

2002년 한·일 월드컵축구경기에서 히딩크(Guus Hiddink) 한국대표팀 감독은 4강에 진출하는 신화를 이루었다. 히딩크는 "아직도 배가 고프다."고 선수들에게 주문했었는데 이 헝그리정신이 4강으로 이끈 원동력이 되지 않았나 싶다.

먹이사슬에서 가장 꼭대기에 있는 육식동물인 사자와 호랑이는 사냥한 먹이로 배가 부르면 며칠을 쉬다가 배가 고플 때 사냥을 한다고 한다. 사자와 호랑이가 먹이사냥을 할 때, 먹이동물이 냄새를 못 맡도록 바람이 불어오는 방향을 향하여 주위의 풀숲으로 위장과 은폐 엄폐를 최대한 이용한다. 그러면서 눈에 띠지 않게 숨을 죽여 가며 신중하게 먹이에 접근하여 가장 빠른 속도로 달려가 먹이를 덮쳐 잡는다. 배가 부를 때는 눈앞에 사슴이나 물소 등 맛있고 먹음직한 먹이동물이 있어도 사냥을 하지 않으니 먹이가 될 동물들도 여유롭게 풀을 뜯는다.

몇 만 마리가 한 집에서 집단생활을 하는 꿀벌도 집에 꿀이 많이 쌓이면 먹지 않아도 배가 부르고, 게을러져서 꿀 따기를 소홀히 한다고 한다. 그래서 벌집에 꿀이 차면 꿀을 따서 빈집이 많이 있게 하여 꿀벌들이 겨울을 나기 위해 열심히 먹이를 물어다 저장하여 월동준비를 하도록 유도한다.

식물도 헝그리 정신에 의해 뿌리를 깊이 박고 많은 햇볕을 받아 옆에 있는 나무나 풀보다 뿌리는 더 깊고 넓게, 우듬지는 더 높고 가지는 더 넓게 차지하려고 경쟁한다. 가지에 가려진 나무는 광합성 작용을 못해 자연히 도태되어 죽는다.

인간이나 동식물도 자기 종족을 번식시키고 세력을 확장하기 위해 적응과 도태를 계속한다. 이는 헝그리정신의 적극적인 표현인데, 헝그리정신은 번영의 기본정신이다. 요즘 젊은이들은 일을 안 해도 부모에게 의지할 수 있으니 걱정이 없고, 어려움을 모르니 미래가 불안하고 이들이 짊어져야 할 국가장래가 걱정이다. 이는 부모세대가 이들을 풍족하게 키우면서 역경을 극복할 의지와 방법을 가르치지 않아 헝그리정신이 부족하기 때문이다.

(창작수필 93호 58쪽 2014. 9)

7.

이승설거지

굿은일은 아랫것들 영화는 내게
같은 물을 마시고도
열대야를 냉각시킨 효심
수신제가도 못하며
자물쇠와 열쇠
네탓과 내탓
칠푼이가 본 팔푼이세상
이승설거지

궂은일은 아랫것들, 영화는 내게

우리는 아직 조선시대의 사고를 벗어나지 못하고 있는 듯하다. 서양문물이 유입된 조선말엽 고종황제는 어전에서 땀을 뻘뻘 흘리며 탁구시범을 보이는 외국사신에게 "힘든 것은 아랫것들에게 시키지 않고 왜 땀을 뻘뻘 흘리며 손수 고생하십니까?"라고 말했다 한다.

이 말의 사실여부는 확인할 수 없으나 그랬을 성 싶다. 일반 국민과 씨가 다르다고 생각했던 지배층이 '궂은일은 아랫것들에게, 영화는 내게'의 정신이 왕조가 끝나고 민주국가가 건립된 오늘까지 우리의 잠재의식 속에 뿌리깊이 박혀 있다. 지배자와 피지배자의 의식이 강해 오늘까지 단결과 발전을 저해하는 요인이 되고 있다.

서양에서는 '노블리즈 오블리제(Noblesse Oblige=귀족 의무제)' 즉 국가혜택을 많이 입은 귀족들이 국가가 위기를 맞으면 먼저 일선에 나아가 적과 싸우다 전사하는 것을 영예로 알고 일반국민도 이를 당연시 하였다. 현대의 민주제도에서도 일반국민보다 우위에 두는 귀족제도를 거부하지 않고 귀족을 인정하며 오히려 존경해오고 있다. 이를 기사도정신(騎士道精神)이라 한다. '노블리즈 오블리제'는 원래 닭과 닭벼슬을 뜻하는데 닭벼슬의 임무는 아름다움을 자랑하는데 있지 않고 그 임무를 다하는 것에 두고 있다고 말한다. 그들은 간장을 먹고 X-ray를 찍거나, 멀쩡한 신체부위의 연골을 빼내거나 훼손하여 병역을 기피하고서도 자랑하는 청장년이 없다.

특히 전쟁과 같은 총체적 국난을 맞으면, 국민을 통합하고 역량을 극대화하기 위해서 무엇보다 기득권층이 솔선하는 자세가 필요하다. 1950년 한국전쟁 시에도 2차 세계대전의 영웅 아이젠하워 원수, 한국육사의 아버지이며 미8군사령관 밴프리트 대장, 워커 미8군사령관, 클라크 UN군사령관의 아들 등 미군 장성의 아들이 142명이나 참전해 밴프리트사령관의 아들은 야간폭격 임무수행 중 전사했고, 미해병 제1항공사단장 해리스 소장의 아들 해리스 해병소령도 장진호 철수작전을 지휘하다가 전사하는 등 35명이 귀중한 목숨을 잃거나 부상을 입었고, 드와이트 아이젠하워 대통령의 아들 존 육군소령도 미3사단 대대장으로 낙동강전투에 참전했다. 이는 우리가 본받아야 할 정신인 노블리즈 오블리제이다. 또 중국 마오쩌둥(毛澤東)이 6·25남침전쟁에 참전한 아들의 전사소식을 듣고 시신수습에 전력(戰力)을 소모하지 말고 포기하도록 지시했다는 일화도 우리와 싸운 적이지만 가슴을 찡하게 한다.

지난 제1, 2차 세계대전에서 영국의 고위층 자제가 다니던 이튼 칼리지(Eton College-영국 명문사립고) 출신 중 2,000여 명이 전사했다고 한다. 1982년 4월 포클랜드전쟁(Falklands War)에 영국 엘리자베스여왕의 둘째아들 앤드루(Andrew Windsor)가 전투헬기 조종사로, 대처(Margaret Hilda Thatcher) 수상의 아들도 참전했다. 엘리자베스 여왕의 손자 윌리엄(William)과 해리(Harry)는 아프가니스탄 전쟁에 헬기조종사로 참전하여 모범을 보였다.

이렇게 서양에서는 귀족을 포함한 지도층 자식들이 솔선하여 전쟁터로 달려가 조국과 자유, 평화를 지키려 싸웠다. 6·25남침전쟁으로 낙동강까지 후퇴하여 국가가 존망위기에 있었고, 휴전 후에는 계속된 적의 무장간첩침투에 대항하여 대간첩작전과 불순세력소탕에 매진했지만, 우리나라의 고관·재벌·지도층 자제들은 최일선 참전보다 '어떻게 하면 현역을 면할까?' 하는 데에만 신경을 썼고, 이는 지금까지 계속되고 있다. 지난 이명박대통령 재직시 안보회의 참석자 중 군필자는 국방장관과 법무장관뿐이었다는 충격적인 사실도 공개되었다.

역대 대통령과 지자체장, 국회의원을 포함한 정무직과 장군의 아들들의 병역현황을 조사하여 공개하면 현역·방위·면제 중 어떤 결과가 나올까? 우리나라에서 장관이나 재벌·장군의 아들이 전사하거나 부상했다는 말을 듣지 못했다. 6·25남침전쟁 시에는 젊어서 해당자가 없었다고 할 수도 있겠으나 지금은 다르다. 여기에서 안보교훈을 얻어 실질적인 병역정책안을 만들어 전통으로 만들어갈 수도 있지 않을까.

이런 병역기피현상은 우리 핏속에 흐르는 '궂은일은 아랫것들에게 영화는 내게'라는 생각이 왕조시대부터 내려왔기 때문일 거라는 생각이 든다. 예나 지금이나 궂은일, 험한 일, 위험한 일은 피하고 고고히 앉아서 호령하며 위엄을 과시하는 직업·직책을 선호해 오고 있다. 자해로 손가락을 자르고 군을 기피한 이런 자들이 국회의원으로 선출되니 우리 국민의 안보관념과 의식수준도 문제가 있다.

삼국시대, 나당연합군은 계백(階伯)장군이 이끄는 백제 5,000결사대와 황산벌에서 싸워 4전 전패(全敗)하는 등 고전했다. 그러자 김유신 장군의 동생인 김흠순(金欽殉)은 아들 반굴(盤屈)에게 '신하노릇에 충(忠)만한 게 없고, 자식노릇하자면 효(孝)만한 게 없다. 나라가 위기에 처했을 때 목숨을 바치면 충효를 다하는 것이다.(爲臣莫若忠 爲子莫若孝 見危致命 忠孝兩全)'라고 말했다. 이 말을 들은 반굴은 적진에 뛰어들어 용감하게 싸우다 전사했다. 품일(品日) 장군의 아들 관창(官昌)도 아버지의 독려를 가슴 깊이 새긴 채 적진에 뛰어들어 백제군과 싸우다 중과부적(衆寡不敵)으로 잡혔으나 계백은 어린 관창의 용맹성에 탄복하여 살려 보냈다. 그러나 관창은 또 적진으로 돌진하여 계백은 관창의 목을 베어 말안장에 매달아 돌려보내자 신라군은 관창의 죽음에 자극되어 분전함으로써 백제군을 대파했다고 한다.

신라는 671년 당나라군 5,300명을 깨고 백제의 고토를 점령했지만 이듬해 석문(石門·황해 서흥)에서 비장(裨將·군사참모)이었던 원술(元述, 김유신의 둘째아들)은 '임전무퇴의 정신'으로 싸우다 죽으려 했으나, 당군의 반격으로 패했다. 김유신은 왕명을 어기고 가문의 명예를 저버렸으므로 목을 벨 것을 왕에게 강청하였으나, 문무왕이 용서하여주었다. 원술은 4년 뒤 매소천성(買蘇川城: 지금의 楊州)전투에 나가 당군을 한반도 밖으로 내쫓는데 결정적인 역할을 하는 큰 공을 세웠다. 그러나 '부모에게 버림받은 자가 무슨 상(賞)이냐'며 끝내 벼슬을 하지 않고 한 세상을 마쳤다.

경주 최부잣집은 재산이 만석을 넘으면 소작료를 낮췄고, 보릿고

개가 닥치면 쌀밥을 먹지 못하게 했으며, 은수저도 사용하지 못하게 하였다. 가훈은 '과거를 보되, 진사 이상 하지마라.' '흉년엔 땅을 사지마라.' '사방 백리 안에 굶어죽는 사람이 없게하라.'는 등 6개 가훈이 300여 년을 부자로 지탱하게 한 뿌리가 되었고, 일제강점기에는 은밀히 독립자금을 보냈다고 한다.

한일합방기에 이회영(李會榮) 6형제일가는 국내에서 일본에 아부했으면 작위를 얻어 편히 살 수 있었을 것이나, 전 재산(3만섬지기)을 팔아 40여명이 만주로 망명하여 신흥무관학교설립과 독립자금후원 등 독립운동에 헌신한 보기 드문 가문이다. 형제들은 독립운동 중 체포되어 옥사하거나, 가난으로 객사하여 광복 후 6형제 중 이시영(李始榮-초대부통령) 혼자만 귀국했다. 이들의 노블리즈 오브리제 애국정신을 본 받아야 한다.

대한제국이 일본에 강제병합된 후 의친왕(義親王) 이강(李堈)의 소극적인 독립운동지원을 제외하고 왕실에서 독립운동에 참여하고 활동한 이가 없다. 영친왕(英親王)처럼 왜녀와 결혼하여 작위(爵位)를 받아 우리말까지 잃어버리며 편히 살면서도 안일을 취했을 뿐이다. 뿌리에 대한 정신이 가장 투철해야할 왕실에서 일제에 동화되었으므로 광복 후에도 위정자와 국민이 왕손들을 홀대한 이유이다. 부분적인 이의가 있겠으나, 이는 부인하지 못할 대체적인 평가다. 그래서 우리에게는 유감스럽게도 노블리즈 오브리제가 없다. 오직 '영화는 내게'만 있을 뿐이다.

그래도 6·25한국남침전쟁이 일어나자 일본에 간 유학생 650여명이 자진 신체검사를 받고 인천상륙작전 직후 1진이 미 수송선에서 소총조작법을 배워 한국전에 참전했다. 이들은 한국군에 배속되어 전쟁한 '재일학도의용군'인데 군번도 부대도 없이 참전 헌신했으나 우리조국은 그들에게 해준 게 아무것도 없다. 이들은 이스라엘 해외청년들의 중동전참전보다 17년 전에 발휘한 애국학생의용단이다.

또 재벌회사에서 봉급으로 자족하던 바지사장이 재벌의 부정에 책임을 지는 경우도 있고, 정치자금의 잘못을 총무가 뒤집어쓰는 갸륵한 경우도 있으며, 정당에 정치문제가 생기면 하급간부가 책임을 지는 경우도 있고, 귀족노조간부의 부정에 충성을 다하는 조합원 등 일은 위에서 벌여놓고 책임은 밑에서 지는 모순된 경우가 우리사회에 만연해 있다.

우리 역사에 빛나는 노블리즈 오블리제(귀족의무제) 정신으로 애국활동에 신명을 바친 분들은 위기에서 나라를 구하고 오늘 우리나라가 존속되고 번영을 누리는 밑거름이 되었다. 그분들의 공통점은 개인의 영화에 있지 않고 오직 조국의 안녕과 번영에 헌신한 점이다. 혜택을 많이 입은 부류일수록 국가와 국민, 조직을 위해 솔선하여 신명을 바치는 전통이 수립되고 계승되어야 한다. 아직도 우리나라 고위직은 국방과 위험한 일은 아랫것들에게 맡겨 생명을 잃을 위기를 모면하고, 영화는 내가 누리길 바라는 유전인자가 흐르는 인사들이 넘쳐나는 건 아닌지?…. 특히 이 혼란한 시기에 나라 걱정하는 이는 보이지 않고, 오직 사욕(私慾)과 파당만 생각하니 더욱 그렇다.

(2014. 10)

같은 물을 마시고도…

물은 생명체를 유지하는데 꼭 필요한 물질이다. 우리 인간의 생명도 물을 마시지 않으면 일주일 이상을 버티지 못한다고 한다. 그래서 단식하는 사람도 옆에 물병을 두고 마신다. 물은 우리 몸의 70% 이상이고, 피의 78%를 차지하여 우리의 생명유지에 꼭 필요한데, 우리는 언제나 원하는 만큼 쓸 수 있다고 생각하며 살고 있다.

하루에 2,400cal의 열량이 필요한 성인의 경우 약 2,200cc의 물이 필요하고, 땀이 많이 나는 여름에는 약 500cc가 더 필요하다고 한다. 물은 몸 안에서 여러 가지 영양소를 분해하여 신체 각 부위의 세포까지 영양분과 산소를 운반 공급하고 불필요한 찌꺼기를 배출하는 역할을 한다. 그뿐만이 아니다. 물은 노화를 방지하고 스트레스와 불안을 줄이며 면역체계를 강화하고 뇌활동을 원활히 하며 피의 응고를 막는 등 생명유지와 활동에 큰 역할을 한다고 한다.

요즘, 전립선비대증으로 인해 밤잠을 설쳐 가급적이면 오후부터는 수분흡수를 자제하고 있다. 자다가 깨어 화장실에 다녀오는 수면장애를 줄이기 위함이다. 충분한 수면을 못하니 아침식사를 끝내고 앉아 TV를 보면서 조는 게(실제는 자는 게) 일상이 되었다. 수분흡수는 물이나 음식뿐만 아니라 과일·차(茶) 등에도 많이 포함되어 있어 과일을 많이 먹은 날은 배설량도 많고 요색(尿色)도 매우 흐리다. 수분흡수를 줄이면 요색이 진해져 색깔을 보면서 수분 흡수량을 조절한다.

밤에 자주 깨어 화장실에 갈 때, 일찍 병원에 들러 조기에 치료를 받았으면 지금처럼 악화되지 않았을 터인데 참으면 될 줄 알고 미련하게 참은 게 화근이었다. 담당의사는 연세도 있으니 그러려니 하고 참으며 지내라면서, 전립선비대증으로 인해 사망하는 일은 없으니 약을 열심히 먹으란다. 작년에는 전립선약 중에 부작용으로 현기증을 일으키는 성분이 있어 길을 가다가 잠깐 의식을 잃고 쓰러진 적도 있다. 지나던 사람의 도움으로 근처가게로 인도되어 물을 마시고 진정하여 돌아왔다. 지금은 전립선 약뿐만 아니라 협심증약과 뇌경색약 등의 약효로 생명을 유지한다.

어른들은 어려서 물을 많이 마시거나 불장난을 하면 밤에 오줌을 싼다고 걱정하셨는데, 지금은 밤잠을 설쳐 건강이 악화된다고 걱정한다.

기억을 더듬어보면, 꿈에 재미있게 놀다가 오줌이 마려워 한적한 곳으로 가서 오줌을 누면 시원하게 느껴졌다. 자다가 척척하여 눈을 떠보면 오줌을 쌌었다. 그래도 어린 체면에 안 싼척하려고 옷을 벗어놓고 자지만 아침에 들통이 나서 키를 쓰고 이웃 할머니댁에 소금을 받으러 갔던 적도 있다. 소금을 받으려 가면 “또 오줌 쌌구나!” 하며 소금을 뿌렸다. 이는 무안을 주어 잠을 자면서도 긴장하여 오줌싸개를 면하게 하려는 선조들의 지혜였을 게다.

가축도 물이 부족하면 몸이 마르다가 급기야 사망한다. 그래서 물을 적게 마시는 낙타도 사막에서 갈증과 더위를 이기지 못하고 죽어가는 것을 본다. 사막의 식물은 땅속의 물을 찾아 깊이 뿌리를 내려 수분을 흡수하고 이슬로 목을 축이며 수분발산을 최소화하기 위해 잎은 작거나 땀구멍이 최소화되도록 진화했다. 바위틈에 선 나무를 보면 틈새에 뿌리내려 아침에 흘러내리는 이슬까지 흡수하며 생을 이어가니 질긴 생명력에 감탄과 찬사를 보내게 한다. 이렇게 물이 적은 곳에 적응하며 사는 식물이 있는가 하면, 그 반대로 물속에서 사는 나무도 있다

열대지방의 해안에 서식하는 맹그로브를 들 수 있다. 맹그로브는 물속에, 그것도 염기(鹽氣)가 있는 바닷물 속에 뿌리를 박고 사는데 해수면과 바다 뻘 사이에 촘촘히 뻗은 뿌리가 쓰나미나 태풍피해를 예방하거나 줄여주고 물고기의 서식처를 제공한다. 이렇게 맹그로브는 재해를 막고 물고기의 서식처를 만들어 주는 고마운 식물이다.

그러나 장마나 홍수가 지면 대지 위의 모든 걸 흔적도 없이 휩쓸어간다. 또 홍수로 농작물이 물에 잠기면 숨을 쉬지 못하여 죽고, 잎이 탁한 물에 잠겼다가 물이 빠져도 잎에 묻은 진흙 때문에 탄소동화작용을 하지 못해 죽는다. 이는 물이 과할 때 겪는 피해이다. 그래도 생명체를 유지하기 위해 물이 꼭 필요하다.

동식물을 막론하고 이렇게 중요한 물을 흡수하지 않는 생명체는 없다. 그런데 다 같은 물을 흡수하고서도 물을 이용한 생성품은 인간과 생물에게 도움이 되기도 하고 독이 되기도 한다. 물을 염소나 젖소가 마시면 단백질 공급원인 우유가 되고, 소나 돼지가 마시면

질 좋은 고기가 되며, 뱀이나 벌이 마시면 인간이나 적을 죽음에 이르게 하는 맹독이 되기도 한다. 물론 마신 물의 일부가 그렇게 각기 다른 변화를 주는데 물이 생명체의 필요에 따라 생성품이 다른 것은 신의 조화다.

이 세상에서 생명을 유지하기 위해 꼭 필요한 것을 들라면 공기와 물이 그 윗자리를 차지할 게다. 이렇게 물이 생명체에 절대적으로 중요하지만, 그 중요성을 모르고 지나기 일쑤이다. 흔한 것을 비유하여 물처럼 아낌없이 쓴다고 하는데 무한정으로 있어 제한 없이 풍족하게 사용한다는 뜻이다. 이는 물이 흔하기 때문인데, 얼마가 지나면 우리 한국도 아프리카 사막국가처럼 물 부족국가가 되리라는 어두운 전망이다. 무엇이던 남거나 풍족할 때 아끼고 비축하며 없을 때를 위해 대비하는 지혜가 필요하다. 주자도 '부불검용빈후회(富不儉用貧後悔)'라고 '풍족할 때 아껴 쓰지 않으면 가난해진 뒤에 후회한다.'고 경계했다.

빗물을 모아 세탁이나 청소·화초 가꾸기에 쓰고, 세면한 물은 화장실 변기에 쓰며, 바닷물을 처리하여 식수나 공업용수로 쓰는 등 물의 순환 재생을 지금부터 연구하여 활용할 일이다. 그래야 물 부족 시에도 당황하지 않고 살아갈 수 있지 않겠는가? 우리가 여러 상황을 보고 듣고 생각하고 느껴 내 것으로 만들어 쓰는 글이 다른 사람들에게 우유처럼 영양이 될 수도 있고, 뱀독이나 벌독처럼 맹독으로 사람을 해치거나 죽일 수도 있음을 명심할 일이다.

(창작수필 95호 116쪽 2015. 3)

열대야를 냉각시킨 효심

올해는 유난히 장마답지 않은 장마가 오래 계속되면서 삼복이 지났는데도 강수량은 적으나 연일 30도를 웃도니 더위나기가 버겁다. 특히 4월에 유방암수술을 받은 아내는 항암주사를 맞은 후 외출도 못하고 집에만 갇혀 요양하니 짜증이 나는가 보다. 옆에서 간병하면서 위로와 시중을 들어 안심시키고, 긍정적이고 희망적인 마음으로 생활하게 하려는 내 마음과는 동떨어진 것 같아 안쓰럽다. 항암주사를 맞고 투병 중에 짜증나는 더위로 식사도 제대로 못하고 몸을 제대로 가누지 못하니 기력과 면역력이 떨어져 지난 5월에는 응급실로 실려 가기도 했다.

이런 우리 사정을 감안하여 지난 5월 며느리가 오래된 에어컨을 최신형 음성안내형으로 바꿔주었다. 약 15년 만의 일이다. 거실엔 본체, 안방엔 실내기 에어컨을 설치할 때만 해도 예년에 별로 쓰지 않던 터라 그 효용성이 별로 없을 것이라고 생각했었다. 에어컨을 켜고 보이스온(Voice on)의 마이크표시가 나오면 에어컨 앞에 서서 '휘센 안녕, 휘센 시작' 하고 외치면 음성으로 에어컨이 작동하고 '온도 높여 또는 낮춰'로 조정할 수 있다. 물론 리모컨을 이용한 조작과 시간 예약도 가능하다. 에어컨을 설치하자, 초등학교에 다니는 큰 손자는 신기한지 에어컨 앞에 다가가 큰소리로 '휘센 안녕, 휘센 시작' 하고 음성으로 조작해 본다. 에어컨은 인공지능 기능을 포함해 강풍, 자연풍, 음성인식, 제습기능, 예약기능, 열대야냉방기능 등 새로운 여러 기능을 내장하고 있고 소음도 매우 적고 전기사용량도 절약형이다.

수십 년 동안의 기상청 통계에 의하면, 금년 장마는 51일로 가장 긴 장마라고 한다. 그러면서 지구온난화현상으로 서울은 낮에 30도를 넘어 34, 35도까지 오르고 밤에는 최저 기온이 섭씨 25도 이하로 내려가지 않는 열대야(熱帶夜)가 계속되어 잠을 이루지 못하는 밤이 9월까지 계속되리라 한다. 오늘이 입추인데도 가을은 고사하고 늦더위가 기승을 부린다. 이런 열대야에는 잠을 자기 전에 에어컨을 '열대야 취침'으로 맞춰놓으면 실내온도는 자동으로 쾌적하게 맞춰져 냉방해 놓고 30분후에 꺼지니 편히 잠들 수 있다. 이때 실내온도는 설정온도에 따르지만 26,7도로 바람까지 재웠으니 쾌적하다.

아들과 며느리는 상의하여 구형 에어컨을 신형으로 교체하는 것으로 의견을 모아 며느리가 사서 가져왔다. 새 에어컨 소비전력은 구형이 2등급이었는데 신형은 1등급에 작동이 되어도 소음이 없이 조용하다. 구형은 실외기에서 나는 소음 때문에 에어컨을 켜기가 이웃에 미안했었다. 사람의 마음은 이기적이고 자기에게 호의 호감을 가진 자에게는 좋은 감정을 갖는 게 보통이라는데 그래서일까? 이렇게 배려하는 며느리가 더 미더워 보인다. 우리 부부를 생각하여 거금을 주고 에어컨을 사왔으니 표현은 안 했지만 며느리에게 감사하고 예쁜 마음이 더 돋보인다. 아내는 내가 9시 30분경에 잠을 자는 것과는 대조적으로 12시가 넘어야 잤는데 암 수술이후에는 11시에 잠을 잔다. 그런데 나는 새벽 3, 4시면 잠이 깨어 서재의 컴퓨터에 매달리고, 아내는 세상모르고 잠을 자다가 아침 6시가 넘어야 일어난다. 그러니 우리 부부의 삶은 잎과 꽃이 서로 만날 수 없는 상사화(相思花)를 닮았다고 해야 할까?

매일 열대야 취침으로 맞춰놓고 잠을 청하면, 시원하게 잠을 잘 수가 있어 좋다. 에어컨바람을 쐬면 감기가 들기 쉽다지만, 열대야취침은 방안온도를 쾌적한 온도로 조정한 후에 자동으로 꺼지니 감기가 들 걱정은 하지 않아도 된다. 또 실내온도를 감지하여 온도가 올라가면 다시 열대야취침으로 작동한다. 그래서 열대야 취침기능이 내장된 에어컨을 설치한 며느리에게 감사한다. 아내도 표현은 안 하지만 나와 같은 심정임을 표정에서 읽는다.

사람의 마음은 얼마나 간사한가? 말 한마디나 작은 성의로 감정이 달라지는 것을 보면, 세상을 사는 이치가 모두 같음을 실감한다. 며느리는 살가운 면은 없어도, 진실 되고 한결같으며 아들과 잘 맞고 손자들에게 최선을 다하니 그 이상 기대하여 욕심을 낼 게 없다. 이는 결코 에어컨 선물을 떠나서 솔직한 심정이다. 사람을 평가할 때 돋보기를 들고 샘플의 잘 잘못을 조사 평가하듯 약점이나 단점을 찾기보다 장점을 많이 찾는 게 더 효과적이다. 웬만한 단점은 묻어두고 서서히 가르치면서 칭찬하는 게 좋은 방법이라 한다. 칭찬은 고래도 춤추게 한다고 하지 않던가? 자식들에게서 효도를 받으며 나를 비춰본다. 부모님 생존 시는 지금 같은 여건이 아니었지만, 따뜻한 옷 한 벌 기름진 생신상을 올리지 못한 한이 오늘까지 맺혀있다. 이렇게 며느리한테 선물을 받으니 한편으로 기쁘고 감사하면서 한편으로 옛 생각에 마음이 무겁다.

사실 우리 집에는 40여년 된 일제 산요 선풍기가 있다. 이 선풍기는 1971년 월남에서 사와 매우 사랑을 받았지만, 오늘에는 사랑의 정도가 옛만 못하다. 그래도 에어컨을 켜고 선풍기를 틀면 이곳저곳으로 냉기가 빨리 퍼져 시원해져서 에어컨을 끄고도 선풍기는 계속 돌려 시원한 냉기를 유지한다. 그러니 부채와 함께 낡은 선풍기가 더위를 물리치는 우리의 친한 기기중 하나이다.

나이가 들면서 건강이 제일 큰 관심사인데 나라고 예외가 아니다. 기대수명과 건강수명이 같아 끝까지 건강을 유지하여 내 의지대로 자유롭게 생각하고 행동하며 아들딸 가족에게 부담을 주지 않고 오히려 도움이 되는 삶이 되게 해달라고 기도한다. 아무리 효심이 깊은 아들딸도 병시중이 길어지면 지치고 성의가 전(前)만 못하다고 타박하는 사람들이 많은데, 우리 부부에게는 이런 불행이 오지 않기를 기도하고 기대한다. 무더운 열대야를 이길 냉방기를 설치한 효성으로 인해 시원하게 냉방된 집에서 무더위를 이기듯이, 앞으로도 가족들이 건강하고 서로 사랑하며 화목하기를 기원한다. 냉방은 에어컨냉방보다 마음속 보이지 않는 사랑의 냉방효과가 더 크기 때문이다.

(2013. 8)

수신제가도 못하며 치국…

요즘 세상 돌아가는 양태(樣態)를 보면, 괜히 화가 나고 사회와 대중심리의 급격한 변화에 현기증이 인다. 마음을 정갈히 하고 생각해도 바른 행동이라 할 수가 없다. 우리는 어려서부터 '수신제가치국평천하(修身齊家 治國平天下)'라는 어른들의 말씀을 많이 들으며 자랐다. 이는 평범하지만, 이를 지키지 못할 확률이 높기 때문에 어른들이 자주 말씀하시며 강조하셨나보다.

모든 언행은 정신이 주도하여 행동이란 결실을 맺음으로 그런 언행을 한 본인이 책임을 져야 한다고 말한다. 대가성 있는 뇌물을 받고 운전기사봉급까지 대납하게 한 국회의원이 있는가하면, 대부받은 거액을 갚지 않기 위해 전주(錢主)를 청부살해하여 기소된 시의원도 있고, 자기 몸뚱이라고 남 앞에서 가려야 할 요부를 거리낌 없이 흔들어 조사받는 지검장이 보도되어 충격을 주고 있다. 이들은 하나같이 일반국민이 부러워하는 사회지도층 공직자이기 때문이다.

또 국민의 대표라는 국회의원이 돈 봉투를 받고 특정학교에 편의를 봐주고, 이권을 챙겨주고 몇 억원의 돈을 받은 자도 있으며, 유관기관에 압력을 넣어 자기 자식을 취업시킨 경우 등 세상이 돈과 권력 때문에 부정으로 얼룩지고 썩은 냄새가 코를 찌른다. 국회는 일은 안하면서 엄청 많은 세금만 축내는 쓰레기기관이라 평하는 자도 있다. 이들은 국민을 위한 봉사는 고사하고 자기관리도 엉망이어서 최근 여야의원 5명이 검찰의 수사를 받고 있는데, 회기에 불체포특권을 유지하려고 여야가 합의하여 방탄국회를 열어 죄를 은폐 경감받으려고 도망 다니다가 여론의 압력으로 조사를 받았다. 이 사건들은 수신(修身)을 잘못하여 일어난 사건들이다.

딸이 자기 아버지가 어머니와 동생들을 버리고 20년 동안 한 번도 돌보지 않았는데 교육감에 적격자냐고, 교육감 자격이 없다고 공개하여 당선가능성이 가장 높다던 능력 있는 G교육감후보가 낙선되었고, 아들이 자기 생각을 SNS에 공개하여 당선이 유력시 되었던 J서울시장 후보가 물 건너간 경우도 있고, 군에 간 아들이 내무생활에서 하급자를 괴롭히고 추행하여 수사를 받아 아버지가 자식을 제대로 교육시키지 못한 것은 아비책임이라고 대국민 사과를 한 N지사도 있다. 이는 제가(齊家)를 잘못한 때문에 일어난 사건들이다.

세월호가 침몰 중에 해양경찰이 현장에 도착했지만, 승객구조를 못했다고 행양경찰대를 해산한다더니, 이번 군내 폭행치사와 추행사건이 발생하여 교체된 참모총장은 재발부대는 해산시키겠다고 강경한 조치를 예고했다.

참모총장은 평시에 군내관련문제를 마음대로 다 할 수 있어 생사여탈권까지 부여받은 전지전능자로 착각하는가보다. 부대를 창설하고 해산하는 것은 법규에 의한다는 사실을 간과했기 때문이다. 보도가 통제되던 때는 보도가 안 되게 가릴 수 있었으나 지금은 모든 게 투명하게 밝혀지고 보도된다. 이런 현상이 일어나는 것은 마치 부모가 어린 자식의 생명도 자기 소유로 착각하여 죄의식 없이 생명을 빼앗거나 동반 자살하는 것과 같다. 이런 자들이 어찌 치국(治國)을 하겠는가? 그들 중 대권도전자도 있다는데, 수신제가도 못하면서 어찌 치국평천하(治國平天下)를 꿈꾸는지 의아하다는 생각이 든다.

냉정히 돌아보면, 자식을 키우면서 인성보다 오로지 좋은 대학과 취업을 위해 점수를 중시하여 자식의 인격과 지식의 조화, 올바른 가치관과 자제력 형성을 소홀히 했기 때문이다.

그래서 요즘 젊은이들은 지식은 많지만, 참을성과 자제력이 없다. 성(性)이 문란하여 미혼모가 갓난아기를 버리고도 가책이 없고, 씨를 뿌린 남자는 순간의 쾌락으로 끝나 책임감이 없다. 모두가 네 탓만 있고 내 탓은 없으니 책임지지 않아 항상 네 탓 타령으로 문제가 해결되지 않고 세상이 시끄럽다. 이런 환경을 조성해준 것은 전적으로 기성세대인 우리의 착각이고 과오에 기인했다.

남을 흉보기 전에 자신을 돌아보며, 이런 환경과 여건을 조속히 개선할 의지를 갖고 개선책을 실천해야 한다. 환골탈태(換骨奪胎)의 정신으로 뼈아픈 근본적 개혁을 하면서, 가까이에 있는 내 자식들부터 제대로 하고 있는지 돌아보자.

세월호 유족들의 요구와 야당의 야합으로 국가유공자를 능가하는 대우를 요구한다니 국가유공자들을 불만자로 만들 가능성이 많고, 떼를 쓰면 다 들어주니 대통령과 면담하여 결정하고 이익을 관철하려는 막가파가 기승을 부린다. 권한위임이니 책임총리제를 주장하는 야당에서도 이들에 동조하니 일관된 주장이 없어 그들의 뜻이 표에 따라 흔들림을 볼 수 있다.

그래서 법과 상식이 통하는 지극히 평범하고 정상적인 사회로 돌려놓아야 한다. 이는 피해자의 눈치를 보면서 요구를 들어줄 것이 아니라 "되는 건 되고 안 되는 건 단식농성이나 집단행동, 생명을 담보로 한 극단적인 행동을 해도 안 되는 사회가 되어야 선진국이 된다." 사건이 있을 때마다 사건과 관련이 없는 자들이 피해자 측에 접근하여 사건해결을 더욱 어렵게 부추기는 개인과 집단이 단골로 등장함을 보는데 이는 우리 사회의 악(惡)이다.

모든 문제해결의 정점은 국익과 개인이익에 두고 단합된 해결방법을 모색하면서 일관성과 형평성을 유지해야 한다. 2016년 최ㅅㅅ의 국정농단해결책에 대통령의 사퇴로 헌정파기를 주장하는 국민과 의원들이 의외로 많다. 자국이익만 챙기는 세계조류 속에서 산적한 정책과제들을 단합된 힘으로 국가와 국가이익 보존방안을 강구해야 할 터인데, 국가이익보다 정파이익을 우선하니 국론이 분열되어 한곳으로 힘을 모으지 못하여 걱정이다. 남북대결논란에 편승하여 갈등을 증폭시켜 어디로 가서 누구에게 이득을 주자는 것인가? 민주·자유·평화는 남북대결에서 국가안보와 자유민주주의의 수호를 위해 지켜야 할 최종가치이다.

(2016. 11)

자물쇠와 열쇠

지금은 경쟁사회이니 개인이나 회사, 국가기관의 조직을 유지하기 위해 외부에 알려져서는 안 될 주요 보안사항이 있게 마련이고, 경영자는 이를 지키는 것이 중요한 책무가 되었다. 보안을 유지하기 위해 각종 자물쇠, 전자장비와 보안요원을 이용하여 2중 3중의 보안 장벽을 설치한다. 그러나 이를 푸는 열쇠와 비밀번호의 해법이 보안기관을 괴롭혀 자물쇠와 열쇠는 창과 방패의 개념으로 서로 시소를 타듯 일취월장 발전하고 있다.

돌아보면 우리가 어릴 적에 경제적으론 낙후했었지만, 민심은 순박하여 제주도의 정낭처럼, 문을 열어놓거나 집을 비워놓고 다녀도 도둑맞는 일이 없었다. 그런데 6・25남침전쟁으로 많은 피난민이 몰려오고 젊은이는 군에 입대하여 노동력 부족으로 살기가 어려워져 도둑이 생기기 시작했다. 대문을 잠그고 방문은 문고리를 걸고 숟가락으로 채우고, 뒤주에 자물쇠를 채워도 문을 따고 들어와 식량이나 쓸 만한 물건을 가져가 밤낮을 가리지 않고 집 비우기가 겁났다.

교실에서 공부하며 경쟁하는 학생들의 커닝수법도 약 60여 년 전에는 뒷줄 학생의 요구에 앞줄 학생은 성생님의 눈을 피해 시험지를 책상 가에 비스듬히 놓고 보여줌으로써 커닝을 하도록 하거나, 손바닥에 외워야할 단어의 첫 자만 써서 보았다. 그런데 이런 원시적인 단계를 지나 지금은 일상적인 전자기기인 휴대폰의 마이크와 수신기를 귀에 꽂고 답을 송수신하는 것도 한참 낡은 수법이라 한다. 심지어 어른들이 화투나 트럼프 사기도박판에서 사용하는 몰래카메라까지 동원하여 답을 알려 준다니 혀를 찰 정도로 나날이 진화하고 있다.

그래서 시험은 OX식으로 답을 쓰는 객관식에서 자기의 생각과 주관을 표현하는 주관식문제와 논술을 중요시해야 한다고 주장한다. 학생실력을 정확히 평가하는 것도 매우 어려운 일이다. 쫓고 쫓기는 자의 경쟁은 비단 자물쇠와 열쇠뿐만 아니라 시험관과 학생, 도둑과 경찰이 서로 경쟁의 길을 가고 있다.

원시적인 자물쇠의 개념은 건물이나 주요 서류함 등 여닫는 문을 잠그는 보안장치와 총의 방아쇠가 당겨지지 않도록 고정시키는 안전장치를 지칭했었다. 문물과 지능이 발전하고 경쟁이 치열해 짐에 따라 경쟁상대보다 앞선 고급기밀을 보관하는 시설에서 보안장치를 풀고 엿보든가, 기밀을 빼내어 개발기일을 단축시키고 개발비를 절약해야 상대를 능가할 수 있으니 보안해제술(판독술)은 매우 군침 도는 사업이 되었다. 이는 제2차세계대전시 독일과 소련, 미국과 일본, 냉전기의 미국과 소련의 첩보전이 그 대표적인 사례라 할 수 있다.

첩보를 선점함에 따라 막대한 개발비를 절약하면서 상대방에 앞서 제품을 생산할 수 있고, 무기체계에서 상대를 제압내지 무력화시켜 전승을 거둘 수도 있으며, 상품개발에 시장을 선점하여 막대한 이득을 올릴 수도 있고, 각국 정상과 핵심부서의 도청으로 필요대책을 강구할 수도 있다. 그러니 보안도 매우 중요한 사업이 되었다.

약 40여 년 전 광명시 단독주택에 살 때의 일이다. 아이들이 학교에서 집에 오면 문을 열고 들어갈 수 있도록 열쇠를 만들어 하나씩 주었다. 그날도 초등학교에 다니는 큰 딸이 전처럼 문을 열고 들어왔는데 집안은 가재와 옷가지들이 난장판으로 널려 있어 이웃집 아주머니와 함께 확인하고 나에게 전화했다. 도둑이 든 것이 확인되어 신고하고, 짐을 정리하며 확인하니 카메라와 아내의 결혼반지, 아이들이 모아둔 세뱃돈을 모두 가져갔다. 카메라는 오키나와에서 산 것이고 아내의 결혼반지는, 좋은 것은 아니지만, 우리부부에게는 매우 가치가 있고, 아이들은 세뱃돈을 어떻게 쓸까하고 부풀었던 꿈이 흔적도 없이 사라졌다. 이 일이 있은 후에 아내는 단독주택은 무섭다고 아파트만 고집하여 전원주택에서 자연을 벗 삼으며 노후를 즐기겠다는 꿈은 접어야 했다. 아이들에게는 악몽이 가시도록 잃은 세뱃돈액수 만큼 주고 위로했다. 도둑은 아는 자의 소행이라더니, 우리가족의 들고 나는 시간을 정확히 파악하여 행동했었다.

미 정보학교 보안과정에서 사진과 열쇠에 대해 배운 적이 있다. 교관은 2차대전시 정보실무자들이어서 흥미 있는 교육이었다. 당시는 실린다식 자물쇠와 다이얼식 자물쇠가 최신품이었고, 이에 대한 교육이 주 내용이었다. 그러나 지금은 다이얼식도 2중 3중의 다이얼 숫자의 조합이 일반적이고 전자키 숫자의 조합은 접근부터 비밀번호와 지문이나 홍체인식을 통과해야 접근할 수 있으니 많은 발전을 한 셈이다. 은행이나 귀금속상의 금고는 비밀번호가 2중 3중으로 되고, 필요시 비밀번호를 바꿀 수 있도록 하는 것은 물론 금고재질도 화재나 강제적 외부 힘에도 견딜 수 있게 만들었다. 이렇게 현대의 보안시스템은 2중 3중의 다이얼식에 지문이나 안구의 홍체인식, 안면인식 등 다양하다. 그래도 자물쇠와 열쇠를 만든 주체는 인간이니 인간의 머리로 만든 보안시스템은 시간과의 싸움일 뿐 창과 방패의 시소놀이처럼 양측이 서로를 무능화시키는 단계를 거쳐 모든 보안장치는 풀린다고 장담한다.

여행용가방의 4단위 비밀번호를 잊어 애를 먹은 적이 있다. 가방을 사면 비밀번호를 입력하여 고정시켰는데, 신상정보와 관계없는 자료를 참고하여 비밀번호를 입력하고 그 번호를 메모해 두지 않고 며칠이 지난 후 가방을 열려고 하니 비밀번호가 틀려 열수가 없었다. 이건지 저건지 알 수 없어 관련정보를 하나하나 기록하면서 비밀번호를 삽입하여 다행히 몇 시간 만에 가방을 열었다.

여행 중 관광지 호텔에 도착하면, 제일 먼저 하는 일이 문을 열고 잠금장치와 보조잠금장치확인, 비상시 대피요령, 금고조작요령, 식당 확인 등이다. 이런 보안조치는 그 호텔의 품격과 안전에도 영향이 많아 호텔의 등급이 낮을수록 시설과 보안상태가 허술한 것이 일반적이다. 주요지점에 설치된 CCTV도 사전에 제거하거나 렌즈를 오염시키면 무용지물이 된다.

지금은 비밀번호와 잠금장치가 혼합된 금고로도 안심을 못하고 보안업체와 계약하여 직통을 개설하고 침입시 경보가 울려 즉시 출동

토록 제도화하고 있으나 절도범의 수법은 점점 진화·발전하여 사전에 보안시스템을 무능화시키거나 보안업체가 경보를 듣고 현장에 도착하기 전에 목표물을 갖고 도주하여 골머리를 앓고 있다. 보안시스템은 완전한 보안을 유지하기보다 출동하기까지 시간을 버는 정도의 개념으로 변하고 있다. 그래서 침입자와 보안업체는 초 단위 경쟁을 벌이는 중이다.

보안문제는 비단 자물쇠와 열쇠의 문제만이 아니다. 사람의 머릿속에 있는 지식이나 아이디어까지 빼가는 세상이다. 최면을 걸어 문답으로 보안시스템과 필요한 정보의 생산과정, 생산품의 설계도를 빼가기도 하고, 실험결과나 예상계획과 효과도 빼 간다니 긴장하지 않을 수 없다. 특히 적대관계에 있는 국가나 경쟁기관 간에 항상 상대에 관심을 기울여 총성 없는 치열한 첩보전이 연일 계속되고 있다.

소설에나 나올법한 독심술(讀心術)이 공상이 아닌 실현성 있는 세상이 온다고 한다. 마술에서도 고객이 생각한 카드를 맞추는 것을 보면, 인간재능은 무한하여 앞으로 닥칠 결과에 소름이 돋는다. 세상사는 자물쇠와 열쇠처럼 잠긴 것은 열고, 꼬인 것은 푸는 과정을 반복하며 발전하는데 절대 완벽한 보안은 존재할 수 없고 창과 방패, 자물쇠와 열쇠, 보안장치와 해커의 끝없는 경쟁에서 최종 우승자는 과연 누구일까?

(2013. 1)

네 탓과 내 탓

사람이 살아가면서 목표한 일을 뜻대로 이루는 경우는 극히 드물다. 목표를 이루지 못하고 실패한 이유에 대해 내가 아니라 상대방이나 환경과 여건에서 찾아 책임을 떠넘기는 게 보통이다. 그래서 예부터 '잘 되면 제 탓, 잘못되면 조상 탓'이란 말이 전해오고 있다. 또 이유가 하도 많으니 '핑계 없는 무덤이 없다.'고도 한다.

모든 일은 내가 깊이 생각하고 성공을 기원하며 실행한 결과이지만, 못난 놈은 자기가 계획하고 성공을 장담하며 오만한 자세로 시행하여 실패한 게 자기 탓인데도 남(외부)의 탓, 조상 탓으로 돌리려고 한다. 반면에, 훌륭한 사람은 잘 된 일은 조상 탓이라거나 주변의 도움 탓이라고 겸손하게 말하고, 잘못은 내 탓이라고 못난 놈과 정반대로 말해 호감을 얻어 더 큰 지원을 받는다.

못난 놈이 공부를 못하는 것은 제가 열심히 안한 것은 생각지 않고 머리가 나쁜 어버이를 닮아서라든가, 공부할 환경이 안 되었다든가, 부모가 경제적 지원을 충분히 해주지 못했기 때문이라고 타박한다. 심지어 결혼을 못하는 것은 부모가 무능한 때문이고, 시집가서 아이를 낳지 못하거나 잘못하여 소박맞고도 부모 탓과 궁합 탓, 승진을 못하면 조상 탓에 뇌물 탓, 황금만능시대에 돈을 못 버는 건 아내 탓, 음악과 미술, 체육 등 예체능을 못 해도, 글씨를 못 써도, 노름에서 돈을 잃고 궁핍하게 살아도 조상 탓, 과식으로 설사를 해도 논을 산 사촌 탓 등 자기잘못은 인정하지 않으면서 남을 탓하는 버릇이 된 핑계는 한도 끝도 없다. 그릇을 깨고 시어머니로부터 꾸중을 들은 며느리가 아궁이 옆에서 잠자는 누렁이를 발길로 걷어차 화풀이를 한다. 이게 우리가 흔히 범하는 '네 탓 증후군'이다.

다른 사람이 피나는 노력으로 고시에 합격하거나 성공하면 조상의 묘가 명당 이어서라거나, 실력보다 빽이 좋아 합격했다고 부정적으로 평하니 긍정적인 칭찬과 수용이 없다. 정부의 정책결정이나 인사도 실수한 결과만 있고 책임질 사람이 없어 항상 시끄러운 말싸움뿐이어서 발전이 없다. 잘못을 개선하려는 노력을 하기보다 그 책임을 모면하고 상대에 씌울 구실이나 잘못만 찾기에 바쁘기 때문이다. 요즈음 정치판에서 여야의 입장이 더욱 그렇다.

모든 일을 계획하고 실천한 행동주체는 '나'이니 성공이건 실패건 내 탓이다. 일이 계획대로 안 되면 계획의 완벽성과 융통성, 시행과정의 협조성에 성실성과 강한 추진력, 자신의 말과 행동 등을 되돌아보며 미흡했던 점을 보완할 생각은 안 하고 조상 탓, 환경 탓, 예산 탓, 비협조 탓, 연장(도구) 탓만 한다. 이런 시각으로 세상을 보고 평가하니 내 탓은 보이지 않고 네 탓만 크게 보인다. 예수는 "제 눈에 든 대들보는 보지 못하면서 남의 눈에 든 티끌만 보느냐?"고 잘못을 다른 사람에게 떠넘기는 심사를 경계했다. 또 '내가 하면 로맨스이고 남이 하면 불륜'이라거나, '똥 묻은 개가 겨 묻은 개를 나무란다.'고도 말한다.

잘못을 저질렀을 때, 잘못한 분명한 증거를 들이대도 나는 아니라고 부정하는 게 보통이다. 이렇게 양심과 도덕관이 마비된 인사가 최고 경영직을 맡았으니 책임전가는 다반사이다. 책귀어장(責歸於長)이라고 권한을 위임받은 상사가 그에 해당하는 책임을 지는 풍토가 아쉽다. 고 김수환 추기경은 사회의 불의와 잘못의 근원에 대해 '내 탓이오' 운동으로 내 책임을 강조한 바 있다.

남을 탓하기 좋아하는 사람은 자기 잘못은 보지 못하고, 남의 작은 잘못은 잘 보이니 시력이 좋아서인가, 양심이 마비되어서인가? 제 허물은 감싸고 남의 허물은 크게 보여 엄한 벌로 상대를 매장시키기를 기대하는 경쟁심 때문인가? 양심을 가리고 자기가 한 잘못도 옳다거나 상대와 얽어 양비론을 주장하는 자들이 의외로 많다. 이들은 사과하면 한없이 추락할 것을 겁내어 사과하지 않고 자기가 완벽하다는 허상 속에 살기 때문이다. 어찌 인간이 잘못이 없이 잘 하기만 있을 수 있는가! 잘못을 인정하려면 큰 용기가 필요한데, 이들은 용기가 없는 비겁한 겁쟁이들이다.

실패의 원인에 대한 정확한 파악이 없으면 발전이 없다. 듣기 싫고 창피해도 사실은 사실대로 인정하고 발전책을 강구해 뼈를 깎는 노력을 해야 발전한다. 실패원인을 감추고 과오를 변명하는 자는 발전과 성공의 길이 가려져 보이지 않는다.

그래서 종교의 가르침처럼, 자기 잘못을 성찰하고 다시는 과오를 범하지 않으리라 굳게 결심한 후 이를 고해 실천해야 잘못이 용서되고 실수를 반복하지 않고 발전할 수 있다. 잘못은 '내 탓'이라고 실수를 인정하고 새로운 각오로 시작해야 주위의 신뢰와 지원 속에 발전이라는 큰 열매를 얻을 수 있기 때문이다.

아무리 머리가 좋고 대인관계가 좋아 유능하다고 평가받는 인사도 결점이 있고, 살아가면서 잘못을 범할 수 있다. 이것이 인간의 진면목(眞面目)이다. 이를 얼버무리고 자기의 잘못을 감추려고 거짓을 꾸민다면 양심까지 마비된 불량인간으로 낙인찍혀 돌이킬 수 없는 대재앙을 맞으리라. 그래서 잘못을 시인하고 '내 탓이오.'를 인정하는 자세가 되어야 주위인사로부터 신뢰를 받아 그들의 지원하에 계획한 꿈을 이룰 수 있다. '내 탓'을 인정하지 않고 '네 탓'으로 돌리기를 좋아하면, 핑계의 독이 양심을 마비시키고 부메랑으로 되돌아와 주위로부터 버림받는 외톨이가 되고 급기야 고립과 무위로 자신을 파멸시킬 수도 있다는 사실을 명심해야 한다. '내 탓이오, 내 탓이오. 내 큰 탓이로소이다….'

모두가 정년이 지나 퇴임한 지금, 인격과 능력과 도덕성을 냉혹하게 평가해 서열화하여 젊을 때 평가와 비교하면 어떤 결과가 나올지 궁금하다. 능력은 자기수련과 세월에 따라 변하고, 정신은 시종여일(始終如一)해야 한다기에….

(2013. 7)

칠푼이가 본 팔푼이세상

어머니 뱃속에서 열 달을 채우지 못하고 미숙아로 태어난 사람은 자라서도 똑똑하지 못하여 많은 사람들이 칠푼이라며 업신여겨 조롱받기 일쑤다. 그런데 조롱받는 사람은 서운함을 느끼지 못하는 경우가 많다. 이는 똑똑하지 못하고 분별을 못하기 때문이다. 어떤 때는 나도 칠푼이가 아닌가 하고 생각될 때가 있다. 다른 사람들과 비교하여 사회성과 능력이 뒤떨어지는 부족한 사람이어서다.

어릴 때부터 학교 공부에서도 예체능은 항상 중후반에 가까워 종합성적은 괜찮은 다른 과목의 성적을 깎아먹었다. 학교를 졸업한 후 사회생활에서 삶의 윤활유라는 술과 담배, 잡기에 어울리지 못하여 삼푼(三分)을 감해 자칭 칠푼이가 되었다. 주위를 둘러보면, 팔푼이 구푼이도 많은 세상이다.

이 세상도 제정신이 아니다. 비정상이 정상으로, 불의가 정의로 둔갑하는 경우가 많아 후하게 평하여 두 푼을 감하여 팔푼이세상으로 친다 해도 그중에서 전부를 보지 못하고 반 정도만 보고 느끼고 활용하며 살고 있다. 그러니 대인관계가 원활치 못한 것은 필연이고, 이는 나의 가장 큰 단점으로 손해를 보며 살아야 했다.

원래 사교적이지 못한 성격에 처음 대면하여 서먹한 분위기를 바꾸는데 대화를 푸는 담배나 술을 못한 게 큰 장애요인이었다. 처음 만나면, 통성명을 하고 담배를 권하며 고향·학교·직장 등 주변사로 상대를 탐색하고, 어색함을 비켜가면서 공통점을 찾아 대화를 풀어가는 게 일반적이다. 단순한 인사나 안부를 전하는 정도의 가벼운 방문이라면 문제가 없으나, 기관을 위해 협의하여 성사시켜야 할 과제가 있을 때는 달랐다.

분위기에 맞춰 원활하게 대화를 풀지 못하니 못 미더워하거나 얕잡아볼 때도 있고, 갑갑한 사람이라거나, 비사교적인 사람으로 예단할 때도 있었다. 그래도 업무는 다행히 의도한 대로 성사되었다.

우리는 모임에서 헤어지면서 다음에 한잔 하자거나 식사라도 하자는 인사를 가볍게 교환한다. 이는 만나서 식사나 술을 꼭 하자는 약속을 미리 잡아놓는 게 아니라 흘러가는 인사치레인 경우가 흔하다. 술을 하면, 알코올의 힘에 의해 경계심을 누그러뜨려 친밀감과 동질감을 더해주어 많은 대화를 나누게 한다. 여기에서 술을 좋아하는 사람은 술로 인한 업무실수와 성공담, 음주운전이나 여성편력일화까지 풍부한 대화자료를 내장하고 있다. 그래서 상대의 기분과 상황에 따라 대화소재가 무궁무진하게 바뀐다.

어떤 때는 운동 후 사우나에서 알몸으로 솔직한 대화도 오간다. 그런 다음, 자리를 옮겨 자연스레 식사를 겸한 술자리에서 더욱 친밀감을 다진다. 이렇게 서로 기분이 좋아져 교감하고 서로를 이용하여 과제나 목적이 성사되는 게 통례이다. 사회는 하나를 부탁하면 반대급부로 다른 것을 들어주는 수수(授受)의 원칙이 일반적이다. 서로가 원하는 바를 원원하여 얻기를 원하기 때문이다.

많은 사람들이 사교에 없어서는 안 될 술이 있어 살맛이 난다는데, 술을 한 방울도 못하여 누가 술을 만들어 이렇게 고생시키냐고 원망한다. 해법이 좀 까다로운 일은 맨 정신으로 과제를 상의하지 못하니 마음속의 솔직한 말을 나누기가 어색하여 손해를 볼 때가 많다. 우리 집안은 유전적으로 증조부님도 술을 못하셨다는데 술을 이기지 못하기 때문이라 했다. 술에 적응하려는 애처로운 시음시도도 전혀 효과가 없어 포기해야했다. 그 대신 축제나 회식에서 술을 하지 않으니 뒤 마무리를 담당하거나 당직을 하게 되었고, 그럴 때 철저한 근무를 인정받아 다행이라 자위했다. 가끔, 예상치 못한 술주정은 거금을 주고도 못 볼 짜릿한 특종이었다.

술 담배를 못하여 대화를 트기 위해 차를 대접하는 게 통상이었는데, 차는 준비하는 시간이 있어 얼마간은 어색한 침묵이 흐르기 일쑤였다. 그래도 대화를 하기 위해 녹차와 커피의 종류·자료·제조법·맛과 향·효과·다도(茶道) 등을 대화에 활용했다. 또 술은 못해도 대화에 끼려고 술의 종류와 제조법·특징, 음주법에 대해서도 공부했다.

회식장소에서 독한 위스키 한 잔을 억지로 마셨다가 천장이 빙빙 돌고 가슴이 터질 것 같아 앉아 있을 수가 없어 전부 토하고도 내실에 누워있어야 했고, 다음부터는 술마시기가 면제되었지만, 옆에 수건과 빈 그릇을 놓고 요령껏 술을 뱉거나 시중드는 아가씨에게 인계하며 술을 마시는 척했다. 한번은 피할 수 없는 장소에서 맥주 1/4 컵 정도를 마시고 돌아오던 중 우리 아파트 엘리베이터 안에서 정신을 잃고 주저앉았다가 잠시 후에 정신이 들어 일어나 집에 온 적도 있다. 이 꼴을 이웃이 보았으면 얼마나 놀라고 어떤 소문이 났을까? 술을 잘하는 자 중에 업무처리에 여흥과 운동도 잘하여 남아답다거나 좋게 평가받는 경우가 많다. 반면, 술을 못하여 열심히 일해도 좋은 인상을 주지 못하고, 근무 노력과 성과에 비해 좋은 평가를 받지 못해 손해를 보는 경우가 있었다. 술은 나와 상극이고 꼭 피하고 싶은 극약이어서 한 방울도 입에 대지 못하기 때문이었다.

이렇게 술 담배를 못하니 이 세상의 재미있는 현상을 반 정도도 못보고 느끼며 사는 게 아닌가하여 칠푼이 인생이란 자조적인 생각을 하게 되었다. 사람은 자기 눈으로 보고 느낀 정보를 자기 머리로 종합하여 그에 적절하게 판단하고 행동한다. 그래서 자기가 우주의 중심이고, 천당과 지옥이 마음속에 있다고 생각한다. 세상을 보고 느끼는 것을 글로 쓰는데 평범을 넘은 돌출행위나 사건이 없어 글이 재미가 없다. 흥미 있는 글은 흥미 있는 사건과 그에 걸맞은 감정표현의 결과다. 술과 잡기에 능했으면 이 세상을 보는 안목도 다르고 재미있는 현상을 많이 경험하고 목격하여 그것을 소재로 흥미진진한 글을 쓸 수도 있었을 터인데 그렇지 못해 매우 아쉽다. 무미건조한 글만 써서 관심을 끌지 못한 걸 변명하려는 게 아니다.

이 세상은 짝퉁이 진짜로, 비정상이 정상으로, 불의가 정의로, 패륜이 도덕표준으로 통하는 경우가 많다. 잘못을 저지른 자가 권력과 영화를 누리며 잘 잘못의 평가자가 되어 더 큰소리를 치며 사는 세상이 되었다. 부정한 자(尺)로 재는 결과가 얼마나 정확하겠는가? 어디에서부터 바로잡아야 할지 난감하다. 내 소관인 작은 일부터 바로잡자는 취지로 업무수행에 원칙과 정도에 집착하여 융통성이 없다는 평가를 받기도 했지만 결코 부끄럽게 생각하지 않는다. 그중엔 편파적인 이익을 취하려는 부정한 방법이 통하지 않아 작은 결점을 침소봉대하여 악의적으로 모략하는 자도 있었다. 그런 와중에 공평하게 잘 처리한다고 응원하는 부류가 힘을 실어 주어 보람을 느끼게 했다. 흙탕물에 찌들고 헝클어진 세상도 결국 작은 옹달샘으로 인해 맑아진다는 사실에 큰 위안을 받을 수 있기 때문이다.

칠푼이가 아니고 완벽하다면, 대의가 없이 사익만을 위해 속이고 등치며 매장시키는 이 험난하고 비정상적인 비정한 세상에서 미치지 않고 온전한 정신으로 살아갈 수 있을까? 칠푼이로 바보스럽게 허허 웃으며 사는 게 오히려 다행이고 복이란 생각이 든다. 살기가 어려워도 배고픈 이웃에 손을 보태고, 추위에 떨거나 힘겨워하는 사람에게 자리도 양보하며, 환경보전을 위해 하고 싶은 욕망도 자제하고 위험을 무릅쓰고 위선자에게 바르게 살라고 충고한다.

주위를 보면, 차용금을 갚지 않으려고 청부살해를 부탁한 의원도 있고, 주민복지를 위해 신명을 바치는 단체장도 있다. 생산공장에서 사고를 당한 이주노동자에게 의료지원과 생계지원을 하는 의사와 자선가도 있고, 외국에서 마약과 결핵퇴치운동에 앞장서고, 식수와 농업생산량 배가운동에 참여하는 학자와 연예인 성직자도 있다.

또 경제적으로 윤택하지 못해도 마음 부자들이 많다. 생된장에 푸성귀를 먹으며 염소를 키워 저축한 돈을 장학기금으로 쾌척한 무학의 할머니도 있고, 광주 대인시장에서 가난한 이웃을 위해 천원을 받고 식사를 대접하는 암 환자 할머니도 있으며, 혹한과 찜통더위를 견디며 고물과 폐지를 팔아 독거노인들에게 쌀과 연탄을 기부하는 갸륵한 할아버지도 있고, 남모르게 장학금 기부로 알려진 노량진수산시장 욕쟁이 생선장수도 있다. 이외에도 많은 분들이 보도되는 것을 꺼리며 선행한다. 이런 현상들을 보면, 비록 팔푼이 세상일망정 이 세상은 더불어 살아갈 정(情)과 희망이 있어 살만하다.

비록 내가 팔푼이 세상을 칠푼이로 살지라도, 행・불행은 내 마음속에서 결정되고 우주만물의 중심이라는 사실을 굳게 믿는다. 우주가 아무리 크고 신비하고 찬란하다 해도 내가 불행하면 찬란한 우주가 무슨 소용이 있겠는가? 누구나 행복을 원하지만, 행복은 다른 사람이 선물처럼 쉽게 주고받을 수 있는 게 아니다. 행복이란 목표를 향해 한 발자국씩 힘겹게 올라 가까스로 목표에 도달하여 얻는 즐거운 결실이고 만족감이다. 그래서 행복은 힘겹게 얻을수록 만족감은 더 크게 느껴진다. 팔푼이 세상에서 칠푼이의 마음으로 보석 같은 행복 선물을 캐어 만족하며 살리라 다짐한다. 그러면서, 팔푼이 세상도, 느리지만 점점 바른 세상이 되리라는 희망을 안고 내 색깔을 고집하며 살아가는 노력을 계속할 것이다.

(이학용 수필집 제5권 제목. 20015. 6)

이승설거지

경기가 종료시간에 가까울수록 결과예측이 더 수월하듯, 사람도 노년기를 지나면서 어떤 삶을 살았는지 되돌아보며 스스로 평가할 수 있다. 그 결과는 삶의 행적과 질에 따라 보람을 느낄 수도 있고 후회할 수도 있다.

설거지란 음식을 먹고 그릇을 씻어 치우고 정리하는 일인데, 하늘을 나는 새도 둥지를 떠날 땐 쉬었던 자리를 정리하고 떠난다고 한다. 하물며 만물의 영장이라는 인간에 있어서랴! 나는 이 세상을 떠나기 전에 무엇을 정리하고 잘못을 뉘우치며 용서를 빌어야 할까? 남자의 평균수명인 77.3세에 가까워지면서 정신과 육체가 건강했던 몇 년 전부터 주변정리를 시작하여 지금도 진행 중에 있고, 평균수명을 지나 80세까지는 마치려 계획했다. 평균수명이후는 덤으로 사는 삶이다.

64년 결혼하여 단칸 전세방을 시작으로 50년 넘게 해로하고 있다. 서울을 떠나 다시 서울에 정착할 때까지 전국을 무대로 16년 동안에 16번 짐을 싸고 푸는 집시생활로 부지런히 저축한 예금은 이사비용을 지불하고 나면 항상 빈 통장이 되었었다. 당시엔 교통비와 이사비용이 지원되지 않았기 때문이다. 그 사이 아이는 셋으로 늘었는데, 우리 부부가 힘들 때 재롱과 총명으로 즐겁게 해주고 위로하여주었다.

성격이 활달하거나 다정다감하지 못하여 고생하는 아내에게 애정어린 감정을 실어 가정사를 의논하고 경제적으로 힘든 고생을 위로하지 못했다. 퇴직 후, 아내가 매일 개갈 없는 가사에 파묻혀 궁색하게 사는 팍팍한 생활상을 보며 다른 사람들과 비교했다. 나의 고생은 내가 안보역군의 길을 선택했으니 당연히 감내해야 하지만, 아내와 자식의 고생은 전적으로 주변머리 없는 나 때문에 비롯되었다고 반성하며 늦게나마 위로해 주어야겠다는 측은지심이 생겼다.

그런데 어이하랴. 그 실천을 제대로 시작하기도 전에 스트레스가 가장 큰 원인이라는 유방암으로 2013년 4월에 한쪽 가슴을 절제(切除)하는 대수술을 받아 회복 중에 있으니 이제 죄책감만 쌓일 뿐 적절한 보상방안이 없다. 처음엔 왜 이런 시련이 내게 닥쳤는지 원망하고 절망했으나 마음을 추슬렀다. 딸들은 어떻게 해야 하느냐고 울며 지냈다. 아내는 몸과 마음이 아플 터인데도, "주위에 좋은 사람들과 잘 자내다 가니 여한이 없다"고 의연하며 담담하다. 주치의는 수술이 성공적으로 끝났고, 매 6개월마다 하는 검사도 이상 없으니 안심하라고 위로한다. 그래도 어디가 좀 아프다거나 피로하다면, 잠복한 고약한 유방암균의 돌출기습으로 이대로 끝나는 게 아닌가 하는 불안에 울적해질 때도 있다. 막내의 균형식단과 헌신, 아들딸과 며느리 사위의 관심과 염려로 조금씩 안정되어가고 있다. 2018년 여름이 지나야 완치판정을 받을 수 있는데, 그런 행운을 얻을 수 있을는지….

요즘, 아내에게 조금이라도 친밀해지고 상냥(?)하게 대하려하나 천성이 그렇지 않아 쑥스럽고 오히려 겸연쩍다. 빠른 회복을 위해 영양과 건강상태를 확인하고, 식사와 간식을 챙겨주는 것도 내 소임이다. 50년간 아내의 봉사를 받았으니, 이제 내가 성심껏 해줘야겠다고 마음먹어도 서툴러 낙제생 남편임이 틀림없다. 하긴, 아이들이 학교에 다니고 시집 장가가기 전까지 바쁜 생활 중에 한 번도 도우미를 써서 아이들 뒷바라지와 가사에 지친 아내를 하루라도 편히 쉬게 해준 적이 없다. 또 위로를 겸한 영화감상이나 그럴 듯한 음식점에서 외식하고, 마음에 드는 의복이나 화장품을 선물하며 원하는 여행을 즐길 여유도 없었다. 다만, 동기회에서 주관하는 해외여행과 국내여행에 참여하면서도 남편을 잘 만나 여행복(福)을 누린다고 자찬(自讚)했었다. 이제 생활이 안정되어 건강을 챙기고, 여행도 즐기며, 손자들의 재롱을 보면서 즐겁게 지내자고 다짐했었는데 건강악화로 그럴 수도 없을 듯 해 야속하다.

자식들 3남매에게도 초등학교부터 대학원졸업까지 근무로 인해 입학식이나 졸업식에 한 번도 참석한 일이 없고 다만 학기말에 가져오는 통지표를 보고 성적이 나쁘면, "아비가 무얼 안 해 주어 공부를 못했느냐?"며 질책했다. 그렇게 다그치기 만했을 뿐 살갑게 얘기하고 내면의 애로사항과 장래희망을 들으며 진솔한 의견교환으로 아비의 정을 표한 적이 없다. 또 방학 중에 해수욕장이나 수영장·놀이

공원이나 시원한 계곡에 놀러가서 즐기며 어울리는 사진을 찍은 적도 없으니 추억거리는 아무것도 갖지 못했다. 다만, 몇 년에 한번 가족사진을 찍고 그것으로 생색을 냈을 뿐이다.

5번 전학하며 초등학교를 졸업한 아들은 중3 때, 이사를 전제로 직장이 가까운 청운동에 주민등록을 옮겨 놓았으나 시세차이가 커서 도저히 옮길 형편이 안 되었다. 그래서 경기 광명리에서 청운동까지 왕복 3시간 반, 다음은 논현동, 개포동으로 이사하여 왕복 2시간이상을 버스에서 시달려야 했다. 아들은 늦게 파김치가 되어 돌아와 가방을 팽개치고 자면서 공부를 못하는 것은 제 책임이 아니라고 나를 원망했다. 촌음도 아껴야 할 고교생에게 좋은 여건을 만들어 줬어야 했는데, 통학시간과 피로로 공부를 못하게 했으니 이는 전적으로 아비를 잘못 만난 탓이었다. 그때를 생각하면 매우 미안하다. 아들딸은 모두 멀리 서대문· 마포에 있는 Y.E.S대에 통학했다.

아들은 석사장교를 마치고 교육부에서 국비유학생으로 미국에 1명을 유학시키는 전자공학과에 응시했다. 1차시험에 합격하고 1주일 후에 있는 2차 전공시험준비 중에 맹장수술을 받아야 했다. 우리부부는 국비유학생은 포기하고 빠른 완쾌를 기원했고, 아들은 수술부위가 아물지 않아 고통을 참으며 시험을 치르고도 합격하여 우리를 감동시켰다. 정말 감사하고 자랑스러웠다. 바르게 자라 대학을 졸업하여 직장을 갖고 좋은 배우자를 만난 것은 전적으로 아내의 헌신적인 뒷바라지 덕이다. 부모의 지원없이 미국에서 받는 전자공학박사학위수여식에 참석하여 축하하고 함께 여행을 즐겼다. 전자통신연구원을 거쳐 대학교수로 재직 중인 게 우리에겐 큰 보람이다. 아들딸에게 아비로써 해준 것이 없어 미안하다는 생각이 든 것도 최근의 일이다. 아들딸에게는 단지 학비를 대주는 걸 큰 특혜를 베푼 양 생색을 내며, 소리만 지르는 무섭고 융통성 없는 고집쟁이 아비로 각인되지 않았을까? 지금 와서 후회한들 무슨 소용이 있겠는가! 지금도 아들딸을 만나면 서먹하고 서로 할 말이 없어 순간도 지루하게 느껴지는 침묵만 흐를 뿐 진지한 대화가 없다. 앞으로도 흉금을 터놓고 대화할 수 있는 기회는 오지 않을 듯싶다. 서로 관심사와 친밀감을 공유하지 못했기 때문이다. 이게 내 생애에서 가장 큰 손실일 듯하다.

그래서 조금이라도 만회하려고 손녀 손자들에게 관심을 표하지만 어려서는 할아버지가 최고라며 따르고, 자고 가겠다던 손녀 손자들이 초등학교 고학년과 중·고학생이 된 지금은 슬슬 꽁무니를 빼니 점점 멀어지는 듯하여 서운하다. 만나도 묻는 것에만 의례적으로 대답한다. 내가 이들의 눈높이에 맞추지 못해서인가, 그들 생활과 대화소재가 동떨어져서인가? 내 진심을 알아주지 않는 그들에게 때로는 섭섭하기까지 하다. 손녀 손자들에게 인기를 얻고 친숙해지기 위해 좀 더 다양하게 공부해야 할 듯하다.

외손녀와 손자들이 공부하는데 소요되는 경비는 어미 애비가 준비하겠지만, 그들이 대학교에 입학할 때 할아버지 할머니 이름으로 첫 등록금과 필요한 책값에 옷 한 벌을 선물하며 축하하고 싶어 올해(2017)까지 모두 마쳤다. 이는 우리 부부가 손녀손자들이 대학교에 입학할 때까지 정신적 육체적 건강을 유지할 수 있을지 몰라 80세를 목표로 이승설거지 목록으로 준비한 것이다.

형제간에도 많은 것을 받았지만 정을 나누지 못해서 앞으로라도 정을 나누며 살고 싶다. 우리 집에 시집오신 형수님 제수씨들께도 감사를 표했다. 형수님은 한국전쟁 중에 시집오시어 밭 매고 보리방아 찧고 살림하느라 고생이 많으셨는데 감사의 인사도 하기 전에 가셨다. 천의 둘째제수씨는 몇 십년간 우리 4남매의 쌀 · 김장 · 고추· 마늘 등을 대주고, 서산제수씨는 건강이 안 좋은 동생에게 극진하여 너무 미안하다. 여동생과 매제도 열심히 살아 제수씨와 동생네에 식사를 대접하고 옷을 선물하며 감사를 표했다. 작은 선물이 무슨 위안이 될까마는 그래야 미안함이 조금이나마 가실 것 같아서다.

그동안 대동보편찬부위원장, 대종회부회장 겸 종사연구실장을 하면서 역대 족보와 실록을 대조하여 연구한 『종사(宗史) 속에 숨은 실록』은 종인들의 요구로 발간했고, 몇 백년간 논쟁이었던 『문정공(휘 可種 부제학)의 양자사실고증집』과 대동보편찬시 해결을 연기한 『주요종중현안연구』는 출간 준비를 완료했다. 홍주이씨와 소송까지 갔던 『손곡 李達의 관향』은 고려사, 열전, 방목, 양문중족보를 통해 신평이씨임을 입증하여 원주얼에 게재했다. 이로써 문중문제는 근거에 의해 해결했다.

시집 『임을 그리며』와 여행기 『마음 따라 눈길 따라』도 정리 완성했다. 약 20년간 수필을 쓰면서 다섯 번의 수필집을 냈는데, 이를 정리하여 『이학용 수필선(2017)』으로 발간했다. 책은 손자들에게도 한 세트씩 줄 계획인데 그 취지를 이해하려나? 재산은 이미 정리했고, 사진과 의복도 정리중이다. 사준다는 새옷과 새신은 '몇 번이나 입을까?' 하고 아깝다는 생각에 손사래를 친다.

우리 부부는 국립현충원보다 86년에 재종들과 조성해 조부모님과 부모님을 모신 고향 가족묘원으로 가서 그동안 밀렸던 정담을 나누며 쉬고 싶다. 그래야 아들딸도 고향을 잊지 않고 방문하여 친척들과도 유대를 유지할 수 있어서다. 이러면 정리가 모두 깨끗하게 끝나는데, 끝까지 영육간에 건강하게 지내는 게 가장 큰 마지막 소원이다.

돌아보면, 믿었던 사람에게 생명처럼 귀한 돈을 사기 당한 적도 있고, 앞에서는 잘해주는 척하면서 버림을 당한 적도 있으며, 기대 않던 이의 도움으로 궁지에서 인생항로를 바꾼 적도 있다. 그래서 사람은 겉으로만 평가할 일이 아니라는 게 진실이다. 사람들은 이용가치가 있을 듯하면 물불이나 체면을 가리지 않고 감언이설과 수단 방법을 가리지 않고 접근하여 목적을 달성하려 한다. ㅊㄱ에 근무시, 58년 어머니가 앓으실 때 신학생으로 몇 번 방문하여 집 사정을 잘 안다면서 교회건립에 쓸 일본 수표를 바꾸게 해 달라고 부탁하며 많은 액수의 소개비를 제시했다. 앓으실 때 방문했다니 고마워 형님께 확인하니 그 이름은 기억이 없으시단다. 내 소관도 아니고, 정당하면, 왜 나에게 부탁할까하는 의심에 거절했는데 나중에 일본 수표사기사건이 크게 보도되었다. 그러니 고향 목사라고 믿을 수 있겠는가? 그 외에도 명분 없는 청탁을 몇 번 받았으나 거절했다. 이용가치가 없을 듯하면 면전에서 봐도 시선을 돌리는 게 세상인심이고 교훈이다. 원칙에서 벗어난 동료와 선후배에게 넓은 아량으로 포용하지 못했다. 타인에게는 공명정대를 주장하는 자도 부정한 방법으로라도 자기에게 유리하게 해주면 호평을, 원칙대로 해 불리하면 악평을 하는 게 세상인심이다.

주관을 가지고 부끄러움이 없이 떳떳하게 살려고 노력하여 법도에 크게 벗어나지 않은 게 다행이다. 강풍에 꺾이지 않고, 아부와 유혹에도 물들지 않으면서 옹달샘처럼 신선함을 지키는 게 힘들었어도 가까스로 버텼다. 융통성 없고 고집스럽지만 불의에 타협치 않고 바르게 살았다고 평해주는 친지들과 계속하여 서로 좋은 감정을 갖길 기대한다. 살아오면서 은혜를 입은 분에게 진심으로 감사를 표하고, 상처를 주었던 상사 · 선후배 · 친지 · 동료와도 진정한 화해와 용서를 구하련다.

후손들에게 교훈이 되고 그들의 적성에 맞는 성공을 빌며 하루하루를 즐겁게 보낼 것이다. 이렇게 모든 걸 내주고 고해하고 사죄하며, 화해하고 용서하면서 미련 없이 떠나는 게 이승설거지의 마침표가 되기를 기대한다.

잎은 봄에 피어 여름에 나무를 생장시키고 열매를 익혀 본분을 다하고, 미련없이 손을 놓고 생장시킨 뿌리 위에 떨어져 혹한에 키워준 나무의 보온재가 되었다가 썩어서 영양분이 되는 순환과정을 밟는다. 나도 바위처럼 의연하고 강물처럼 모든 것을 포용하는 자세로 살다가 곱게 물든 저녁놀 속에 손을 흔들며 뿌리 위에 떨어지는 고운 단풍이고 싶다. 그래서 좋은 마무리를 위해 단풍을 닮은 이승설거지는 마지막 날까지 계속할 것이다. (2017. 3)